本书是国家社会科学基金项目
"农地流转的风险及规避机制研究"(12BJY089)的研究成果

# 农地流转风险问题研究

许月明 等◎著

中国社会科学出版社

**图书在版编目（CIP）数据**

农地流转风险问题研究/许月明等著. —北京：中国社会
科学出版社，2016.12
ISBN 978 - 7 - 5161 - 9635 - 9

Ⅰ.①农…　Ⅱ.①许…　Ⅲ.①农业用地—土地流转—风险
管理—研究—中国 Ⅳ.①F321.1

中国版本图书馆 CIP 数据核字（2016）第 325823 号

| | | |
|---|---|---|
| 出 版 人 | 赵剑英 |
| 责任编辑 | 卢小生 |
| 责任校对 | 周晓东 |
| 责任印制 | 王　超 |

| | | |
|---|---|---|
| 出　　版 | 中国社会科学出版社 |
| 社　　址 | 北京鼓楼西大街甲 158 号 |
| 邮　　编 | 100720 |
| 网　　址 | http：//www.csspw.cn |
| 发 行 部 | 010 - 84083685 |
| 门 市 部 | 010 - 84029450 |
| 经　　销 | 新华书店及其他书店 |

| | | |
|---|---|---|
| 印　　刷 | 北京明恒达印务有限公司 |
| 装　　订 | 廊坊市广阳区广增装订厂 |
| 版　　次 | 2016 年 12 月第 1 版 |
| 印　　次 | 2016 年 12 月第 1 次印刷 |

| | | |
|---|---|---|
| 开　　本 | 710 × 1000　1/16 |
| 印　　张 | 16 |
| 插　　页 | 2 |
| 字　　数 | 238 千字 |
| 定　　价 | 60.00 元 |

凡购买中国社会科学出版社图书，如有质量问题请与本社营销中心联系调换
电话：010 - 84083683

# 序

    流转是农地要素在各主体之间进行配置的手段之一，通过合理的流转能实现农地资源从低效利用者手里流向高效利用者手中，从而拉平农地的边际产出。但农地是否流转、如何流转应当是市场主体基于一定约束条件自我选择的结果，政府的角色在于为土地流转提供平台和服务，而不是人为地推动农地流转，因为行政"推动"可能会扭曲农地要素的配置。一方面，政府能掌握的信息量有限，政府很难掌握千万家农户的农地投入产出数据，难以掌握各户的资源结构及其种地的机会成本，也难以掌握各种租地经营者的实际经营能力及其经营的可持续性，所以，由政府将农地流转作为目标、通过各种奖励措施来推动流转可能会导致要素的逆向配置。另一方面，农地流转本应是一种可逆的过程，但从目前舆论宣传的典型流转模式看，农地一旦由承包户转到规模经营者手中，农地地表多数会发生变化，甚至地形地貌都会改变。有的由山坡地变成了梯田，有的由庄稼地变成了鱼池或者设施农业用地。这种流转基本不可逆，可能导致承包户最终难以收回土地。此外，农地流转后，尤其是流转到规模经营主体之后，在地租和工资双重成本压力下、在粮食价格受国际市场价格影响的情况下，种植粮食作物的越来越少，长此以往，将会威胁到中国的粮食安全。因此，对于农地流转应当慎重。

    许月明教授及其研究团队较早注意到了推动农地流转可能出现的负面影响，并于2012年申报立项了国家社会科学基金课题，由此开始专门研究农地流转的风险问题。经过四年多的调查研究，其最终成果——《农地流转风险问题研究》终于问世。该书对农地流转的可能风险进行了分析总结，并归纳为以下几个方面：一是非粮化、非农化现象增多；二是农户权益难以得到保障；三是一些地方政府的"越位""错位"行为时有发生；四是引发出各种利益纠纷；等等。

该课题在研究中，没有囿于经济方面的考量，而将视角放宽到社会学方面，使得本书所依据的社会经济宏观条件、农户选择的约束条件和目标诉求更加符合实际，得出的结论也更接地气。但愿本书能让社会各界对农地流转有一个更清醒、更全面的认识。

彭建强

2016 年 7 月 8 日

# 前　言

　　本书是我主持的国家社会科学基金项目"农地流转的风险及规避机制研究"（12BJY089）的研究成果。

　　农地流转是近年来农村土地问题研究的热点。中华人民共和国第九次全国人民代表大会常务委员会第二十九次会议通过并于 2003 年 3 月 1 日起实行的《中华人民共和国农村土地承包法》（以下简称《承包法》）明确提出，按照依法自愿有偿原则，允许农民以转包、出租、互换、转让或其他等形式流转土地承包经营权；2008 年中共十七届三中全会通过的《关于推进农村改革发展若干重大问题的决定》（以下简称《决定》）进一步提出，建立健全土地承包经营权流转市场，发展多种形式的适度规模经营，有条件的地方可以发展专业大户、家庭农场、农民专业合作社等规模经营主体。《承包法》和《决定》为农村土地流转提供了法律政策依据，为地方政府指明了农地管理和服务的目标。农地流转规模逐年扩大，新的流转方式不断涌现，在现代农业发展中起到了重要作用。但在流转过程中也出现了一些问题，并存在农地流转风险。

　　从流转实践来看，农地流转风险主要有：在土地利用方面，流转后的农地出现了非粮化、非农化现象，流入土地的规模经营户，大多发展蔬菜花卉果品等高效设施农业，粮食播种面积减少，粮食安全风险增加；在农民土地权益保护方面，由于农地流转程序不够规范，农户权益难以得到彰显；在地方政府行为方面，有些地方政府为引进种植大户或培育新的经营主体，采用行政手段要求农民流转土地，"越位""错位"现象明显；在社会稳定方面，由于流转后相关各主体间的利益关系越来越复杂，乡村矛盾逐年增加，农村社会稳定受到影响；等等。

分析农地流转风险表现方式、成因，探索降低或规避这些风险的措施是本书的主要内容。

本书分三个层面展开：在宏观层面，进行全国农地流转数据的整理和分析，以掌握农地流转中存在问题的类型、数量、规模和分布特征，以及可能引发的风险类型；在中观层面，以华北五省（市、区）为分析重点，从多个角度剖析农地流转风险产生的原因；在微观层面，对河北省农地流转做了百村千户调查，进行农地流转风险的实证分析，重点从农地流转主体角度考量流转风险。

本书研究所依据的资料来自三个方面。一是全国性的经济统计资料、农村经营管理统计资料等；二是相关省份国土和农业等部门资料、期刊论文和相关著作；三是课题组对河北省进行的百村千户调查资料。资料来源广泛，保障了研究结果的代表性和科学性。

在研究方法上，本书采用社会学和经济学相结合的分析方法，探究农地流动中的风险问题，避免了单纯从经济学理论出发进行推演所可能引发的分析研究脱离于社会实践之外。

本书内容分为六章。第一章明确研究背景、意义、思路和方法，并对相关概念进行界定。需要指出的是，尽管我国法律条文和政府相关文件中多采用"土地承包经营权流转"这一概念来表述农地流转，但在农地流转实践中，有些情况下流转的并非承包经营权，而仅仅是使用权或者他项权。第二章介绍农地流转风险问题的国内外研究现状。第三章总结新中国成立以来农地流转政策的演进，归纳了其演进的基本规律，并从宏观、中观和微观视角对农地流转总体情况进行了概括性分析。第四章分析各种农地流转模式的运行机制，并运用"角色—利益诉求"分析框架，对各种模式运行风险进行分析。第五章分析农地流转风险形成的原因，先从农地产权制度、产权主体行为、管控主体行为、社会经济环境等方面进行定性分析，然后运用实证方法进行检验。第六章阐述农地流转风险的控制手段，提出农地流转市场机制、管理服务机制、激励导向机制、约束机制等的构建，并对规范政府和中介组织行为的措施进行了重点分析。

在我国，农地流转并不是新生事物，土地流转现象历史悠久。但在不同的历史时期，农地流转反映的社会经济关系不同。现阶段的农地流转是在集体所有、农户承包的制度框架下进行的，是在我国加速新型工业化、城镇化、信息化和农业现代化建设的宏观大背景下进行的，是政府以城乡统筹为原则、力求从根本上解决"三农"问题的战略指导下进行的。我国地域辽阔，区域间经济社会发展水平不同，农业发展基础和自然条件各异，各地农地流转中的问题和风险既有相似性和共同性，也有差别性和个别性，并不断以新方式出现，这为后续研究提出新的挑战。

该课题研究历时四年，调研工作于 2015 年 5 月结束。参与研究和撰写书稿的主要成员有赵金龙副教授、董海荣教授、胡建副教授、石冬梅博士和闫文博士。在研究过程中，得到了相关部门和农户的支持，在此一并感谢！受时间、调研范围、研究能力等因素限制，本书研究的深度尚显不够，敬请同行指正。

许月明<br>
2016 年 6 月 7 日

# 目  录

# 第一章　绪论

## 第一节　研究背景和意义

### 一　研究背景

土地是农业生产中最重要的要素，也是农业经济发展的物质基础。农村土地制度反映了农业生产中农户和土地之间的关系，是最基本的农村经济制度和社会制度，农村土地制度的变化与稳定关系到农村经济和社会关系的变革与稳定。新中国成立后，中国农村发生的最深刻的变革便是农村土地制度的变革，有效的土地制度变革为农村经济和社会发展奠定了重要的制度基础。党的十一届三中全会确立了统分结合的双层经营体制，农户成为农业生产经营的主体和基本单元，这一制度创新极大地调动了农民的生产积极性，提高了农业生产经营效率，激活了农业生产各要素，从而促进了农村生产力的发展。随着城市化进程的加速发展，农村大量劳动力外流，农业人口占全国总人口的比重大幅度下降，已从改革初期的82%降至2012年的47.43%，土地家庭承包经营制度红利逐渐消失，新的发展形势下的制度问题开始凸显：一是农地规模小而分散，直接影响着现代农业的发展。据统计，2011年全国人均耕地面积0.15公顷，广东、福建、浙江等发达地区人均耕地面积不足0.04公顷，河南省农户平均拥有地块4.92块，是世界上经营规模最小的农户（许庆等，2008），投入到土地的劳动成本是美国和加拿大的3倍，农业的生产成本大幅度提高，只靠经营耕地不能满足农户的经济需要。[①] 二是地权的稳定性问题，影响着土地资源的优化配置。农村土地承包关系的长久不变，在巩固农民土地产权、保障农民利益的同时，也固化了农村土地的细碎化现象。发展现代农业、优化配置农村资源要素、提高农业生产力水平，只有依靠农村土地合理流转。因此，规范农村土地流转成为农村土地制度建设的重要内容。

随着我国城乡一体化进程推进和现代农业发展，通过农地流转整合农地资源、协调农地利用矛盾和提高农地生产能力，以实现农业生产方式转变，业已成为政府和各界的共识。然而事实是，并不是所有的农地流转的运作过程都一帆风顺，也不是所有的农地流转的结果都尽如人意：诸如出现了地域差别明显、流转规模较小、流转市场不健全、流转信息传递滞后等问题，影响了土地承包经营权的流转。我国土地流转开始的时间较晚，农村土地流转市场还没有形成，已经建立的流转信息平台和一些中介组织大多是政府行为，平台使用、信息发布、市场交易等功能不完善，流转信息不对称，成为当前农村土地流转的重要问题。又由于农民不具有完整的产权，农村基础设施建设落后，土地流转信息准确传递不及时，流转市场不完善，降低了流转的效率，既造成了土地资源不能合理配置，也使土地流转中纠纷、利益损失、粮食安全等风险大量存在。

因此，对农地流转的风险进行调查研究，探讨农地流转风险形成机制和规避策略，明确农地流转中各利益主体的角色定位和行为规范，对于破解土地流转困境，保证农地流转健康运行，促进农业生产方式转变具有重要的理论和实践意义。

## 二 研究意义

### （一）理论意义

在现实制度框架下研究农地流转能够丰富社会主义市场经济环境下的产权理论。"集体产权"是我国农村土地制度的本质特征，自农村土

---

① 许庆、田士超等：《农地制度、土地细碎化与农民收入不平等》，《经济研究》2008年第 2 期。

地制度实施至今一直是国内外研究农村问题、土地问题的学者们争论最多的话题之一。尽管如此，20世纪80年代开始的集体产权制度下的土地家庭承包制，极大地激发了农民生产的积极性，促进了资源利用方式优化与效率提高，农村生产力迅速提高，创造了"用世界上7%的耕地养活了世界上22%的人口"的奇迹，引发了国内外学术界对于产权组织形式的讨论，被认为是"集体产权"的成功例证。而农地流转是集体产权制度框架下农民"私权"和集体"公权"的有效整合，对其进行深入研究，能够丰富社会主义市场经济环境下的产权理论。

（二）实践意义

在宏观层面，研究农地流转机制是现阶段优化农村资源配置的关键。一方面，随着城市化的快速推进，大批劳动力外出务工或从事非农产业，使稀缺的土地资源特别是耕地资源低效利用现象日渐凸显；另一方面，一些集体经济组织、种田能手希望通过规模化的生产方式克服家庭承包责任制带来的土地细碎的局限性，一些缺地、少地且无法获取稳定的非农就业收入的农户，希望扩大土地经营规模以增加家庭收入这种对土地供给和需求的双向需求，为农地流转市场的形成和发展提供了空间。农地流转可以促使土地这一生产要素在更广泛的时空范围内进行配置，是解决"部分有地的农户无力经营，另有部分农户希望扩大农地经营而无计可施"这一矛盾的有效途径，是发展农业现代化的必要条件。系统研究农地流转的有效模式，促进土地、劳动力、技术、资金等生产要素综合优化配置，在提高土地生产率和农业现代化水平方面，具有重要的现实意义。

在中观层面，通过对华北五省份土地流转深入调研，并将河北省作为中观层面的剖析点对农村农地流转现状进行深度考察。由于河北省1982年在全省实施了土地承包经营制，1983年便出现经营权在农户间自发的流转，随后土地流转范围不断扩大，河北省农业部门便开始登记流转规模和数量，是全国各省中农村农地流转最早的省份之一。河北省又是农业大省，随着市场经济建设步伐的整体推进，生产要素市场逐步建立，土地作为农业生产中最基本的要素和稀缺资源，只有同劳动力、资金、技术等生产要素一样遵循效益原则进行流动，才能实现要素间的优化组合，实现土地资源的高效益利用。但流转市场发育相对滞缓，始终存在流转规模小、交易不规范、配置效率低等诸多问题普遍存在，直接制约着稀缺土地资源的合理流动和优化配置。因此，通过深入考察河北省农地流转过程中存在的问题，有针对性地提出相应的政策建议，对流转程序从机制建设层面进行规范，有利于省市级层面规范、引导农村土地经营权流转，并对其进行有效监管，从而实现保护土地承包经营权供需双方的合法权益、优化土地资源配置和提高农民收入的目的。

在微观层面，对农户承包经营权流转意愿的研究，能够更深入了解承包经营权流转市场形成和发展的微观基础。由于缺乏有效的承包经营权流转机制，农民诉求无法充分实现，流转市场得不到充分发展，权益也无法充分保障，农业生产效率低下的局面难以突破。科学考察承包经营权流转微观主体的意愿和供需双方的利益分配机理，可以更有针对性地探索承包经营权流转在促进农民增收方面的作用和有效实现途径。盖尔·约翰逊在《经济发展中的农业、农村、农民问题》中写道"农民的福利不仅取决于他们拥有多少资源（包括人力、物质、金融），还取决于要素市场的运作情况（包括劳动、土地和资本市场）这点在中国尤其重要，因为每一种主要的生产要素的市场（劳动、土地和资本或信贷）在中国都依然受到很大的约束，存在很多缺陷。中国未来要素市场表现如何，将在很大程度上影响农业生产绩效和农民收入的提高"。[①] 承包经营权流转的出发点和归宿是农民的生计问题，通过对承包经营权流转市场微观主体的深入考察，能够更加科学合理地构建流转机制，创造农民增收的长效动力机制。

---

① ［美］D. 盖尔·约翰逊：《经济发展中的农业、农村、农民问题》，商务印书馆2005 年版，第 131—145 页。

# 第二节　研究理论基础

## 一　产权理论

### （一）产权的概念

所有权在西方始终有着两大法系的争论：一是起源于罗马法的大陆法系；二是起源于盎格鲁—撒克逊的习惯法系（Anglo – Saxon common law）（普通法系）。大陆法系强调所有权具有绝对的排他的至高无上的权威，习惯法系则从"权利束"的角度解释所有权。权利束包含三种基本的权利，这三种基本权利共同构成了所有权，分别是使用权、合理的收益权以及资产的形式或是内容的转变权，即我们理解的处分权。近年来，在土地产权研究领域，包括我国在内的众多国家土地制度改革的成功实践使习惯法系的"权利束"概念更加深入人心，开始了从重"所有"到重"利用"的转变。而"权利束"的概念成为现代产权学派最为核心的和最富有意义的思想。根据"权利束"的概念，产权并非一项单项权利，而是一系列权利的集合。包括使用权、收益权、转让权和处置权。而在各项权利当中，最为重要的就是处置权。现代产权经济学者科斯在《财产权利与制度变迁》一书中这样定义："产权是一个社会所强制实施的选择一种经济品的使用的权利"，是"行动团体对资源的使用权与转让权，以及收入的享用权"，它揭示了"人们对物的使用所引起的相互认可的行为关系"。阿尔钦认为，产权是一种通过社会强制实现的对某种经济物品的多种用途进行选择的权利。[①] 从上述产权定义中可以发现，现代产权理论有意无意地虚化了"占有"这一权能。

### （二）产权的界定

产权的界定既是一个政治问题，也是一个经济问题。通常认为，有效率的产权应该是竞争性的或排他性的。新制度经济学的传统观点

---

① 伊特韦尔：《新帕尔格雷夫经济学大辞典》，经济科学出版社 1996 年版，第 11 页。

认为，随着经济的发展，各种要素的相对价格不断发生变化，从而产生了界定要素产权的要求。如果产权得不到明确界定，未来的不确定性因素产生机会主义行为的可能性会增大，进而减少交易达成的次数。在产权界定方面，新制度经济学派德姆塞茨认为：当一种（公共）资源的经济价值上升时，公众倾向于把这种资源的产权界定得更清楚。

巴泽尔则从"产权界定成本"的角度对德姆塞茨的观点给予了批评。巴泽尔认为，决定产权界定的不是资源的总价值（租），而是资源对于特定个人（潜在的"寻租"者）的价值减去攫取资源所需的成本（"寻租"成本），即资源的净价值（净租）。产权的进一步清楚界定与否，不只是取决于资源的经济价值上升，还有其界定成本大小，即产权的界定是由成本与收益二维变量决定的。如同价格是由供给、需求决定一样，若价格只是由需求决定，则显得片面。当界定产权的收益大于界定成本时，则会发生产权的进一步界定。如果界定产权的收益小于界定成本时，按照经济"自然"规律，则不会发生产权的进一步界定。巴泽尔的核心思想是：因为产权的界定、执行需要花费成本，所以产权从没有得到充分界定，没有被充分界定的产权就留在了"公共领域"。总之，产权的界定要放在成本收益分析的框架之中，而成本包括界定、执行、保护产权需要花费的成本。[1] 由于"公共领域"的存在，产权的界定只能是不完全界定。当产权界定成本等于界定收益时的产权格局，被称为产权均衡。随着资源新的使用价值被发现，资源的价值提高，会使由于原先产权界定不清晰而处在"公共领域"的价值（租）提高，于是便有了相关利益者对"公共领域"价值的博弈攫取，这种"产权博弈"过程使产权得到进一步的界定。

（三）产权的功能

产权有四种基本功能：一是激励功能，即激发人们做好自己工作的积极性的功能。这种激励是通过对剩余索取权的合理安排来实现

---

[1] 巴泽尔：《产权的经济分析》，上海三联书店、上海人民出版社1997年版，第58页。

的。二是降低交易费用功能。科斯定理认为：在一定的制度安排下，只要产权界定清楚就能有效地克服外部性，节约交易费用，降低监督成本。若某一资源的产权没有明确归属，一个经济当事人若要充分利用这一资源，或避免他人运用这一资源对自己造成损害，就必须与这一资源的所有可能的使用者谈判。这样，产权合约就通过降低合约双方当事人之间合作的交易费用，提高合作效率。三是资源配置功能。排他性产权的确立，使公平、自由的市场交易成为可能；产权的可分离性，可使人们在拥有和行使这些可分离性的权利时实行专业化分工，获取因分工带来的收益增量；产权的可转让性，使资源能根据市场需求的变化在全社会自由流动，提高资源的配置效率，产权制度有利于提高资源的配置效率。四是使交易者形成稳定预期的功能。德姆塞茨指出"产权是一种社会工具，其重要性在于事实上它能帮助一个人形成与其他人进行交易的合理预期"。产权是由一系列权利与义务的规范组成的，一旦确立了排他性产权，产权主体就可以在法律允许的范围内和不损害他人权益的条件下自由支配、处分产权，并独立承担产权行使的后果。权利义务关系的明晰化和对称性，可使行为人在行使产权时具有稳定的预期，他将全面权衡成本与收益的关系，以效用最大化原则来支配和处分产权，从而优化激励与约束机制。

**二　行为理论与农户行为理论**

行为理论是研究农户在土地产权流转中行为表现的基础理论。

（一）行为理论

1. 完全理性行为理论

经济学中的"经济人"是指行为选择上进行经济上利益最大化考量的理性人。古典主义经济学的代表人物亚当·斯密认为，"理性行为"即经济人总是根据自身和市场的各种约束作出自己利益最大化的判断，每个"经济人"的自利的、理性的行为能够自觉调节社会经济资源，使国民财富自动达到丰裕程度。新古典主义经济学"使效用最大化原则"得以丰富，主张保护个人利益、强调私有化的重要性，反对国家干预，主张自由竞争。

2. 有限理性行为假说

无论是古典主义经济学还是新古典主义经济学，关于"经济人"的理论均是建立在"完全信息""可供选择是给定的""各种选择结果的概率分布是已知的"假设基础上，而这些假定在现实生活中几乎不可能存在。诺贝尔经济学奖获得者赫伯特·西蒙对经济人理性行为的批判最具权威性。西蒙认为，人的理性行为是有限理性行为，因为人的理性被个体的意志所左右，而个体意志又受到包括自尊、情感和社会地位需求在内的文化的、社会的和心理的等各方面的多种因素影响。本书认为，农户的承包经营权流转决策行为主要影响因素仍是利润，但同时受到文化程度、职业能力、生活方式等多因素影响，并具备一定的"效应"特征。有限理性理论被新制度经济学家从市场交易费用和信息不完全的角度进行了论证。由于存在市场交易费用，并且市场信息的获得是不完备的，因此，经济人的行为只可能是有限的理性。

3. 社会心理学中的 TRA 和 TRB

1976 年，菲什拜因（Fishbein）和阿吉森（Ajzen）提出了预测个人行为态度意向的理论——理性行动理论（Theory of Reasoned Action），简称 TRA 理论。该理论认为，个人行为最直接影响的决定因素是"行为意向"，其他可能影响行为的因素均是通过影响行为意向而间接影响个人行为的。由于在实际的社会生活中，个人对行为意志的控制往往受到许多其他的因素的干扰，从而极大地影响了理性行为理论中对个人行为解释的有效性。因此，阿吉森（1985，1991）又提出了计划行为理论（Theory of Planned Behavior），简称 TRB 理论。计划行为理论认为，个人基本上具备对行为进行自我控制的能力，即个人基于自由意志可以完全决定是否要实施某行为。但外部客观因素如时间、金钱、科学技术、法律政策等个人意志无法主导和控制的因素，往往会影响个人的行为决策，但外部因素对行为意向的影响是暂时性的，并且可能会随时间或环境的改变而改变。

（二）农户行为理论

在农户行为理论方面影响最为深远的有：以西奥多·舒尔茨为代表

的形式主义经济学者提出的"理性小农学派"和以 A. B. 恰亚诺夫、波拉尼、斯科特为代表的实体主义学者提出的"组织—生产学说"。

1. 理性小农学派

传统观点认为，传统农民是愚昧的、非理性的，因而农业是非理性的部门，进而是缺乏效率的。而作为较早关注发展中国家农业落后问题的经济学家舒尔茨在《改造传统农业》中对这一观点进行了批判，提出"在传统社会中，生产要素配置效率低下的情况是比较少见的"。① 他同时指出，农业经济与资本主义经济并无显著不同，传统农业经济时期的小农与资本主义企业主相同，其行为同样是"理性"的，他们都是根据市场需求和机会积极利用各种资源，追求利润最大化。针对传统的"农民非理性"观点的主要论据——"农民不会像资本家一样去考虑当前和未来的消费而进行储蓄"，舒尔茨指出：传统农民同样有平衡当前消费和未来消费的能力，但客观条件，如贫困的现状、缺乏有利的投资机会等使农户的投资边际收入递减，限制了其储蓄倾向。一旦他们能够在确保利润的价格水平上获取到现代的科学技术等要素，农户将如同资本主义企业主一样"理性地"追求最大利润。因此，改造传统农业的方式不应该去削弱农户的生产组织形式和自由市场体系，而是在现存的组织和市场体系中确保现代生产要素在合理的价格水平上的供应。

针对"理性小农学派"将农民和资本主义企业主等同视之的理论，以俄国的 A. B. 恰亚诺夫、A. 佛图那托夫、A. 切林采夫为代表的新民粹主义农民学家对其进行了批判。他们认为，农民群体具有"非资本主义"性质，西方农场主理论并不适合"劳动农民的人民制度"，农户经济行为并非指向物质效益，而是为了生活。其中，最有代表性的是 A. B. 恰亚诺夫"组织—生产学说"：通过对小农经济与资本主义经济的比较，阐述了小农决策行为仍然不同于资本主义企业行为，并提出了三点理由：一是小农的经济发展是依靠自身的劳动力而不是雇佣劳动力；二是农民一年生产的农产品，是全年的劳动成

① ［美］西奥多·W. 舒尔茨：《改造传统农业》，商务印书馆1999年版，第29页。

果，不易像现金收入一样按单位计算；三是农户生产的产品主要是满足自身的消费而不是到市场上追求利润最大化。因此，不能像看待资本主义企业一样看待农户的决策行为。A. B. 恰亚诺夫认为，小农家庭农场的运行机制以劳动的供给与消费的满足为决定因素。该理论的核心思想是：在一个高度自给自足的社会中，农民往往追求的是家庭效用的最大化，而不去考虑家庭收入、利润等市场经济中的概念。从社会学的角度论证了小农经济的合理性与稳定性。在 A. B. 恰亚诺夫的理论中，他对苏联农业发展道路的看法对今天的我国农村土地生产方式变革仍有重要的指导意义。他指出，小农经济具有长期存在的合理性；大规模农业生产和土地集中，需要一个较长的发展过程。在生产力尚未突破一定的水平时，以家庭农场为生产单位进行农业生产经营通常比土地大规模集中的大农场经营更具有优越性。并且，在家庭农场向规模经营的大农场发展的过程可以走农民家庭农场为主体的合作化的道路。

2. 我国农户行为理论

我国农户行为理论以郑风田的制度理性假说为代表，该假说从制度方面深刻揭示了中国农户经济行为的复杂性和多样性，开创了将制度纳入农户经济行为分析框架的先河。[1] 在研究农户行为时，由于农户行为包括投资、消费、市场行为等内容，较为宽泛，因此该研究仅以农户供给行为作为研究对象。制度理性假说认为，决定中国农户经济行为的一个关键变量就是制度，适宜的制度能够促进农户供给行为显著增长，而不适宜的制度则会阻碍农户的供给行为，使其停滞不前甚至倒退。"适宜的制度"具有产权结构清晰、交易费用低，并且有较好的激励机制和监督机制等特征。在其著作《制度变迁与中国农民经济行为》中，郑风田着重分析了土地制度对农户供给行为的影响。

除制度理性假说之外，林毅夫对中国农户经济行为理性的论述同样具有代表性。林毅夫认为，中国农户的行为是理性的，这种理性是

---

[1] 郑风田：《制度变迁与中国农民经济行为》，中国农业科技大学出版社 2000 年版，第 121—143 页。

效用最大化而非物质利益最大化，个人效用的满足也不是完全针对自己的，当个人利他行为所带来的满足感大于为此付出的代价，理性的个人也会选择利他，从这个意义上说，小农的行为是理性的，可以用现代经济学的方法来研究农民问题。由于农户理性行为还受到外部经济条件、信息搜寻成本和农户自身的主观认识能力等多种因素的制约，因此，"许多被用来证明小农行为是'不理性'的典型事例，通常都是那些具有城市偏向而对小农所处的环境缺乏全面了解的人们所做出的主观论断。如果能设身处地地从小农的角度考虑问题，则可以发现这些被认为是不理性的行为却恰恰是外部条件限制下的理性表现"。①

### 三　规模经济理论

#### （一）规模经济

"规模经济"是经济学中的一个重要概念，意指扩大生产规模引起经济效益的增加，反映的是生产规模和经济效益的关系，或者说是生产要素的集中程度与经济效益的关系。② 新古典主义经济学家马歇尔最早使用"规模经济"一词。规模经济可以分为外在经济（外延经济）和内在经济（内涵经济）。外在经济，是指经济规模、土地经营规模扩大使产量上升、成本下降，企业收益增加；内在经济则是指一个生产经营单位从自身内部分工、产业和产品结构、技术政策与科技含量、集约经营和企业管理等因素的改善所引起的经济收益的增加。但不是所有的规模扩大都会带来经济收益的增加，也有导致经营收益减少现象，这种现象叫外在不经济。规模经济的产生主要源自两个方面的原因：一是规模经济来源于经营体内部单个要素的"不可分性"和各生产要素之间的相关性，即每种技术都必须在生产过程中发挥效用。例如，联合收割机必须在面积较大的土地上使用才能正常运行。因而规模经济首先来源于当经营规模增大时固定成本分摊到单位产品上的数量降低。其次，当由于各生产要素之间密切相关，大规模

---

① 刘克春：《农户农地流转决策行为研究》，博士学位论文，浙江大学，2006 年。
② ［美］克鲁格曼：《国际经济学》（中文版），中国人民大学出版社 2006 年版，第115—116 页。

的生产组织形式有利于各要素间的协调作用，从而降低总成本。二是规模经济来源于组织内部分工协作。马克思认为：随着企业资本额的增加，劳动协作由简单协作逐步向以分工为基础的协作和技术体系为基础的协作发展。

（二）规模效益

"规模效益"是规模经济要达到的目标，是当全部生产要素投入量按相同比例增加时，产量增加变化中的一种情况。经营规模扩大后，会出现下列三种可能的情况：（1）规模收益递增。即规模扩大后，收益增加的幅度大于规模扩大的幅度。（2）规模收益递减。即规模扩大后，收益增加的幅度小于规模扩大的幅度；或收益绝对减少，而出现边际收益为负数，这是规模不经济的结果。（3）规模收益不变（也称固定规模报酬）。即规模增幅与收益增幅相等。只有当经营规模扩大，其产量增加的比例大于全部要素投入量增加的比例时，这种经营规模才具有规模效益。"规模经济追求的是具有最低平均成本的经营规模"，平均成本可分为短期平均成本、长期平均成本两种，将平均成本曲线上最低的点相对应的经营规模称为"最优经营规模"，或"适度经营规模"，如图 1 - 1 和图 1 - 2 所示。

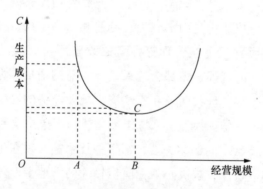

**图 1 - 1　短期平均成本（SAC）曲线**

规模经营并非越大越好，而是"适度"，即指取得最佳土地规模效益的土地经营规模。"适度"的标准因自然条件、经济条件的不同而有所不同，也随时间的变化而变化。我国农地生产的"适度"规模可以通过两个标准来衡量：一是批量采购农资带来的边际成本的减少；二是通过使用大型农机代替人力而带来的劳动投入的边际成本减少。

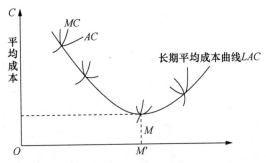

**图1-2 长期平均成本（LAC）曲线**

（三）农场规模与农场效率

舒尔茨在对农场规模和经济增长效率之间的关系进行分析时指出，"改造传统农业中至关重要的投资类型并不取决于大农场的建立……求助于规模收益的概念一般是无用的，因为改造传统农业总是需要引入一种以上的新农业要素，所以，在这种改造所引起的过程中，关键不是规模问题，而是要素的均衡性问题"。[①]

**四 地租地价理论**

承包经营权流转机制构建的核心问题是流转双方的利益联结机制，而该利益联结机制的核心乃是承包经营权流转价格，确定合理的流转价格既能保护流转双方的利益和积极性，又能传递正确的市场信号、促进流转市场的发展。流转价格的研究必然以地租地价理论为指导。地租地价是土地经济学理论中内涵最为丰富的组成部分，因而成为研究流转问题最为基本的理论基础之一。

（一）马克思的地租地价理论

马克思在继承古典地租理论基础上，以农业地租为典型，创立了科学的地租地价理论体系，并指出：土地价格是地租的资本化，即土地价格=地租/利息率。马克思的地租理论体系中由三个最主要的概念组成：级差地租、绝对地租与垄断地租。

---

① ［美］舒尔茨：《改造传统农业》，商务印书馆1987年版，第84页。

1. 级差地租

级差地租是经营较优土地的农业资本家所获得的，并最终归土地所有者占有的超额利润。构成级差地租的条件是经营优等、中等地所获得的农产品个别生产价格低于社会生产价格，因此，租用较优土地的资本家可以获得稳定的超额利润。超额利润再以"地租"的形式付给土地所有者。但仅有这一条件还不能说明级差地租的存在，因为个别生产价格与社会生产价格之差面临被平均化的可能。级差地租形成的原因是土地资本主义经营的垄断。由于资本主义垄断的存在，该价格差转化为地租而不会被平均化。级差地租因形成条件的不同而分为级差地租Ⅰ和级差地租Ⅱ，级差地租Ⅰ是指由于土地位置和土地肥力的差异而形成超额利润；级差地租Ⅱ是指由于在同一块土地上连续投资产生的劳动生产率的提高而形成的超额利润。级差地租Ⅰ是级差地租Ⅱ产生的前提和基础。马克思认为，将土地分为A、B、C、D四个不同的等级，当在土地上追加投资时，不同级别的土地上的级差地租Ⅱ的形成分为三种不同情况。第一种情况是，任何追加的投资只能取得A地的生产率，则该投资只能获得同A地一样的由生产价格所提供的平均利润，不会提供超额利润，因而不会产生级差地租Ⅱ；第二种情况是，如果追加的投资所带来的生产率比A地更高，进而获得更高的产量，此时假设供给仍然不会过剩，农产品的社会生产价格仍然保持不变，级差地租Ⅱ仍会产生，并且地租总额也在增长；第三种情况是，如果追加的投资获得的生产率比A地更高，进而获得更高的产量，但此时农产品的供给超过需求，农产品的社会生产价格下降，并且不再由A级土地的生产条件决定。"价格的下跌和利润率的提高会以怎样的程度同更大的超额利润（也就是更大的地租）的形成结合在一起，这就完全取决于新追加的资本的生产率提高的程度和新追加的资本的数量。"①

2. 绝对地租

在资本主义生产关系下，耕种任何土地都必须交纳地租，而与土

---

① 马克思：《资本论》第三卷，人民出版社2004年版，第768—769页。

地的区位、肥力等级无关，而仅仅是由于土地所有权的资本主义垄断而形成的，即"绝对地租"。马克思认为，绝对地租的形成缘于农产品的市场价格可以超过社会生产价格而形成的一个余额。这个余额的形成，马克思从分析农业资本的有机构成入手解决这一问题：由于农业生产技术的装备落后于工业，农业部门的资本有机构成比工业部门低。因此，等量资本在农业中所创造的剩余价值要大于工业所创造的剩余价值，全部农产品总的剩余价值要大于总的平均利润，农产品的总价值要大于总生产价格。而由于土地所有权垄断的存在，农产品必须在生产价格以上按价值出卖。农产品价值和生产价格之间的这种差额，不参与全社会的利润平均化过程，而留在农业中，构成绝对地租的实体。简言之，农业资本的有机构成低于工业资本的有机构成是绝对地租形成的条件。

3. 垄断地租

垄断地租指的是从具有独特自然条件的土地上所获得的超额利润转化而来的地租。垄断地租产生的前提是某些土地拥有不同于一般土地的某些自然条件特征，具有特殊条件的土地可以带来大大高于生产价格的垄断价格。马克思分析：一个葡萄园在它所产的葡萄酒特别好时（这种葡萄酒一般来说只能进行比较小量的生产），就会提供一个垄断价格。由于这个垄断价格（它超过产品价值的余额，只决定于高贵的饮酒者的财富和嗜好），葡萄种植者将实现一个相当大的超额利润。这种在这里由垄断价格产生的超额利润，由于土地所有者对这块具有独特性质的土地的所有权而转化为地租，并以这种形式落入土地所有者手中。因此，在这里是垄断价格产生地租。垄断地租只是一种由于自然条件的不同而产生的特别的现象。

（二）西方的地租理论

1. 早期地租理论

17世纪，英国经济学家威廉·配第在他的名著《赋税论》首次提出，地租是土地上生产的农作物所得的剩余收入，由于土壤肥沃程度不同、耕作技术水平差异及距离市场远近不同，地租也有差异。18世纪及以后，杜尔哥、亚当·斯密、大卫·李嘉图、詹姆斯·安德森等进一步发展了地租理论，冯·杜能也从土地位置对地租形成的影响方面进行了论述，他们的工作使早期地租理论不断得以创新和完善。

2. 地租剩余理论

早在 1817 年英国资产阶级经济学家李嘉图在其出版的《政治经济学及赋税原理》中提出了较完整的地租理论。李嘉图运用劳动时间决定价值量的原理，分析地租产生的原因，创立了"差额地租理论"。该理论的基本观点是：地租是土地收益减去包括农民工资在内的成本后的"剩余"。这一剩余的大小取决于农产品的市场需求和农产品的供给成本，而后者取决于土地的肥沃程度和区位，地租归地主阶级所有。即"土地是为使用土地的原有和不可摧毁的生产力而付给地主的那一部分土地产品"。[①] 他认为，农产品的价值是由最大的劳动耗费量决定的。中、劣等土地生产产品的成本较高，因此，优等地的产品在价格上，除了补偿生产成本和利润外，还有超额利润，而转化为地租归地主所占有。由此产生"差额地租"。李嘉图的"差额地租学说"是建立在劳动价值论基础之上的，运用了"劳动时间决定价值量的原理"，因而具有重要的意义。但他回避了地租所反映的资本主义的生产关系，将地租看成是由于土地肥力和位置的差异而形成的，却忽视了土地私有制和土地经营的垄断对地租形成的本源性。

3. 屠能的"区位差额地租"

德国农业经济学家冯·杜能（J. H. von Thünen）被称为地租边际生产力理论的先驱。与李嘉图等从土地的肥沃程度不同解释差额地租产生的原因不同，杜能致力于阐明土地的地理位置与交通条件。杜能于 1826 年撰写的《孤立国》一书，首次系统地论述了土地地理位置与地租的相关性。[②] 书中首先假定存在一个孤立国，国内所有土地肥沃度和生产力相等，交通工具相同，但距离中心远近不一，产品运抵中心市场时，运费就有了差异，而农产品成本应是农场生产成本加上

---

① 李嘉图：《政治经济学及赋税原理》，商务印书馆 1962 年版，第 55 页。
② ［瑞典］约翰·冯·杜能：《孤立国同农业和国民经济的关系》，商务印书馆 2004 年版，第 12—139 页。

运输之和，因而距离中心市场越远，则运费越高，其总生产成本越大。在假定产品同质的前提下，中心市场上同种产品价格就只能是同一的。因为消费者对同种商品只愿支付相同的价格。于是距离中心市场近的农业生产者可以以较低的生产成本出售商品，进而获得剩余，此项剩余成形成了土地的额外收入，即地租。由于在屠能的分析中，按照距离中心市场的远近将土地按农产品经营类型分圈层进行分析，因此该理论也被称为"杜能圈理论"。尽管屠能的分析方法仍属于孤立的静态分析法，但较早发现和阐明了相对位置在地租形成方面的重要性，具有重要的意义。

4. 克拉克的地租理论

美国哥伦比亚大学的经济学家约翰·克拉克（J. B. Clack），于1900年左右提出了一个简化的分配理论，即西方经济学中著名的边际生产力分配理论。根据这个理论，土地的租金是由最后一个投入的土地单位的边际产出决定的，在数额上等于边际收益产品。从土地的总供给来看，它是完全缺乏弹性的，为一条极端的垂直线，但对某一行业的土地供给来说，又具有弹性，是一条上扬的曲线，与该行业需求曲线的交点，即均衡点，它决定了地租的价格。当某一行业因扩大规模需要增加土地时，比如城市工业发展需要增加土地时，会因提高租价而将其他行业的土地（如农业用地）转移到该行业。克拉克认为，任何生产至少需要两种生产要素的相互配合，才能进行生产。当任何两种要素结合而生产出某种产品时，它们都对这种产品及其价值做出了贡献。地租就是土地这个生产要素对产品及其价值所做贡献的报酬。要想确切地得到土地和劳动各应得到多少报酬，就必须精确地计算出参与生产的各要素对产品的生产所做的贡献大小。增加一种要素的投入量后，尽管会增加总产量，但要素的边际产量是下降的，这是由于"收益递减规律"作用的缘故。因此，克拉克认为可以用要素的边际产量决定要素价格的方法，来解决两个协作生产要素间的分配。而地租可以在土地这个生产要素数量不变的情况下，分析劳动力的价格，然后再计算出地租的大小。这就是克拉克地租理论的中心内容：认为地租是土地本来的产品，地租的确定要根据边际生产力原则，按

"剩余法"确定。

## 五 制度变迁理论

### (一) 马克思关于制度变迁的理论

马克思关于制度和制度变迁的理论认为:从本质上,制度是一种规范和调节人与人之间关系的社会机制。在众多调节人与人之间关系的机制中,生产关系是最根本的社会制度。而推动制度变迁,即推动生产关系变迁的根本原因是生产力的发展。但生产关系反过来作用于生产力,当生产关系适应生产力发展要求时就会促进生产力的发展;当生产关系不适应生产力发展要求时就会阻碍生产力的发展。生产力和生产关系的矛盾运动推动着制度的变迁。

### (二) 制度变迁理论及"路径依赖"问题

制度经济学中的制度"是一系列被制定出来的规则、守法程序和行为的道德伦理规范,它旨在约束追求福利或效用最大化的个人行为"。[①] 也即通过提供一系列规则、程序、道德、伦理,使其成员的合作获得一些在结构外不可能获得的追加收入,或提供一种能影响法律或产权变迁的机制,以改变个人或团体可以合法竞争的方式。制度经济学家诺思指出:制度是一个社会的游戏规则,是决定人们的相互关系而人为设定的一些制约,它包括正式制度安排和非正式制度安排。非正式制度安排在社会经济生活中起着重要作用。即使在最发达的经济中,正式制度安排也只是决定选择的总约束的一小部分,人们生活的大部分空间仍然是由非正式制度安排来约束的。[②] 美国经济学家、1993 年诺贝尔经济学奖获得者道格拉斯·C. 诺思在经济分析中引入制度因素,他将制度作为经济增长的内生变量,否定了新古典经济学把制度当作既定的外生变量的研究思路,验证了制度因素对经济增长的作用,从制度经济学的角度解释经济增长的历史和研究经济问题,并从中总结归纳出一套适用于研究制度变动和演进的理论,即制度变

---

① [美] 道格拉斯·C. 诺思:《经济史中的结构与变迁》,生活·读书·新知三联书店 1999 年版,第 225 页。

② [美] 道格拉斯·C. 诺思:《制度、制度变迁与经济绩效》,生活·读书·新知三联书店 1994 年版,第 5—13 页。

迁理论。任何一种制度安排都不会一成不变地处于静止状态，当制度的预期收益大于预期成本，或是当一种制度安排以更低的成本出现时，都会诱致新的制度安排的产生。以道格拉斯·C. 诺思和T. W. 舒尔茨为代表的制度变迁理论，是制度经济学的最新发展。根据诺思的定义，"变迁"一词是指制度创立、变更及随着时间变化而被打破的方式。因此，所谓的制度变迁是指一种制度框架的创新和被打破。在诺思的制度变迁理论中，制度均衡和非均衡是两个非常核心的概念。当各行为主体对现有制度安排处于一种适应状态时，这种状态被称为制度均衡；反之，称为制度非均衡。非均衡制度状态存在是制度变迁的前提条件但决定制度变迁的关键因素是制度变迁的成本与收益之差，只有当制度变迁的预期收益大于预期成本时，行为主体才有动力去推动制度变迁的进程；而当制度变迁的预期收益小于预期成本时，制度变迁就不会发生。

制度变迁有两种方式：强制性制度变迁和诱致性制度变迁。强制性制度变迁，是指由政府充当制度变迁的行为主体，通过政府命令和制定法律，"自上而下"地推动制度变迁；诱致性制度变迁，是指处于基层的行为主体（农民、工会、企业等）发现潜在的获利机会，而产生对于制度的需求，然后"自下而上"地影响决策集团的决策过程，最终实现增量的制度演进。无论是强制性制度变迁还是诱致性制度变迁，制度变迁总是当事人以"经济人"的身份，按照收益最大化或成本最小化的原则进行决策。影响制度变迁的因素有以下几个主要方面：一是产品和要素的相对价格。相对产权和要素相对价格的变化改变了人们的既有利益结构和谈判能力，进而使原有制度安排脱离了均衡的状态，从而刺激了有关主体对新的制度安排的需求。二是政权意志。政权意志决定产权结构。在诺思看来，关于制度变迁，既要解释造成无效率的产权的政治或经济组织的内在的活动倾向，又要说明历史上政权本身的不稳定性，即国家的兴衰。三是技术进步。技术进步所带来的新的收入流的规模和分配将影响到相关主体的相对收入发生变化。四是决策者的私利。五是现有制度框架。现有制度框架会强化当前的激励结构，使相关主体对当前的制度安排产生惯性，产生所谓的"路径依赖"的问题。

关于制度变迁中的路径依赖，实际上说的是制度变迁过程中对于以往的制度形式高度依赖性的特征。正如物理学中的"惯性"，制度一旦进入某一路径，无论是优还是劣，就有可能对这种路径产生依赖。戴维（David）将路径依赖解释为一种"锁定效应"，该"锁定效应"使整体制度的变迁进入一个并非最优选择的特别路径，次优选择行为成为常态。诺思（1990）认为："一个社会中的知识存量及其信仰结构使制度变迁绝对是渐进的并且是路径依赖的。"① 他指出，"历史确实是起作用的，我们今天的各种决定、各种选择实际上受到历史因素的影响"。总之，诺思认为，制度变迁过程与技术变迁过程一样，存在报酬递增和自我强化的机制。这种机制使制度变迁一旦走上了某一路径，它的既定方向会在以后的发展过程中得到自我强化。沿着既定的路径，经济和政治制度的变迁可能进入良性的循环轨道，迅速优化；也可能顺着错误的路径往下滑，甚至被"锁定"在某种无效率的状态而导致停滞，并且该状态很难摆脱。

## 六　非对称信息理论

### （一）非对称信息理论的发展

1970 年，乔治·阿克洛夫创立了"柠檬"理论，1971 年，杰克·赫什雷·弗提出了"信息市场"理论；1972 年，雅各布·马尔萨克和罗伊、拉德纳进一步完善了"团队的经济理论"；1973 年，麦克尔·斯彭斯建立了"信号"理论，圣弗德·格罗斯曼和约瑟夫·斯蒂格利茨（1976）提出了"格罗斯曼—斯蒂格利茨悖论"，以及在 20 世纪 70 年代由詹姆斯·莫里斯等提出并发展了"委托人—代理人"理论。这些理论与乔治·施蒂格勒的"信息搜寻"理论和雅各布·马尔萨克的"信息系统选择"理论，共同构成了信息经济学的八大基本理论。

### （二）信息非对称成因

产生信息不对称有以下几个方面的原因：第一是社会分工和专业

---

① ［美］道格拉斯·C. 诺思：《制度、制度变迁与经济绩效》，生活·读书·新知三联书店 1994 年版，第 74—75 页。

化加剧。社会分工和专业化程度的提高，造成了专业人员与非专业人员之间掌握信息的数量和质量等方面的差异越来越大，导致不同个体之间的信息对称性越来越差。第二是交易者知识有限。由于交易者所掌握和支配的资源不同、所拥有的时间和精力不同等原因，使市场的卖方信息多于买方。第三是信息搜寻成本较高。搜寻信息和学习知识需要花费大量的时间、精力和资金等成本，这些不是每一个人都愿意而且能够支付的成本。

信息不对称是信息不完全带来的客观性结果，交易的各方因拥有的信息不对等，买卖双方所掌握的商品或服务的价格、质量等信息不相同，即一方处于信息优势地位，而另一方则处于信息劣势地位，必定导致信息拥有方为谋取自身更大利益而损害另一方的利益，最终会导致市场无法实现资源的优化配置，产生市场失灵、道德风险和逆向选择等问题。①

（三）逆向选择理论

逆向选择是指在买卖双方信息不对称的情况下，当交易中的一方对交易可能出现的风险状态比另一方知道更多时，便会产生逆向选择问题。逆向选择会导致高质量产品在市场上被低质量产品驱逐出去。最典型的证据之一就是"柠檬市场"现象，即买方不知道卖方的产品的真实质量，只愿按该市场产品质量的平均水平出价；产品质量高于市场平均水平的卖方只得退出市场，使该市场所有产品的平均质量下降，买方则相应调低其出价；拥有较高质量产品的卖方不断地退出，买方的出价不断地调低，如此循环往复，造成市场失灵。"柠檬论文"中的一个关键见解是经济主体有强烈的激励去抵消信息问题对市场效率的不利影响。②

逆向选择理论不仅解释了私人信息如何导致市场失灵，还指出类似的信息不对称问题在发展中国家非常普遍且产生了重大影响。事实

---

① Stiglitz, J. E., "Equilibrium in Product Markets with Imperfect In-formation", *American Economic Review*, 1979, 69 (2), pp. 339–345.

② 张新立：《非对称信息条件下风险投资契约机理研究》，博士学位论文，大连理工大学，2008 年。

上，逆向选择问题可以解释许多经济制度问题，许多市场机构可以被看成是为了解决信息不对称问题而出现的。[①]

（四）委托—代理理论

1. 委托—代理关系的建立

在建立某种契约前后，市场参与者之间所掌握的信息是不对称的。通常将具有相对信息优势的市场参与者称为代理人，把处于信息劣势的一方称为委托人，委托人和代理人之间的关系就属于委托—代理关系，也就是在市场交易中，处于信息优势与处于信息劣势的参与者之间的相互关系。由于在现实经济活动中普遍存在信息不对称现象，所以，我们日常经济活动中的许多关系都可以归结为委托—代理关系。

委托—代理关系由一方委托另一方从事某种行为而产生，其中授权人就是委托人，获得授权的人就是代理人。代理人对自己的行动或能力拥有私人信息，由于委托人无法准确地观测到代理人的行为，那么，无论采取何种激励方案，代理人都会选择最大化自己效用水平的行动。在非对称信息条件下，委托人只能通过合理地设计一套机制来诱使代理人显示其私人信息，从而达到双方的利益协调。由于委托人与代理人的效用函数不一样，在履行契约时常常导致两者的利益互相冲突，如果没有有效的激励和监督机制，很可能损害到委托人的利益。

2. 构成委托—代理关系的条件

威尔森（1969）和罗斯（1973）认为，一个最优契约需要满足以下条件：委托人和代理人共同承担风险；能够利用一切可以利用的信息，即当经济行为者隐藏行动和隐藏信息时，要利用贝叶斯统计定理来构造一个概率分布，并以此为基础合计契约；报酬契约要因信息的性质不同而有所不同，委托人和代理人对不确定性和风险十分敏感。构成委托—代理关系需要满足以下条件：

---

① 卢涛：《金融市场微观结构视角下基于非对称信息理论的资产价格行为研究》，博士学位论文，天津大学，2007 年。

第一，委托人和代理人是两个相互独立的个体，且都为约束条件下的效用最大化者。代理人选择的行为既影响其自身的收益，也会影响委托人的利益。委托人可以通过签约合同决定付给代理人的报酬的多少。

第二，委托人和代理人处于信息非对称状态，都面临着市场的不确定性和风险。委托人不能直接观察到代理人努力程度，代理人努力的结果为随机变量，委托人不能根据观察结果来判断代理人的类型。

第三，代理人隐藏的知识或行动影响委托人的利益，即委托人不得不为代理人的决策或行为承担一定的风险。

3. 委托—代理理论的基本模型

在非对称信息情况下，委托人不能观测到代理人的行为，只能观测到由代理人的行动和其他外生的随机因素共同决定的一些相关变量，在激励相容约束的条件下①，委托人不能强迫代理人选择委托人希望的行动来达到效用最大化，于是委托人的问题便转化为在满足代理人参与约束和激励相容约束的条件下，通过建立激励合同最大化自己的期望效用。通常情况下可将委托—代理关系从非对称信息发生的时间和内容两个角度划分为不同类型，在签约之前发生的隐藏信息的行为称为逆向选择（Adverse selection）模型，在签约之后产生的隐藏行动的行为称为道德风险模型②，见表1-1。

表1-1　　　　　　　　信息非对称的基本模型

| | 隐藏行动问题 | 隐藏信息问题 |
| --- | --- | --- |
| 事前 | | 逆向选择模型<br>信号传递模型<br>信号甄别模型 |
| 事后 | 隐藏行动的道德风险模型 | 隐藏信息的道德风险模型 |

① ［美］科斯、哈特、斯蒂格利茨等：《契约经济学》，经济科学出版社1997年版，第55—64页。

② 陈建斌：《信息经济学》，清华大学出版社2010年版，第225页。

有些信息经济学家认为，隐藏信息的道德风险模型、信息甄别模型与逆向选择模型是相似的，梅耶森（Myerson，1991）建议将所有由参与人选择错误行动引起的问题称为道德风险问题，由参与人错误报告信息引起的问题称为逆向选择问题。张维迎（2004）将信息经济学的模型分为两类，一类是委托—代理模型，另一类是逆向选择模型，而委托—代理理论习惯上是隐藏行动的道德风险模型的别称。①

### 七　其他理论

#### （一）博弈论

博弈论是研究当一个主体的选择受到其他主体选择的影响，而且反过来影响其他主体选择时的决策问题和均衡问题。主要考虑游戏中的个体的预测行为和实际行为，并研究它们的优化策略，规定或定义一个博弈需要设定下列六个方面：②博弈方、博弈信息、博弈策略或行为、博弈的次序、博弈方的得益、博弈方的决策准则。

博弈基准不同而分类不同。从行为的时间序列性，博弈论分为静态博弈、动态博弈两类；按照参与人对其他参与人的了解程度分为完全信息博弈和不完全信息博弈。③目前常用的一般是指非合作博弈，主要包括完全信息下的静态博弈和动态博弈，不完全信息下的静态博弈和动态博弈。与上述四种博弈相对应的均衡概念为：纳什均衡、子博弈精练纳什均衡、贝叶斯纳什均衡、精练贝叶斯纳什均衡。博弈论还有很多分类，比如，以博弈进行的次数或者持续长短可以分为有限博弈和无限博弈；以表现形式也可以分为一般型（战略型）或者展开型等。④见表1－2。

---

① 张颖聪、张文秀：《农村土地流转市场的委托代理关系分析》，《农村经济》2005年第4期。

② ［法］弗登博格、梯若尔：《博弈论》，姚洋等译，中国人民大学出版社2010年版，第3—20页。

③ ［美］赫伯特·金迪斯：《理性的边界：博弈论与各门行为科学的统一》，董志强译，上海三联书店2011年版，第61—78页。

④ 范如国：《博弈论》，武汉大学出版社2011年版，第234—304页。

表 1 - 2                                   非合作博弈及其对应的均衡关系

|  | 静态 | 动态 |
|---|---|---|
| 完全信息 | 完全信息静态博弈纳什均衡（纳什，1950—1951） | 完全信息动态博弈子博弈精练纳什均衡（泽尔腾，1965） |
| 不完全信息 | 不完全信息静态博弈贝叶斯纳什均衡（海萨尼，1967—1968） | 不完全信息动态博弈精练贝叶斯纳什均衡（泽尔腾，1975） |

在动态贝叶斯博弈中，土地流转中的集体经济组织作为"自然"（Nature）首先选择参与者的类型，在自然（集体经济组织）选择之后，参与人（土地的流入方与流出方）开始行动，后行动者（委托人）可以观测到先行动者（代理人）的行动，但不能观测到先行动者（委托人）的类型。因为参与人的行动是类型依存的，每个参与人的行动都传递着有关自己类型的某种信息，后行动者可以通过观察先行动者选择的行动来推断其类型或修正对其类型的先验概率，然后选择自己的最优行动，先行动者预测到自己的行动将被后行动者所利用，就会设法选择传递对自己最有利的信息，避免传递对自己不利的信息。[①]

（二）机制设计理论

20 世纪 60 年代，里奥尼德·赫维茨最早提出了机制设计理论。该理论从信息的观点出发，把经济机制看成是一个信息交换和调整的过程，在统一的模型和信息框架下研究了经济机制以及各种经济机制的信息成本问题，主要解决了两个问题：效率问题和激励相容。机制设计理论深化了人们在不同情况下对资源最优配置性质的理解，它允许研究者在缺乏严格假定的情况下，系统地分析和比较各种体制，对政府进行有效的政策、制度选择有重要作用。[②]

效率问题。一方面认为在达到效率最大化目标上，没有什么经济机制能够比市场机制具有更少的信息维度，即市场机制有着所需信息

---

① 杨姗姗：《非对称信息下企业品牌战略决策博弈分析》，博士学位论文，上海交通大学，2008 年。

② 妥艳贞：《不对称信息经济学理论观点述评》，《兰州学刊》2004 年第 5 期。

量较少的优势；另一方面它又认为，即使对于私人物品的社会，通过机制设计所实现的效率最大化都可以和通过市场竞争机制所实现的配置一样好，故而机制设计对于弥补市场缺陷有着很大的帮助。因此，当市场机制能够解决资源最优配置问题时，应该让市场来解决；在市场无能为力的情况下，需要设计其他一些机制来补充市场机制的失灵。①

激励相容问题。在社会经济活动中，通常机制设计者的目标和机制参与者的利益之间不会完全一致，机制参与者只有能获得大于其付出代价的利益时，才会遵循该机制的约束和要求，在制度或规则的制定者不能了解所有个体信息的情况下，所要制定的机制要能够给每个参与者以激励，使参与者在追求个人利益的同时也达到机制所制定的目标。因此激励相容约束，可以促使经济主体的自利行为自愿实现制度的目标。

激励机制主要有三种模型方法：第一种是"状态空间模型化方法"。第二种是"分布函数的参数化方法"，这种方法已经成为经常使用的标准化方法。第三种是"一般分布方法"，这种方法最抽象，它虽然对代理人的行动及发生的成本没有很清晰的解释，但是，它让我们得到非常简练的一般化模型。② 在本书研究中，主要应用参数化模型建立土地流转中的激励机制。

假设农地流转中有一个或多个委托人和代理人，代理人的行动选择为 $a$（表示代理人的努力程度），并同时满足参与约束（$IR$）和激励相容约束（$IC$）这两个约束，设 $\theta$ 为随机干扰项并有两个可能概率值，分别为 $P$ 和 $1-P$，则委托人的问题转化为在参与约束和激励相容约束限定的范围内选择行动 $a$。③ 假定产出 $\pi$ 是唯一的可观测指标

　　① Smith, V. L., "An experimental study of competitive market behavior", *Journal of Political Economy*, 1962（70）, pp. 11 - 137.

　　② S. Grossman and J. E. Stigliz, "On the Impossibility of Information ally Efficient Markets", *Americian Economic Review*, 1980, 70, pp. 393 - 408.

　　③ 段文斌、袁帅：《风险分担与激励合同对委托—代理理论的进一步检讨》，《南开经济研究》2004 年第 5 期。

（即 $x = \pi$），如果委托人的 $x = x(a, \theta)$，$\pi = \pi(a, \theta)$，则对于每一个 $a$ 来讲，$\theta$ 与 $x$ 和 $\theta$ 与 $\pi$ 是相对应的。将 $\theta$ 的分布函数转换为 $x$ 和 $\pi$ 的联合分布函数，用 $F(x, \pi, a)$ 和 $f(x, \pi, a)$ 分别代表联合分布函数和密度函数，委托人对代理人的奖励和惩罚根据观测到的产出做出，则委托人设计的激励机制模型为：

$$\max_{a, s(x)} \int v\{\pi - s(s)\} f(\pi, a) \, \mathrm{d}\pi$$

$$\text{s. t} \quad (IR) \int u[s(\pi)] f(\pi, a) \, \mathrm{d}\pi - c(a) \geq \bar{u}$$

$$(IC) \int u[s(\pi)] f(\pi, a) \, \mathrm{d}\pi - c(a) \geq \int u[s(x)] f(\pi, a') \, \mathrm{d}\pi - c(a'),$$

$$\forall a' \in A$$

机制设计理论和上述模型有助于研究我国农地流转中委托—代理关系，在流转信息非对称的前提条件下，可建立规范农地流转的激励、约束机制和监督机制，以解决农地流转中的逆向选择问题和道德风险问题。

## 第三节　基本概念界定

### 一　土地承包经营权

农村土地承包经营权在法律属性上一直存在"债权说""物权说"和"折中说"的性质之争。"债权说"认为，在承包合同下，农民与集体之间是一种"对人权"的债权关系，属于债权性质。主要代表人物有梁慧星等。[1]"物权说"认为，承包合同作为法律事实产生承包经营权，因而是一种物权。主要代表人物有王家福、黄明川、丁关良等。"折中说"认为，土地承包经营权，是在特定历史条件下以债权形式出现的具有一定物权属性的，且呈现具有普遍意义的物权化

---

① 梁慧星：《中国物权法研究》，法律出版社 1998 年版，第 12—13 页。

变迁趋势的特殊土地权利，主要代表人物有钱忠好等。①②③ 2007 年 3 月 16 日《中华人民共和国物权法》（以下简称《物权法》）颁布，《物权法》在第三章首次明确将土地承包经营权定性为"用益物权"，从而结束了长期以来承包经营权性质上的"物权债权"之争，消除了我国立法上对土地承包经营权性质认定的模糊。与债权相比，物权是法律创设的，而债权是基于合同等方式而产生的；物权具有对抗所有自然人和法人的特性，但债权仅可以对抗债务关系设计的特定对象。用益物权是物权的一种，是从所有权中分离出来的相对独立的支配权，是指非所有人对他人之物所享有的占有、使用、收益的排他性的权利。将承包经营权认定为用益物权意义十分重大。首先，强化了土地承包经营权物权性质的法律效力。将农户的承包经营权从一种简单的承包合同衍生权利上升和强化为一种依法获得的身份权利，为农户提供了更具体、更有根据性的保障，权利拥有人可以对抗所有人对用益权的任何侵害，减少侵害农户合法权益的违法行为。其次，肯定了农地承包经营权具有投资的特性。《物权法》第一百一十七条规定：用益物权人对他人所有的不动产或者动产，依法享有占有、使用和收益的权利。

关于土地承包经营权概念内涵，学术界代表性的观点有以下几种：

孟勤国认为，土地承包经营权，是指农户或其他自然人、法人基于农业生产目的经营集体土地或国有土地的占有权。④

王利明等认为，农村土地承包经营权是农村集体经济组织的农户以及其他的单位或者个人对农村土地享有的占有、使用与收益的权利。⑤

---

① 王家福、黄明川：《土地法的理论与实践》，人民日报出版社 1991 年版，第 57 页。

② 丁关良：《农村土地承包经营权性质的探讨》，《中国农村经济》1999 年第 7 期。

③ 钱忠好：《农村土地承包经营权的法律属性探讨》，《南京社会科学》2001 年第 11 期。

④ 孟勤国：《中国物权法草案建议稿》，《法学评论》2002 年第 5 期。

⑤ 王利明：《中国民法典草案建议稿及说明》，中国法制出版社 2004 年版，第 124 页。

赖华子、詹明认为，土地承包经营权是指法人、其他组织、自然人等一切农业生产经营者依照承包合同法律规定取得的对农村集体所有的或者国家所有由农村集体使用的土地（指耕地）、森林、山岭、草原、荒地、滩涂、水面等进行占有和以养殖、种植或畜牧为生产方式从事养殖业、种植业、林业、畜牧业等农业生产经营而获得收益，并依法处分的一种权利。①

本书所称"农村土地承包经营权"，是指村集体经济组织内部成员，根据《农村土地承包法》等相关法律取得的、对农民集体所有的依法用于农业的土地及其归国家所有的"四荒地"进行占有、使用、收益以及一定处分的权利。按照土地承包经营权取得的具体方式，可将其分为两种：一是"家庭承包方式"取得，即指集体内部农户依集体成员身份，以承包经营的方式平等取得集体所有的耕地、林地、草地等农村土地的方式；二是"其他方式"取得，即指以招标、拍卖、协商等方式取得的"四荒地"的土地承包经营权。本书仅就以集体成员身份取得，即家庭承包取得的土地经营权的流转机制进行研究。由于"承包经营权"是"家庭承包制"的衍生物，而家庭承包制针对农村范围的农业用地，因此，"承包经营权""土地承包经营权"和"农村土地承包经营权"三个概念内涵和外延是一致的。

土地承包经营权与土地承包权、土地使用权不同。土地承包经营权是一种准所有权，它包含土地的占有、使用、收益和部分处分权。以家庭承包方式获得的土地承包经营权属于物权性质，其权利人对该项权能可以依法处理，如出租、转让等。以其他方式获得的土地承包经营权只需要办理土地承包经营权证之后也就具有了物权性质，因而也就具有了同样的权能。而土地使用权则仅仅是使用土地的权利，因此是土地所有权或土地承包经营权下的一个权力分支。拥有土地使用权的人往往并不具有处分土地的权能。一般而言，土地承包经营权的期限长于土地使用权的期限。

---

① 赖华子、詹明：《土地承包经营权的社会保障性初探》，《江西青年职业学院学报》2006 年第 1 期。

但是，当前的法律对于土地承包经营权的规定存在矛盾之处。2002 年的《土地承包法》规定，土地承包经营权的获得有家庭承包和其他承包两种方式。家庭承包方式获得的承包经营权在签订承包合同后就具有了物权性质，其先决条件中并没有办理承包经营权证一项内容。家庭承包的具体操作方式、承包双方的关系（如承包期、各方的权利义务等）是依照法律进行的，合同的内容往往只是对相关法律条文的重复，是标准的统一化的合同。由此获得的土地承包经营权即刻就可以以出租、转让等方式进行流转，因而在签订合同后就具有物权性质。而其他承包方式主要是针对"四荒地"进行的承包，其承包期限、相关各方的权利义务等都需要通过双方协商进行确定，且承包合同签订后，承包方并无权立刻流转承包地，只有在其申领了承包经营权证之后才可以进行。可见，用其他方式获得的承包权并非属于物权（仅是一种使用权），因而不应称为承包经营权。事实上，通过承包方式获得的"四荒地"使用权申领承包经营权证应有区别，因为"四荒地"的承包期限是由发包方和承包方协商进行的，期限有长有短，而仅有几年承包期的"四荒地"使用权是不宜物权化的。因此，通过其他方式获得的承包地使用权不应当直接叫作"土地承包经营权"，也不具有物权的性质。只有在其承包期限较长的情况下，经发包方同意和主管部门批准，上升为土地承包经营权后，才可申领土地承包经营权证，才能获得物权法的保护。

其他方式获得的承包地使用权之所以被叫作土地承包经营权，只是看到了其一般性，即认为承包后的"四荒地"主要用来发展林牧业，其承包期一般会较长，因此应当发给土地承包经营权证，作为物权来保护其承包使用权。但忽略了其特殊情况，这就使土地承包法的规定存在瑕疵。

土地承包权通常是指集体经济组织成员拥有的在集体经济组织发包集体土地或由集体使用的国有土地时，可以凭借其成员身份获得承包土地的权利。只有通过集体经济组织发包才有土地承包权的产生和行使。

### 二　土地流转的相关概念

土地流转的具体称谓很多，各种称谓之间存在细微的差别。

#### (一)　土地流转

"土地流转"既非法律术语，也非严格的学术定义，而是一个非严格的概念，其内涵和外延的弹性较大。土地流转包括土地用途转换意义上的流转和土地用途不变但其产权所属的主体发生变化方面的流转。本书主要分析的是在土地用途不变、土地产权在不同主体之间的流动。理论上说，土地流转包括土地归属关系的流转与土地利用关系的流转两个方面。土地归属关系的流转，是指土地所有权关系的转变，如土地的买卖、赠与、征收等；土地利用关系的流转，是指在土地所有权关系不变的前提下，土地利用关系在主体之间发生转变，如承包地的转包、建设用地使用权转让等。① 本书主要关注后者。

土地流转是一个比较宽泛的概念，它包含多种权能的流动，既有土地承包经营权的流转，如转让、互换，也有土地使用权的流转，如出租、转包、代耕等。因此，土地流转不同于农地流转和土地使用权的流转。

此外，这里所讲的流转仅指民间自发的产权流动，如产权买卖、产权继承等，不包括行政干预下的土地产权调整，如征用、合并或分立等。

#### (二)　土地承包经营权流转

土地承包经营权含义的复杂性决定了土地承包经营权流转含义的复杂性。第一，"承包经营权"并非"所有权"，承包经营权的流转不改变集体土地产权结构；第二，承包经营权流转不能简单视为"使用权"流转，而是物权性质的承包经营权所包含的全部权能的流转；第三，承包经营权流转不包括农村建设用地（如宅基地）的流转；第四，承包经营权流转前后土地的农业用途不能改变。总之，"土地承包经营权流转"是指在不改变农村土地用途和土地所有权权属性质的前提下，原承包经营权所有者，即原承包方将物权性质的土地承包经

① 孟勤国等：《中国农村土地流转问题研究》，法律出版社 2009 年版，第 44 页。

营权全部权能转移给第三方从事农业生产经营活动，进而实现土地和劳动力等生产资料的优化配置。其典型方式有土地承包权转让、互换等。

### （三）土地使用权流转

土地使用权流转是指土地所有者或者土地承包经营权拥有者或者土地使用者经过原产权人同意之后，将土地的使用权流转给他人或组织的行为。其典型方式有土地转包、出租、代耕等。

### 三　各种土地流转形式

土地流转时，转移的产权可能是物权性质的，如转让、互换、抵押方式转移的产权，也可能是债权性质的，如出租、转包方式转移的产权，也有的几乎不发生地权流转，如代耕。

### （一）转让

转让是指承包方有稳定的非农职业或者有稳定的收入来源，经承包方申请和发包方同意，将部分或全部土地承包经营权让渡给其他从事农业生产经营的农户，由其履行相应土地承包合同的权利和义务。转让后原土地承包关系自行终止，原承包方承包期内的土地承包经营权全部灭失。

转让土地承包经营权需要经过发包方同意，要求符合以下条件：①转让农户有稳定的非农职业或者有稳定的收入来源。②与发包方变更土地承包合同。③转让的对象应当限于同一集体经济组织内部的农户。

### （二）转包

转包是指承包方将部分或全部承包经营土地在一定期限内的使用权转给同一集体经济组织的其他农户从事农业生产经营。转包后原土地承包关系不变，接包方按转包合同对转包方（原承包方）承担责任。

### （三）互换

互换是指承包方之间出于各自需要，通过自愿平等协商，对属于同一集体经济组织的承包地块进行交换，同时交换相应土地的承包经营权。互换后，原土地承包合同规定的权利义务可由原承包者承担，也可随互换而转移。

（四）出租

出租是指承包方将部分或全部土地承包经营权以一定期限租赁给他人（包括个人、集体、企业或其他组织）从事农业生产经营，出租人向承租人收取租金。出租后原土地承包关系不变，承租人按出租时约定的条件对出租人（承包方）承担责任。

发包方与承包方之间的土地承包经营权关系属于用益物权关系，承包方（也即出租人）与承租人之间的租赁关系属于债权关系。土地承包经营权的债权关系受物权关系的制约，租赁方不能将所租赁耕地的使用权进行转租，除非经过出租方同意或者合同中有相关的许可约定。

（五）继承

家庭承包方式获得的土地承包经营权不存在继承方式。第一，家庭承包方式下的土地承包经营权是农村集体经济组织内部人人有份的，是成员的一项权利，而家庭内的非农业人口因其不是农村集体经济组织的成员，没有土地承包经营权的继承权。第二，家庭承包是以户为承包单位进行的，因此部分家庭成员死亡的，并不发生土地承包经营权的继承问题，而是由该承包户继续承包，相关权利义务由户内其他成员承担。承包方家庭消亡后，土地承包经营权由发包方收回，其继承人只能继承土地承包的收益，并要求发包方对被继承人在土地上的投入作适当补偿。

其他方式获得的承包地在依法登记、取得土地承包经营权证或者林权证等产权证书的前提下可以通过继承方式进行流转，即承包人死亡的，在承包期内，其继承人可以继续承包。

（六）入股

2002 年颁布的《农村土地承包法》第四十二条规定："承包方之间为发展农业经济，可以自愿联合将土地承包经营权入股，从事农业合作生产。"第四十六条规定："荒山、荒沟、荒丘、荒滩等可以直接通过招标、拍卖、公开协商等方式实行承包经营，也可以将土地承包经营权折股分给本集体经济组织成员后，再实行承包经营或者股份合作经营。"

农业部于 2007 年颁布的《农村土地承包经营权流转管理办法》第三十五条对农村土地承包经营权入股作了具体界定："入股是指实行家庭承包的承包方之间为发展农业经济，将土地承包经营权作为股权，自愿联合从事农业合作生产经营；其他承包方式的承包方将土地承包经营权量化为股权，入股组成股份公司或者合作社等，从事农业生产经营。"第十九条规定："承包方之间可以自愿将承包土地入股发展农业合作生产，但股份合作解散时入股土地应当退回原承包农户。"

其他承包方式获得的土地承包经营权则可以采取作价入股的方式进入股份制企业，也可以进行股份合作制经营，但要经农村集体经济组织（发包方）同意，由乡（镇）级人民政府审核，报县级人民政府批准，并依法办理土地使用权变更登记和抵押登记。

（七）抵押

家庭承包方式获得的土地承包经营权不能进行抵押，而其他承包方式获得的土地承包经营权则可以采取抵押方式流转，但在进行抵押或参股联营时，要经农村集体经济组织同意，由乡（镇）级人民政府审核，报县级人民政府批准，并依法办理土地使用权变更登记和抵押登记。

（八）代耕

《农村土地承包经营权流转管理办法》第三十五条对转让、转包、互换、入股、出租的含义进行了解释，但没有提及代耕。所以代耕的含义需要进行分析和考证。从字面含义上理解，代耕应当是由其他人或组织代替农业经营者进行耕作，因而代耕只是一种劳务关系，不涉及土地流转，即代耕不属于土地流转范畴。但《土地承包法》中却将"代耕"作为一种土地流转方式提了出来。《土地承包法》第三十九条规定："承包方可以在一定期限内将部分或者全部土地承包经营权转包或者出租给第三方，承包方与发包方的承包关系不变。承包方将土地交由他人代耕不超过一年的，可以不签订书面合同。"从这一规定中看出，代耕似乎属于短期（不足一年）的、临时的转包或出租。如此则代耕并非属于一种独立的土地流转方式，而是从属于转包或出租。由于字面含义的代耕不涉及土地流转，20 世纪 90 年代开始出现的代耕行为只存在于农业税费过重的特殊时期，之后这种现象逐渐消失，再研究其意义不大，因此本书将代耕界定为：流转期不足一年的、临时性的转包或出租。

### 四　风险

#### （一）风险的基本含义

"风险"一词的由来，最为普遍的一种说法是，在远古时期，以打渔捕捞为生的渔民们，每次出海前都要祈祷，祈求神灵保佑自己能够平安归来，其中主要的祈祷内容就是让神灵保佑自己在出海时能够风平浪静、满载而归。他们在长期的捕捞实践中，深深地体会到"风"给他们带来的无法预测、无法确定的危险，他们认识到，在出海捕捞打鱼的生活中，"风"即意味着"险"，因此有了"风险"一词的由来。从这一典故出发，可以认为，风险是无法预测、无法确定的危险。

风险在《现代汉语词典》中被定义为可能发生的危险，在美国出版冠有韦氏字样的英语词典（被称为《韦氏词典》）中被解释为"面临损失或伤害的一种机会"。按照这种解释，风险是变化所带来的，如风向、风速等的变化，破坏或损失的机会或危险。风险的大小取决于两个方面：变化可能性的大小即变异指标的大小和变化发生后的危害程度。

单纯从不确定性上看，风险具有中性含义，风可以为逆风，也可以为顺风，因此，风险可能带来两个结果：获利更多或损失更多。即使在无论何种方向的风都会产生不利影响的情况下，由于产品价格是由平均风速下的成本决定的，当实际风速比平均风速小时，经营者可以获得更多的利润。所以，理性来看，风险是中性的。由此可知，风险有两种定义：一种强调风险的不确定性；另一种则强调损失的不确定性。若风险表现为不确定性，说明风险产生的结果可能带来损失、获利或是既无损失也无获利，属于广义风险；而风险表现为损失的不确定性，说明风险只能表现出损失，没有从风险中获利的可能性，属于狭义风险。本书中所说的风险是指狭义的风险，即危险，指遭受损失、伤害、不利或毁灭等问题的可能性，或发生"问题"的可能性。

农地流转引发的负面影响涉及多个方面，而各种影响发生的概率受社会经济条件、相关当事人的生存状态、有关各方的伦理道德或政治思想水平等多因素的影响，很难用统计学的方法进行精确测量。因此，对农地流转风险的关注实际转化为对农地流转问题的关注。也就是说，农地流转风险问题的研究中，更多的是在研究农地流转过程中存在的问题，如强制农民流转土地、流转中交易成本太高、流转租金难以及时兑现等及农地流转引发的问题，如粮食安全问题、农地非农化问题、农民生计问题、农村文化变异问题，等等。本书也将"风险"理解为"问题"。

（二）风险的分类

1. 按照风险的产生环境分为静态风险和动态风险

静态风险是指在社会经济正常运行情况下，由自然力的不规则变化而或人们的过失行为所致损失或损害的风险。如雷电、地震、霜害、暴风雨等自然原因所致的损失或损害，以及火灾、爆炸、意外伤害事故所致的损失或损害等。动态风险是指由于社会经济、政治、技术以及组织等方面发生变动所致损失或损害的风险，如人口增长、资本增加、生产技术改进、消费者爱好的变化等。农业生产过程是自然与经济交织在生产过程，在农地流转不改变土地用途，其经营过程同样存在自然静态风险与社会经济动态风险。

2. 按照风险产生的原因分为自然风险、社会风险和技术风险

自然风险是指因自然力的不规则变化而使社会生产和社会生活等遭受威胁的风险。如地震、风灾、火灾以及各种瘟疫等自然现象是经常的、大量发生的。在各类风险中，自然风险是保险人承保最多的风险，具有不可控性、周期性和后果的共担性。

社会风险有广义和狭义之分。狭义的社会风险是指由于个人或团体的行为（包括过失行为、不当行为以及故意行为）或不行为使社会生产以及人们生活遭受损失的风险。广义的社会风险除上述风险事项之外，还包括政治风险和经济风险。政治风险是指在社会实践过程中，因政治原因或双方所不能控制的原因，使权利人可能遭受损失的

风险。如因内乱而难以按计划运行等。经济风险是指在生产和销售等经营活动中由于受各种市场供求关系、经济贸易条件等因素变化的影响或经营者决策失误，对前景预期出现偏差等导致经营失败的风险，如企业生产规模的增减、价格的涨落和经营的盈亏等。

技术风险是指伴随着科学技术的发展、生产方式的改变而产生的威胁人们生产与生活的风险。

农地流转主要是经营权的流转，经营方式可发生变化，但经营与生产过程仍然是自然生产与经济生产相交织的过程，自然风险可使土地减产，经济社会影响可使流转后的土地改变用途，技术产品的应用可对土地质量产生破坏，等等，都会形成粮食安全、耕地安全、农民权益安全等风险。

3. 按照风险影响的结果可将风险分为特定风险和基本风险

特定风险是与特定的人有因果关系的风险，即由特定的人所引起的，而且损失仅涉及特定个人的风险。如火灾、爆炸、盗窃以及对他人财产损失或人身伤害所负的法律责任均属此类风险。

基本风险是其损害波及社会的风险。基本风险的起因及影响都不与特定的人有关，至少是个人所不能阻止的风险。与社会或政治有关的风险、与自然灾害有关的风险都属于基本风险，如地震、洪水、海啸、经济衰退等均属此类风险。

农地流转可能带来的风险是多方面的，但主要是流转双方经济权益、粮食安全、社会稳定等方面的风险①，本书研究的重点是对这些风险进行研究。

**五 风险控制与规避**

（一）风险控制

风险控制是指管理者采取各种措施减小风险事件发生的可能性，或者把可能的损失控制在一定的范围内，以避免在风险事件发生时带来难以承担的损失。

---

① 从逻辑上讲，粮食安全风险也属于社会稳定方面的风险，由于农地流转中粮食安全风险的形成机理及其影响具有特殊性，因此将其单列出来进行研究。

1. 风险控制方法

风险控制的四种基本方法是风险回避、损失控制、风险转移和风险保留。

风险回避是投资主体有意识地放弃风险行为，完全避免特定的损失风险。简单的风险回避是一种最消极的风险处理办法，因为投资者在放弃风险行为的同时，往往也放弃了潜在的目标收益。

损失控制不是放弃风险，而是制订计划和采取措施降低损失的可能性或者是减少实际损失程度。控制的阶段包括事前、事中和事后三个阶段。事前控制的目的主要是降低损失的概率，事中和事后的控制主要是为了减少实际发生的损失程度。

风险转移是指通过契约，将让渡人的风险转移给受让人承担的行为。通过风险转移过程有时可大大降低经济主体的风险程度。风险转移的主要形式是合同和保险，而保险是使用最为广泛的风险转移方式。

风险保留，即风险承担，是指如果损失发生，经济主体将以当时可利用的任何资金进行支付。

而土地流转中，风险可理解为问题。因此，对风险的规避、损失控制、风险转移和保留也是不可避免的。

2. 风险控制程序

风险控制程序一般包括三个基本步骤：

第一步：风险识别。风险识别是风险管理的首要环节。只有在全面了解各种风险的基础上，才能够预测危险可能造成的危害，从而选择处理风险的有效手段。

第二步：风险预测。风险预测实际上就是估算、衡量风险，由风险管理人运用科学的方法，对其掌握的统计资料、风险信息及风险的性质进行系统分析和研究，进而确定各项风险的频度和强度，为选择适当的风险处理方法提供依据。风险的预测包括风险概率的预测和风险强度的预测。

第三步：风险处理。风险的处理常见方法有避免风险、预防风险、自保风险和转移风险。

（二）风险规避

风险规避是风险应对的一种方法，是指通过计划的变更来消除风险或风险发生的条件，保护目标免受风险的影响。风险规避并不意味着完全消除风险，要规避的是风险可能造成的损失。一是要降低损失发生的概率，这主要是采取事先控制措施；二是要降低损失程度，这主要包括事先控制和事后补救两个方面。

风险规避的类别包括：第一，完全规避风险，即通过放弃或拒绝合作停止业务活动来回避风险源。虽然潜在的或不确定的损失能就此避免，但获得利益的机会也会因此丧失。第二，风险损失的控制，即通过调整损失发生的概率来降低损失发生的程度。第三，转移风险，即将自身可能要发生的潜在损失以一定的方式转移给对方或第三方。第四，自留风险，可以是被动的，可以是主动的，可以是无意识的，也可以是有意识的。因为有时完全回避风险是不可能或明显不利的，这种采取有计划的风险自留不失为一种规避风险的方式。风险规避的方法主要包括风险控制、风险转嫁和风险回避等。

# 第四节　研究内容和方法

## 一　研究内容

《农村土地承包法》将农村土地承包经营权分为两类：一类是以集体成员身份取得，即以家庭承包方式取得的土地经营权；另一类是以招标、拍卖、协商等方式取得的"四荒地"的土地承包经营权。本书主要针对前者即以村集体成员身份通过家庭承包方式取得的地权的流转风险问题。分为三个研究层面：在宏观层面，进行全国农地流转数据整理和分析，目的是力求掌握农地流转风险的普遍性；在中观层面，以华北五省（市、区）为分析重点，多方面进行剖析农地流转与风险产生的影响因素；在微观层面，对河北省农地流转做了百村千户实际调查，进行农地流转风险实证分析，重点从农地流转主体即农户角度考量流转风险。研究内容主要涉及三个方面：

（一）国内外有关农地流转及其风险规避和控制的研究述评

本书基于对大量国内外相关文献资料进行收集和实地考察的基础上，从基本概念界定、农地流转相关问题、农地流转风险控制等几个方面对前人提出的理论和观点进行了梳理，在借鉴前人研究成果的基础上，结合目前我国尤其是华北五省（市、区）农地流转的实践，对本书的边界（包括基本概念含义在内）进行了界定，同时提出本书的切入点。

（二）当前农地流转基本情况和潜在风险分析

本部分主要探讨了三个方面的内容：首先，通过对国家层面相关政策及政策背景等文件及资料的梳理，探讨了我国农地流转政策的演变进程及农地流转政策演变的逻辑，为本书对农地流转风险及其规避控制等问题的探讨提供了制度层面的基础和保障。其次，从宏观（全国）、中观［华北五省（市、区）］和微观（河北省）层面，对当前农地流转的基本形式进行了详细的分析。最后，基于对华北五省（市、区）和河北省大量农地流转案例考察基础上，对不同类型农地流转模式、各模式运作的一般程序和各模式下相关利益主体利益诉求进行了分析，在此基础上分析了基于上述不同模式选择下潜在的农地流转风险呈现。

（三）农地流转风险形成的原因与规避控制对策

在对现有文献系统总结和归纳的基础上，探讨"农村农地流转机制"的内涵，以及流转机制构建原则等问题。提出从农地流转模式规范、流转主体之间利益分配、社会保障和农地金融扶持四个方面构建合理、可行的农村农地流转机制，探索保护流转双方利益的有效途径和推进适度规模经营的途径和渠道，并对农地流转机制进行规范。具体包括以下内容：

1. 农地流转风险形成的原因分析

本书主要探讨了现行农地产权制度、农户行为、政府行为、宏观环境等几个大的方面的要素地域目前对我国农地流转风险形成的影响。作为对目前人们普遍有所认知的流转后农地非粮化风险和潜在的社会稳定风险的考察，本书以实证研究的方法对这两种现象形成的原因进行了分析，通过模型的构建和定量或回归分析，从量化的角度进一步对其进行甄别和释疑。

2. 农地流转风险规避及控制对策研究

本书基于对目前农地流转风险规避和控制基本概况及基本理论应用进行考察的基础上，从政府行为规范和中介服务规范两个方面对农地流转风险规避和控制提出了对策建议。从政府行为规范方面，主要探讨了政府在农地流转中主要的角色职能，以及其在这些角色职能扮演过程中存在的问题，从而对优化和规范政府行为提出建议；从中介服务规范方面，基于对目前农地流转中介服务情况的梳理，分析了其农地流转服务过程中存在的问题，从而对优化中介服务职能和规范中介服务行为提出对策建议。

## 二　研究方法和数据

### （一）资料收集方法

本书资料收集主要采用了文献法、关键人物访谈和问卷法。文献法基础上，通过阅读大量国内外专业期刊文献、图书资料、优秀硕博论文、网上资源等，系统回顾了我国农村土地政策的变迁轨迹，通过整理相关的土地政策和中央文件、相关统计年鉴资料对华北五省（市、区）乃至全国农地流转的形势进行了分析；关键人物访谈方面，主要对河北省农业厅、农工部、相关地市农地管理部门、基层农地流转相关负责人以及重要农业大户、农民合作社负责人、农业企业负责人和部分农户代表进行访谈，了解不同农地流转模式的运作过程；问卷调查方面，选取了河北省的 10 个市（县）的 100 个行政村进行了调研，采用随机抽样调查和入户调查的方式，共调查 10 个县级农业部门、100 个行政村、1000 个农户，收集到大量一般农户、外来农户、种养大户和农业龙头企业等流转主体关于农地流转的相关信息。

### （二）研究和分析方法

1. 定性分析与定量分析相结合

本书的定性分析主要体现在国家的宏观政策对农地流转的影响、土地流转的相关概念、流转模式和各因素对农地流转形成的风险分析部分。定量分析主要基于不同类型农地流转主体及相关经济管理统计数据基础上，通过描述性统计分析方法，从宏观、中观和微观层面考察了农地流转风险形势；通过一元线性回归验证了流转农地经营的非粮化取向；同时通过二元选择模型建立，探讨了影响农地流转社会纠纷产生的各种因素，为前文关于流转风险的定性分析提供量化的证据支持。

2. 文献研究与实地研究相结合

本书在文献研究基础上厘清了我国农村土地政策的变迁轨迹，阶段划分和农地流转的基本态势。然后通过实地调研进一步识别农地流转可能存在的风险问题，并对已形成的观点或判断进一步甄别。

3. 典型案例分析

本书试图通过典型案例剖析，对其中涉及的一些重要概念和判断进行解析，而案例作为这些概念和判断的基本要素的重要载体可以将这一画面以更真实的状态得以呈现。本书的案例分析，主要聚焦在不同农地流转模式的利益主体角色诉求和农地风险成因分析部分。

# 第二章　国内外研究述评

## 第一节　农地流转相关问题研究

城镇化的快速发展，促使农民就业选择流动性增强，形成就业渠道多元化，农村劳动力大量减少，农村土地（以下简称农地）流转现象逐渐增多，农地流转逐渐得到政府的支持，流转法规政策相继出台，对农地流转的研究也逐渐展开并不断深入。

### 一　国内对农地流转相关问题的研究

#### （一）农地承包经营权流转的内涵

农地承包经营权流转包括土地归属关系的流转和土地利用关系的流转两个方面的内涵①，农地承包经营权流转属于土地利用关系的流转。对于农地流转的内涵，代表性的观点有：土地承包经营权流转是指"移转物权性质土地承包经营权或者物权性质土地承包经营权中的部分权能"；②"土地承包经营权的流转是原土地承包经营权人将土地承包经营权转移给他人，使他人成为新的土地承包经营权人的过程。"③ 部分学者从流转表象上进行概念界定，如"农村土地承包经营权流转是指承包方与第三人订立合同，在一定的期限内将其通过家

---

① 孟勤国等:《中国农村土地流转问题研究》，法律出版社 2009 年版，第 44 页。
② 丁关良、童日晖:《农村土地承包经营权流转制度立法研究》，中国农业出版社 2009 年版，第 271 页。
③ 胡吕银:《土地承包经营权流转的法律问题新探》，《甘肃政法学院学报》2004 年第 2 期。

庭承包取得的土地承包经营权依法采取转包、出租、互换、转让或者其他方式改变土地承包经营权的民事法律行为";① "土地承包经营权流转是指根据法律规定和承包合同约定,土地承包经营权人将取得的土地承包经营权通过转包、出租、互换、转让或其他方式让渡给他人的行为"②,"土地使用权在不同经济实体之间的流动和转让,从而提升土地价值,是土地资源资本化……土地的流出方是土地承包者——农户和村集体,流入方是业主、中央大户、企业法人等。"③ 可见,对于承包经营权流转的概念内涵或从法律特征上进行界定,或从流转现象层面进行界定,尚未形成统一认识。

(二)我国农地流转政策的演变

许多学者对我国农地流转政策的演变阶段进行了系统分析。张静认为,新中国成立初期的土地改革彻底废除了封建地主土地所有制,打破了非经营性土地占有的垄断,为土地改革后土地等生产要素的合理流动创造了一个良好的环境。土地买卖和租佃关系因此继续存在并有所发展。但流转引起的土地"两极分化"引起执政党的担心,因此政府逐渐开始对土地流转加以限制。④

农业部管理干部学院农业法律研究中心将农地流转政策法规变迁划分为四个阶段:法律与政策都不允许阶段(1978—1983年)、政策初步放开与法律不允许阶段(1984—1987年)、法律开禁与政策规范阶段(1988—2002年)和法律规范流转阶段(2003年至今)。⑤ 朱永红、陈靖等也将农地流转划分为四个阶段:土地所有权自由流转(新中国成立初期到20世纪50年代末)、禁止农村土地流转(20世纪50

① 黄运焘:《农村土地承包经营权立法若干理论问题探讨》,《华南理工大学学报》(社会科学版)2004年第3期。
② 王艳玲、许建苏:《土地承包经营权流转问题探讨》,《经济论坛》2006年第5期。
③ 谢代银、邓燕云:《中国农村土地流转模式研究》,西南师范大学出版社2009年版,第332—351页。
④ 张静:《建国初期中共有关农村土地流转问题的政策演变》,《中南财经政法大学学报》2008年第5期。
⑤ 农业部管理干部学院农业法律研究中心:《农村土地承包经营权流转政策法规变迁》,《中国农民合作社》2010年第5期。

年代末到 70 年代末）、限制土地使用权流转（20 世纪 70 年代末到 21
世纪初）和土地使用权自由流转四个阶段（21 世纪初至今）。① 陈靖
则将其划分为四个时期：第一个时期（20 世纪 50 年代初），政府通
过土改实现了农地的自耕农所有制，并真正赋予了农民流转土地的权
利；第二个时期（20 世纪 50 年代中到 70 年代末），政府通过农业生
产资料的社会主义改造和人民公社运动，使土地逐步收归集体所有，
农村土地流转的产权基础不复存在，流转停滞；第三个时期（20 世
纪 70 年代末 80 年代初至 21 世纪初），随着家庭承包制度的实施，使
农地流转的产权基础重新形成，政府也逐渐放松了对农地流转的禁
止，并在 2003 年的《土地承包法》中对流转做了比较具体的规定；
第四个时期（2005 年至今），农地流转越来越自由（陈靖，2005）。②

　　王金红和黄振辉对农地流转政策演变的机理进行了分析，他们认
为，新中国成立以来，农地流转的公共政策经历了三个非常明显的转
变：政策考量从单一向兼容转变、利益导向从向上到向下转变、利益
分配从独占向共享转变（王金红、黄振辉，2010）。③ 袁铖则从实践、
政策与法律三维视角对农地流转政策演变机理进行了研究，认为宏观
经济环境变化引致政策演进，袁铖认为，当前农地流转的各种规定已
形成严密的制度体系，即以中央政策为引领，以《土地管理法》《农
村土地承包法》《物权法》为核心内容，以《农村土地承包经营权流
转管理办法》等部门规章、省市自治区农地流转的管理法规以及《最
高人民法院关于审理涉及农村土地承包纠纷案件适用法律问题的解
释》为补充的制度集合。但袁铖认为，基本法律制度之间、基本法律
与部门规章和地方性法规之间、整个制度体系与实践之间存在众多相

---

　　① 朱永红：《农村土地流转中政府行为研究》，硕士学位论文，昆明理工大学，2011
年。

　　② 陈靖：《中国农村土地制度及土地流转的政策演变》，http：//biz.cn.yahoo.com/
050829/16/cap5.html。

　　③ 王金红、黄振辉：《农地流转政策转型的历史轨迹与制度创新》，《华中师范大学学
报》（人文社会科学版）2010 年第 3 期。

互脱节之处（袁铖，2011）。①

（三）农地承包经营权流转的类型

《农村土地承包法》规定的流转形式有："通过家庭承包取得的土地承包经营权可以依法采取转包、出租、互换、转让或者其他方式流转""通过招标、拍卖、公开协商等方式承包农村土地，经依法登记取得土地承包经营权证或者林权证等证书的，其土地承包经营权可以依法采取转让、出租、入股、抵押或者其他方式流转。"一些学者还运用其他分类手段对农地流转形式进行了分析。易可君以流转者性质的不同，将承包经营权流转分为分散的土地流转和集中的土地流转。②张红宇则将农地流转划分为农户与农户间、农户与企业间、农户与社区间等经济组织之间的流转。③聂建亮、钟涨宝按照土地流转主体双方社会关系的不同，将土地流转双方的社会关系归结为亲友关系、一般村民关系和干群关系三种。根据这三种社会关系推导出三种类型的土地流转：情感型土地流转、经济型土地流转和权力型土地流转。④

（四）农地承包经营权流转动因和制约的因素

农地流转是大量农村劳动力非农转移的必然结果。⑤⑥ 目前土地流转市场范围仍较小、发生率低，流转周期较短、地区差异性大。许多学者从承包经营权流转的影响因素分析农地流转现状，而对于这些具体的影响因素，不同的学者从不同的方法和视角进行解释：有的学者从农业生产经营者的家庭特征入手进行研究，从农户文化水平、收入结构等因素构建了单个农户的流转意愿影响因素的回归模型，进而从流转市场微观主体的角度解释了流转发生率、速度、模式等差异性，

---

① 袁铖：《农村土地承包经营权流转：实践、政策与法律三维视角研究》，《宏观经济研究》2011 年第 12 期。

② 易可君：《农村土地流转模式研究》，《岭南学刊》1995 年第 6 期。

③ 张红宇：《中国农村的土地制度变迁》，中国农业出版社 2002 年版，第 140 页。

④ 聂建亮、钟涨宝：《土地流转的策略选择与资源动用——基于对云南省 W 村的个案调查》，《南京农业大学学报》（社会科学版）2013 年第 2 期。

⑤ 胡亦琴：《农村土地市场化进程中的政府规制研究》，经济管理出版社 2009 年版，第 99—101 页。

⑥ 蒋省三、韩俊：《土地资本化与农村工业化——南海发展模式与制度创新》，山西经济出版社 2005 年版，第 4—22 页。

这类研究通常从实证研究出发，是对农民个体资源禀赋和普遍意愿的总结、归纳和对农地流转的微观环境的有益考察①②③；有的学者关注现实的承包经营权流转实践当中存在的各种问题，并探讨承包经营权流转市场发育滞缓的原因，如认为部分流转实践不尊重农民自愿的原则，存在种种侵害农民利益的行为④；认为当前流转程序不健全、手续不规范，制约了流转市场的发展。⑤ 此外，有的学者从农村土地"集体产权"的研究视角出发，探讨了制约承包经营权流转市场发育的制度因素。基于集体土地产权制度的批判主要集中在四个方面：主体虚位、权能不完整、缺乏排他性和自由处分权、管理混乱。⑥⑦⑧

李彪等通过对三峡库区农户土地流转的理论解析发现，相比较流转双方农户对影响土地流转诸因素的响应，驱使转出方转出土地的因素，正好是阻碍转入方转入土地的障碍；反之亦然。⑨ 因此，在制定促进农地流转的政策时，存在两难的问题。

有的学者从具体操作层面分析了农地流转的制约因素。如夏金英、叶发宝分析了农民在将土地流出时的"三怕"：一怕面积被缩减，担心流转土地形状被改变后面积四至不清，收回时面积变少；二怕租金兑付不及时，担心因业主经营不善、自然灾害、市场风险等不能按约定及时支付租金而影响其正常的生活来源；三怕权属关系被改变，

---

① 贾生华、田传浩、史清华：《中国东部地区农地使用权市场发育模式和政策研究》，中国农业出版社 2003 年版，第 233—238 页。

② 唐文金：《农户土地流转意愿与行为研究》，中国经济出版社 2008 年版，第 89—229 页。

③ 赵阳：《共有与私用：中国农地产权制度的经济学分析》，生活·读书·新知三联书店 2007 年版，第 7—50 页。

④ 陈锡文、韩俊：《如何推进农民土地使用权合理流转》，《农业工程技术》2006 年第 1 期。

⑤ 杨涛、王雅鹏：《农村耕地抛荒与土地流转问题的理论探讨》，《调研世界》2003 年第 2 期。

⑥ 刘俊：《土地所有权国家独占研究》，法律出版社 2008 年版，第 285—300 页。

⑦ 孟勤国：《物权二元结构论》，人民法院出版社 2004 年版，第 304—441 页。

⑧ 纪可伟、陈平：《我国集体土地所有权的不完全性及其完善》，《中国土地》1996 年第 11 期。

⑨ 李彪、邵景安、苏维词：《三峡库区农户土地流转的理论解析》，《资源科学》2013 年第 1 期。

担心土地流转变成土地收回，失去了土地承包经营权。因此，在流转过程中大部分农户不愿意改变土地形状，租金的确定除城郊地段的一些流转以晚稻谷实物定量价格外，其他地块则主要以货币价格为主，没有充分考虑租金与物价波动的关系。[①]

（五）农地流转中的基层组织行为

钱忠好（2003）认为，处于垄断地位的农村集体经济组织与土地使用者农民在租金的选择上将处于非平等地位，经济地租就成为基层组织经济权力的实现形式，是土地所有者必然的一种"寻租"行为。研究表明，乡村干部在与农户打交道时往往处于强势地位，这使乡村干部的偏好和行为对农地承包经营权具有极大的影响。基层组织在农村土地流转实际操作的时候创造性地发明了许多流转形式，如"反租倒包、划定项目区"，甚至在"加快使用权流转，发展规模经营"的口号下，下达硬性指标等，村集体在农村土地流转中扮演了主角，在大多数的文献中都认为，在农村土地流转的谈判、博弈过程中村集体经济组织处于强势地位，农民的权益经常受损，因此，要加强我国农地市场化进程，就必须按市场经济的要求规范乡村干部的行为。[②] 韩俊（2006）指出，我国农户土地使用权流转的发生率一直是很低的，但最近几年，农地使用权的流转在一些地方规模有所扩大，速度有所加快。农村土地流转中政府绝对不要代替农民，一定要尊重农民的意愿。在目前农村土地流转中，有的在推进农村土地流转时，只顾当前利益，根本不考虑未来市场的风险和不确定性，造成诸多隐患；有的不尊重农民的意愿，随意改变土地承包关系；有的搞强制性的土地流转；有的把农村土地流转作为增加乡村收入的手段，抑或作为地方"政绩"突出的形象工程，损害了农民利益；有的在大多数社区成员不知情或不赞同的情况下，采取工商企业和大户进入农业的经营形式，以较长的租赁期限和强制性手段承租大面积耕地，使农民失去生

---

① 夏金英、叶发宝：《农村土地流转现状及对策》，《现代农业科技》2013 年第 6 期。
② 钱忠好：《农村土地承包经营权产权残缺与市场流转困境：理论与政策分析》，《管理世界》2002 年第 6 期。

存和发展的保障。①

　　赵俊臣总结了基层政府在农地流转中的作用，他认为，基层政府鼓励农户土地、林地流转很"到位"，县、乡政府普遍制定出较高的流转数量目标并严格督办，并较普遍实施奖励政策，特别鼓励城市资本下乡，引导分散农户通过土地互换达到规模经营。但基层政府对农户土地、林地流转的服务仍然很"缺位"，如宏观政策细化程度不够、认识不到位宣传多走样、没有准确及时连续的信息服务、没有提供规范的格式合同、监督受让方执行合同很不力、纠纷仲裁缺乏权威、农村社会保障机制不健全等；基层政府直接介入农地林地流转而导致屡屡侵犯农民利益，"越位"替民做主、操纵扭曲土地流转价格、通过"反租倒包"变相侵蚀农民土地利益、截留农户土地林地流转费等。②

　　一些基层政府虽然想在农地流转中充当润滑剂的作用，但却存在人员困境和经费困境。侯勤分析了迁安市的做法。该市率先在河北省建立了市、乡（镇）、村三级农村土地流转体系，但乡镇流转服务机构依托农经站建立，增事不增人，经费无保障，办公条件落后；村级土地流转信息员由村会计兼任，工作没有报酬，积极性不高。③

　　（六）农地流转中的信息问题

　　基于土地流转中的信息问题的研究主要有以下几个方面：

　　一是对土地流转中委托—代理关系的研究。张颖聪（2006）认为，土地流转主体之间存在委托—代理关系，并将农户、集体经济组织、中介和工商企业等流转主体分别定义为委托人和代理人，并分析了其中的委托—代理关系。④农户、集体经济组织和非农业主之间形成了委托—代理关系，而这种委托—代理关系的低效率日益成为制约

---

　　① 韩俊：《如何推进农民土地使用权合理流转》，《农业工程技术》（农业产业化）2006 年第 1 期。

　　② 赵俊臣：《县乡政府在农地流转中应该扮演的角色》，中国改革论坛网，http：//www. chinareform. org. cn/people/z/zjc/Article/201109/t20110913_ 121437. htm。

　　③ 侯勤：《加快现代农业发展视角下的农村土地流转问题研究》，《农学学报》2013 年第 5 期。

　　④ 张颖聪：《农地流转委托代理关系及问题分析》，博士学位论文，四川农业大学，2006 年。

我国农村土地流转的重要因素，并分析了我国农村土地流转主体之间的委托—代理关系及其中存在的问题。①

二是研究了土地流转市场中的信息非对称。段力诚、傅鸿源（2011）通过在信息不对称条件下的模型均衡结果的分析，刻画了报酬契约最优激励因子的影响因素及变化规律、激励强度与监督成本的耦合机理及其对农地规模经营者经济行为的影响，并得出了一系列有益的技术性结论。②

三是在流转主体间的博弈分析。杨玉军、童玲玲（2009）认为，利益博弈是农村土地流转过程中不可避免的现象，各参与主体之间基于各自的效用目标，进行着各种微妙的政策博弈。这种现象直接导致了土地流转过程中农民利益的损失，必须引起足够的重视。③

四是土地流转中介组织。邢妹媛（2004）、傅晨（2007）认为，在当前农村土地产权制度不清晰的情况下，集体组织不适合充当土地流转的中介，应当建立市场化的社会中介组织。许恒固等（2007）认为，应当鼓励农民自发组织成立内生型中介组织，使之成为真正为农户服务的组织。我国土地流转的中介组织匮乏，抑制了土地流转市场的发育，使供求双方的信息传递滞后，提高了土地流转的交易费用，影响了土地流转的速度、规模和效益，并限制了土地流转的区域范围。

（七）规范和促进承包经营权流转的措施

对于解决当前承包经营权流转中存在的相关问题，促进承包经营权流转市场健康发展，学术界有针对性地提出了种种建议。一是法律规范和政府规制角度的建议。孟勤国从法律规范的角度提出了农村土地流转相关的权益保护；④ 胡亦琴从政府规制的角度提出了解决问题

---

① 许艳：《我国农村土地流转中的委托代理问题研究》，博士学位论文，北京工商大学，2010年。

② 段力诚、傅鸿源：《非对称信息下农地规模经营者的激励与监督》，《管理科学》2011年第6期。

③ 杨玉军、童玲玲：《村土地流转参与主体之间利益博弈分析》，《农林科研》2009年第6期。

④ 孟勤国：《中国农村土地流转问题研究》，法律出版社2009年版，第113—131页。

的制度框架。① 二是市场建设角度的建议。邓大才提出了"土地证券公司"的概念,即专门从事土地使用权交易的公司可与土地经营公司合并在一起;② 刘志仁提出了在不改变现有农村土地所有权的基础上,通过农户作为委托人将其土地经营权作为信托财产委托给土地信托机构,再由信托机构将零散、小块土地集中起来出租给农业公司或种田能手,从而实现土地资源的有效利用的"信托机制"。③ 三是产权改革角度的建议。谢安提出要进一步明确界定农民的土地权利,使农户真正享有占有、使用、收益、处置四权统一的承包经营权;④ 丁关良针对目前我国法律上和民法理论上尚未赋予"农民集体"的民事主体之法律地位这一现实,提出了农民集体土地所有权"多层级行使主体"的概念,即农民集体土地所有权的行使主体是乡镇农村集体经济组织、村集体经济组织、组农村集体经济组织;农民集体土地所有权代行使主体是乡镇人民代表大会、村民委员会、村民小组;农民集体土地所有权委托—代理行使主体是村集体经济组织或者村民委员会。⑤ 四是承包经营权流转利益分配角度的建议,如对土地交易收益开征土地使用税、财产赠与税和所得税、土地增值税等。⑥

(八) 农地流转的配套政策

江日初认为,土地流转需要政策性保险的支持。⑦ 袁雪石则提出应允许农地承包经营权抵押贷款。他认为,在允许农民以转包、出租、互换、转让、股份合作或者其他方式进行流转的前提下,全面禁止土地承包经营权抵押的意义不大,即使要对抵押进行限制,也应该

---

① 胡亦琴:《农村土地市场化进程中的政府规制研究》,经济管理出版社 2009 年版,第 234—331 页。

② 邓大才:《试论农村土地承包经营权证券化》,《财经研究》2003 年第 4 期。

③ 刘志仁:《农村土地流转中的信托机制研究》,湖南人民出版社 2008 年版,第 232 页。

④ 谢安:《发达省份欠发达地区土地流转及适度规模经营问题探讨》,《农业经济问题》2002 年第 4 期。

⑤ 丁关良:《土地承包经营权基本问题》,浙江大学出版社 2007 年版,第 231—298 页。

⑥ 李小群:《土地流转的"瓶颈"探析》,《行政与法》2003 年第 10 期。

⑦ 江日初:《土地流转呼唤农业政策保险》,《农村经济》2004 年第 1 期。

在抵押类型、抵押权实现等环节上进行部分限制，而不是全面禁止。因为抵押权的实现和转包没有本质上的区别。① 张康林认为，应当改革户籍制度，通过实行平等的一元户籍制度营造自由的农地流转环境。②

关于个别地方进行的直接或间接以农地使用权进行抵押贷款的模式进行了分析。如 2012 年吉林省推出的以农地产权制度为核心的"土地流转收益保证贷款"③、三明市各地农村信用联社的"公司＋农村土地经营权抵押""基金担保＋农村土地经营权抵押"④，成都市的以农村产权流转担保公司提供担保为前提的农地流转贷款等。

胡新艳认为，要完善城乡统筹发展的政策，统筹城乡非农产业的发展、统筹城乡劳动力市场、统筹城乡社会保障制度。⑤ 罗剑朝认为，劳动力转移速度超过了土地集中的速度，这是由于非农产业就业不稳定、离土农民职业保障基本处于空白引致的。为了促进农地流转，政府必须对财政政策、金融政策、人力政策、农业技术发展政策等进行深入改革。⑥ 孙静认为，主要应对保障制度和户籍制度进行配套改革。⑦

马志远、孟金卓和韩一宾认为，地方政府对土地流转进行补贴的政策并不科学。他们认为，城市在无法辨明哪些交易是在市场条件下自发形成的情况下，可能会鼓励低效率的规模经营，甚至出现了政府花钱"买"农业适度规模的情况。他们认为，应对广义上的农业生产

---

① 袁雪石：《变则通，通则久：土地承包经营权流转政策的制度落实》，《南昌大学学报》（人文社会科学版）2009 年第 1 期。

② 张康林：《实行平等的一元户籍制度营造自由的土地承包经营权流转环境》，《南昌大学学报》（人文社会科学版）2009 年第 1 期。

③ 沙龙云：《关于"土地流转收益保证贷款"工作的思考——以吉林省为例》，《农村金融研究》2013 年第 2 期。

④ 蒋蔚：《三明市农村土地承包经营权抵押贷款的启示》，《福建农林大学学报》（哲学社会科学版）2012 年第 6 期。

⑤ 胡新艳：《促进我国农地流转的整体性政策框架研究——基于市场形成的逻辑》，《调研世界》2007 年第 9 期。

⑥ 罗剑朝：《论农地流转市场化与农民职业保障社会化的政策》，《河北学刊》2000 年第 5 期。

⑦ 孙静：《关于我国土地流转政策的功能分析》，《黑河学刊》2010 年第 2 期。

技术进行补贴。① 肖大伟也认为，对土地流转进行补贴的政策并不科学。②

覃双凌对"土地换（社）保"的农地流转模式进行了分析，认为在我国农村养老保险制度还不完善的情况下，以"土地换保障"可以作为农村土地流转、农村土地征收和农村养老保险建设的重要制度创新。③ 而陈锡文、吴睿鸫等认为，"土地换（社）保"模式对农民不公，也是对"耕地红线"和粮食安全的威胁。④⑤ 操世元、杨敏对浙江嘉兴市"两分两换"政策进行了分析，认为该政策施行面临着制度约束、资金压力和文化排斥等困境。⑥

（九）中外农地流转政策的比较研究

对中外农地流转制度进行比较分析，以期对完善我国的农地流转政策提供借鉴。由于中日在文化、人地关系等方面较接近，所以，许多学者对中日农地流转政策进行了比较分析。龚继红和钟涨宝认为，日本在农地流转动因和时间上与我国相近。日本基于"均田"思想的农地流转政策、基于公平与效率兼顾的社区成员内部农地流转政策和企业参与农地流转的政策等都与我国政策相似。日本农地流转（包括所有权、经营权流转）在立法规范、明确设定农地流转主体、强化农地流转农户权益和促进农地流转组织建设等方面值得我国借鉴，同时日本在农地流转过程中的融资制度、农户养老金制度、农地保护和建设等政策也有重要的参考价值（龚继红、钟涨宝、孙剑，2005）。⑦

---

① 马志远、孟金卓、韩一宾：《地方政府土地流转补贴政策反思》，《财政研究》2011年第3期。

② 肖大伟：《关于实施土地流转补贴政策的研究》，《中国土地科学》2010年第12期。

③ 覃双凌：《"土地换保"——土地流转政策下农村养老保险制度探析》，《安徽农业科学》2009年第20期。

④ 陈锡文：《地方政府以社保换农民土地致不公平》，http：//news. ifeng. com/main-land/detail_ 2010_ 08/31/2359855_ 0. shtml。

⑤ 吴睿鸫：《警惕土地换社保的负面效应》，http：//business. sohu. com/20100901/n274618726. shtml。

⑥ 操世元、杨敏：《农村土地流转中的"两分两换"政策省视与推广条件——兼论城乡统筹发展的新路径》，《中共杭州市委党校学报》2011年第4期。

⑦ 龚继红、钟涨宝、孙剑：《近现代中日农地流转政策比较及启示》，《农业经济》2005年第11期。

　　高扬比较分析了美国、法国、英国和日本的农地流转制度，认为由于资源禀赋、人地关系、工农关系的不同，这四个国家的农地流转政策并不相同。在美国，地权更加明晰、流转更加自由，英国、法国居中，在日本则有许多限制。这些国家也有一些共同的政策，如流转法制化、规模化、用途管控等。如美国为了防止土地因继承而被分割，规定家庭成员可拥有或继承农场的土地股份，但只允许内部转让，不能退股或将股份抵押。英国鼓励农场兼并，对愿意合并的小农场给予补贴。法国鼓励农场合并，成立"土地整治与农村安置公司"，购买农民闲置土地，经整改后再卖给有经营能力的农民；扶持中型农场发展；鼓励老年农民退出农业生产；土地只能整体继承或转让；政府设立土地银行购买小块土地再租给农民，设立的土地事务所拥有对小块土地的优先购买权，买后进行整理再出售给有需要的农民。日本实行"认定农业生产者"制度，"认定农业生产者"在购买土地方面能够获得政策支持，使这些认定者的经营规模多在 5 公顷以上（高扬，2012）。① 李刘艳对日本农地流转中的价格控制进行分析，认为日本对农地流转价格进行了较强干预：一是通过农地交易许可制度控制地价水平；二是用农地交易申报制度控制大规模土地交易；三是用农地交易监视制度控制小规模的土地交易活动；四是用空闲地制度防止投机性囤积土地（李刘艳，2012）。②

二　国外对农地流转相关问题的研究

　　由于社会制度、法律法规等的差异性，国外研究中对"土地承包经营权"通常用 land use right 表示；而对于农地流转的表述则不尽相同，常见的英文表达方式有 land market（土地市场）、land transfer（土地流转）、land rent – in/land rent out（土地租赁）、land lease market、land transaction 等，而上述的表达方式既可能包括土地所有权的永久性转移，也可能仅指土地使用权的转移。世界银行的《促进增长

---

① 高扬：《创新农用土地流转机制研究》，博士学位论文，山东大学，2012 年。
② 李刘艳：《发达国家农地流转市场建设成效及借鉴》，《江苏农业科学》2012 年第 2 期。

与缓解贫困的土地政策》的研究报告指出：传统的土地市场指通过买卖所实现的土地所有权的永久性转移。但土地交易的好处通过土地租赁市场这种非正式手段同样可以获取。而且，土地租赁甚至能够更好地解决发展中国家广大农村市场失灵的问题。这就将土地市场分为传统的土地所有权市场和土地租赁市场即土地使用权市场。①

（一）家庭联产承包责任制绩效评价

国外文献对于改革开放后我国农村实行的家庭联产承包责任制对于中国社会的重大意义通常从其对经济增长的贡献程度来衡量，也有学者认为这一制度的推动作用仅局限在 20 世纪 80 年代中期以前，并从劳动生产率角度给予证实：1979—1984 年，农业总产值（剔出通货膨胀因素后）以年平均 7.6% 的速度增长，粮食产量以年平均 4.9% 的速度增长，然而 80 年代中期以后，农业生产产量特别是粮食产量开始缩减，1985—1994 年的年均粮食产量增幅仅为 0.9%。② 尽管 1985 年以后的粮食产量下降也受粮食市场放开、粮食生产优惠政策取消的影响，但国外学者认为增长率大幅放缓的根本原因是土地制度改革所带来的激励作用已发挥殆尽。③ 对于家庭联产承包责任制在 80 年代中期以后暴露出的局限性，大致存在两类解释：一是家庭联产承包制完全通过行政手段进行土地配给，追求土地和劳动力在不同农户之间"等比例"的平均化，但忽略其他要素（如农户农机、资金、农业生产熟练程度），导致了土地和其他生产要素不匹配，进而带来效率损失。④ 二是农户对于农地投资的缩减，这一点已经被大量实证

---

① Deininger, Klaus, *Land Policies for Growth and Poverty Reduction*, A World Bank Policy *Research Report*, Oxford: Oxford University Press, 2003, pp. 79 – 99.

② McMillan, John, John Whalley and Lijing Zhu, "The Impact of Chinas Economic Reforms on Agricultural Productivity Growth", *Journal of Political Economy*, 1989, 97 (4), pp. 781 – 807.

③ Brandt, Loren, Scott Rozelle, Matthew A. Turner, "Local Government Behavior and Property Right Formation in Rural China", *Journal of Institutional and Theoretical Economics*, 2004, 160 (4), pp. 627 – 662.

④ Zhang, Qian Forrest, Qingguo Ma and Xu Xu, "Development of Land Rental Markets in Rural Zhejiang: Growth of Off – Farm Jobs and Institution Building", *The China Quarterly*, 2004, 180, pp. 1050 – 1072.

分析所证实。农民对于定期的或不定期的重新分配土地的预期，是个人在集体共有财产上的投资缺乏有效的补偿机制的情况下，削弱了农民在土地上进行长期投资的积极性，进而影响了农业产出的增长。[1]关于这一点，有的学者通过对农户在宅基地上建房投资和在承包地上的投资做了比较，发现前者远远超过后者，进而指出原因就是农户对于其宅基地的产权更有保障。[2]

(二) 农地使用权市场产生的动因

一是从生产要素边际产量差异性角度解释。Lin 等 (1995) 从生产要素生产率或边际产量的不同来进行解释，研究了农村以土地为主的要素市场的产生与资源禀赋以及资源分配差异之间的关系，指出：土地、劳动等生产要素边际产出的不同，诱发了要素市场的形成，并且这一要素市场对交易主体双方都是有益的。[3] 布兰特等 (Brandt et al., 2002) 更具体地指出：当农户之间生产率不同时，土地从边际产出率低的农户倾向于劳动力更充裕、耕种意愿更强的农户 (这些农户往往土地的边际产出率更高) 的重新配置就会增进总产出。[4] 二是从快速的城市化进程角度解释。近年来，中国劳动力市场呈现的一个重要特征就是越来越多的农村劳动力脱离土地，转而在本地就业或是

① Kung, James Kai - Sing, "Equal Entitlement Versus Tenure Security Under a Regime of Collective Property Rights: Peasants Preference for Institutions in Post - Reform Chinese Agriculture", *Journal of Comparative Economics*, 1995, 21 (1), pp. 82 - 111.

② Feder, Gershon, Lawrance J. Lau, Justin Yifu Lin and Xiaopeng Luo, The Determinants of Farm Investment and Residential Construction in Post - reform China, World Bank Working Paper, WPS471, World Bank, Washington D. C., 1990.

③ Lin, Justin Yifu, "Endowment Technology and Factor Markets: A Nature Experiment of induced Institutional Innovation from Chinas Rural Reform", *Americal Journal of Agricultural Economics*, 1995, 77 (2), pp. 231 - 242.

④ Brandt, Loren, Jikun Huang, Guo Li and Scott Rozelle, "Land Rights in Rural China: Facts, Fictions and Issues", *The China Journal*, 2002, 47 (1), pp. 67 - 97.

外出打工或自营。①②③ 城市化的快速推进对农村集体所有的土地的一个强大的市场需求，刺激了农村土地市场的产生。④⑤ Kung 等（2002）的研究进一步表明，非农耕活动与农耕活动不断扩大的收入差距进一步影响了这一进程，并证明了随着非农劳动力市场的不断发展，农地交易给社会带来的收益会不断提高。⑥

（三）农地使用权市场的作用和意义

首先，土地租赁市场是资源配置的有效手段。⑦

其次，土地市场也能够反作用于非农耕就业市场的发育，提高农民福利。假设富有土地和缺乏土地的两类农户的能力、资本、技术等因素相同，则获取额外土地的能力会使这些农户能够将其低效利用的劳动力有效加以利用，提高劳动力的影子价值，进而提高缺乏土地的农户的福利。⑧

此外，尽管土地租赁市场解决细碎化问题，但很多学者通过实证研究证实了细碎化问题的解决并不意味着规模效应；相反，农业生产

---

① De Brauw, Alan, Jikun, Huang, Rozelle, Scott, Lin Xiu, Zhang, Yigang, Zhang, "The Evolution of Chinas Rural Labor Markets during the Reforms", *Journal of Comparative Economics*, 2002, 30 (2), pp. 329 – 353.

② Parish, William, Xiaoye Zhe, Fang Li, "Nonfarm Work and Marketization of the Chinese Countryside", *China Quarterly*, 1995, 143, pp. 697 – 730.

③ Rozelle, Scott, Guo Li, Minggao Shen, Hughart Amelia, Giles John, "Leaving Chinas Farms: Survey Results of New Paths and Remaining Hurdles to Rural Migration", *China Quarterly*, 1999, 158, pp. 367 – 393.

④ Ho, Samuel P. S., George, C., S. Lin, "Emerging Land Markets in Rural and Urban China: Policies and Practices", *The China Quarterly*, 2003, 175 (10), pp. 681 – 707.

⑤ Piotrowski, Stephan, *Land Property Rights and Natural Resource Use: An Analysis of Household Behavior in Rural China*, New York: Peter Lang Publishing, 2009, pp. 134 – 178.

⑥ Kung, James Kai – Sing, "Off – Farm Labour Markets and the Emergence of Land Rental Markets in Rural China", *Journal of Comparative Economics*, 2002, 30 (2), pp. 395 – 414.

⑦ Burgess, R., Land, Welfare: Theory and Evidence from China, Working Paper, London School of Economics, London, 2001.

⑧ Deininger, Klaus, *Land Policies for Growth and Poverty Reduction*, *A World Bank Policy Research Report*, Oxford: Oxford University Press, 2003, 82.

中普遍体现"规模不经济"的规律：农场规模和生产率之间负相关。[①] 具体到对于中国土地问题的研究方面，早在 1998 年，普罗斯特曼（Prosterman）就基于在中国的实地调研对农业生产中的规模效益做出了实证性的考察，指出：农业生产中的规模效益并不明显，政府应该被重新审视其利用行政力量推进农场规模的努力；中国农业的规模化、资本密集型化的进程应该是渐进的、自愿的，并且应该是由市场主导的。[②]

（四）农地使用权市场发展缓慢的原因

中国农村土地市场规模小，尚处于起步阶段。Turner 等于 1998 年在中国 8 个县的抽样调查显示，仅有 3%—4% 土地参与租赁行为。[③] Yao 在 2000 年江苏省半工业化地区的调查显示，尽管农业收入仅占农户总收入很小的比例，仅有个别农户将土地转出。[④] 尽管还缺乏全国性的全面数据，但从已有的官方统计结果看，农村土地市场规模小，尚处于起步阶段；同时，经济发展水平不同的地区流转发生率相差迥异，南方经济较为发达的省份如广东、江苏等土地流转比例高，而北方经济欠发达的省份则相对滞后。对于农地市场发展缓慢的原因，有三种较为集中的解释：一是"土地产权缺陷说"，即认为农村土地产权制度限制了土地市场的发展，要促进农地使用权市场的发展必须首先确保农民 30 年承包期的稳定，进而使潜在的转入方、转出方能够

① Carter, M. R., Identification of the Inverse Relationship between Farm Size and Productivity: An Empirical Analysis of Peasant Agricultural Production, Oxford Economic Papers, 1984, 36 (1), pp. 131 –45.

② Prosterman, Roy, Tim Hanstad, Brian Schwarzwalder and Ping Li, Rural Land Reform in China and the 1998 Land Management Law, Working Paper in the CIRD – UNDP Co – sponsored International Symposium, Hainan, China, 11 – 13 Jan. 1999.

③ Turner, Matthew, Brandt, Loren, Rozelle, Scott, Local Government Behavior and Property Rights Formation in Rural China. Working Paper, Department of Economics, Toronto: University of Toronto, 2001.

④ Yao, Yang, "The Development of the Land Lease Market in Rural China", *Land Economics*, 2000, 76 (2), pp. 252 –266.

通过较为长期的土地权利从交易中获得补偿。[①] 二是"市场不完备说",即中国农地市场并未发挥其潜在的效率是由于农地使用权流转机制中"一系列的不完备"（numerous imperfections）。[②] Yao 等把土地租赁市场的不活跃与劳动力市场的限制性相联系,证明劳动力市场越不开放（工业就业限制越大）——土地边际产出分布越集中;同时,由于土地市场交易费用的存在,土地边际产出适中的农户不愿意参加土地交易,因为交易净所得小于交易费用。而那些土地边际产出较高或较低的农户则分别租入或租出土地。因此,参加土地交易的农户数下降。[③] 三是"土地调整说",该观点认为,频繁的土地调整是制约农村土地市场发展的主要障碍,原因是转入土地的一方在流转合同期内面临着土地调整的不确定性。[④] 此外,频繁的土地调整削弱了农户投资于粮食生产等方面的积极性。[⑤]

（五）农地使用权市场发展的影响因素

首先,农地使用权市场受其产权基础——集体产权制度的影响。中国土地制度最显著的特征是城市土地和农村土地双重制度安排,《中华人民共和国宪法》（1982 年修订）第十条规定：城市的土地属于国家所有。农村和城市郊区的土地,除由法律规定属于国家所有的以外,属于集体所有;宅基地和自留地、自留山,也属于集体所有。这一制度安排被学术界部分学者称为"土地产权双轨制"。[⑥] 中国农

① Prosterman, Roy, Tim Hanstad, Brian Schwarzwalder and Ping Li, Rural Land Reform in China and the 1998 Land Management Law, Working Paper in the CIRD – UNDP Co – sponsored International Symposium, Hainan, China, 11 – 13 Jan. 1999.

② Piotrowski, Stephan. *Land Property Rights and Natural Resource Use: An Analysis of Household Behavior in Rural China*, New York: Peter Lang Publishing, 2009, pp. 226 – 235.

③ Yao, Yang, "The Development of the Land Lease Market in Rural China", *Land Economics*, 2000, 76 (2), pp. 252 – 266.

④ Li, J. D. Ping, Rural Land Tenure Reforms in China: Issues, Regulations and Prospects for Additional Reform, FAO Land Settlement and Cooperatives Special Edition on Land Reform, 2003.

⑤ Kung, James Kai – Sing, "Equal Entitlement Versus Tenure Security Under a Regime of Collective Property Rights: Peasants Preference for Institutions in Post – Reform Chinese Agriculture", *Journal of Comparative Economics*, 1995, 21 (1), pp. 82 – 111.

⑥ Dong, Xiaoyuan, "Two – Tier Land Tenure System and Sustained Economic Growth in Post – 1978 Rural China", *World Development*, 1996, 24 (5), pp. 915 – 928.

村土地产权制度一方面是"模糊性",另一方面是"不稳定性";而农地产权的"模糊性",使产权所有者不具有可靠的排他性,导致了"不稳定",而这两大特征根源于产权"集体所有"的本质。[1] 对于中国农村农地产权"模糊性"和"不稳定性"的批判,集中在以下两个方面:一是中央政府频繁调整农村"集体"组织的范围、结构,"谁真正拥有土地"的问题变得十分模糊,成了"空制度",导致土地权力的不稳定[2][3];个体农户缺乏明确的管理以及处分其集体产权的权利,在土地分配补偿中也没有发言权,种种"模糊"均方便了地方政治力量操纵土地所有权。[4] 二是"不稳定"的农地产权影响了农民对土地投资的积极性,进而影响了农业生产率的提高。菲德等(Feder et al.,1990)研究表明,"不稳定"的农地产权在 1989 年以前并未对农民在土地上的投资行为造成影响,但在承包合同期过半之后,农民对其土地的投资则依赖于农民对土地调整的预期和猜测。[5] 要鼓励农户在土地上进行投资,需要使农户拥有明确的产权,使其在土地保养以及其他增进生产率的设施等方面进行投资,进而将土地投入高附加值的生产中,并使用有机肥等保持土地肥力。[6] 而这些投资活动通常难以在一年中收到效益,而需要更长时间来回收投资。因此,只有稳定的产权以及土地租赁的权利才能刺激在土地上的投资和更好的管理,更可能增进长期生产率。但也有相左观点认为,产权原

---

[1] Kung, James Kai - Sing, "Equal Entitlement Versus Tenure Security Under a Regime of Collective Property Rights: Peasants Preference for Institutions in Post - Reform Chinese Agriculture", *Journal of Comparative Economics*, 1995, 21 (1), pp. 82 - 111.

[2] Ho, Peter, "Who Owns Chinas Land? Policies, Property Rights and Deliberate Institutional Ambiguity", *The China Quarterly*, 2001 (166), pp. 394 - 421.

[3] Ho, Peter, *The Chicken of the Institutions or the Egg of Reforms*, in Peter Ho, ed. *Developmental Dilemmas: Land Reform and Institutional Change in China*, London: Routledge, 2005, pp. 1 - 33.

[4] Po, Lanchih, "Rural Shareholding Co - operatives Redefining Rural Collectives in China: Land Conversion and the Emergence", *Urban Studies*, 2008, 45 (8), pp. 1603 - 1623.

[5] Feder, Gershon, Lawrance J. Lau, Justin Yifu Lin and Xiaopeng Luo, The Determinants of Farm Investment and Residential Construction in Post - reform China, World Bank Working Paper, WPS471, World Bank, Washington D. C. , 1990.

[6] Prosterman, Roy, Tim Hanstad, Ping Li, "Can China Feed Itself?", *Scientific American*, 1996, 275 (5): 90 - 96.

因并非是抑制农民在土地上进行投资的主要原因，认为自己的耕地不足的农民更愿意付出较高的土地租入价格，而不情愿出较高的租赁价格则可能由于较低的 Farm Price 或是较重的土地负担[1]，或者说，即使产权制度安排确保产权是安全了，土地交易仍然可能仅仅发生在转出方对土地交易带来的收益预期远远高于对自己耕种所能带来的收益预期的前提下。[2]

其次，农地使用权市场发展受其替代力量——土地调整的影响。土地集体所有的性质使每个集体内部的个体都必须有平等获取土地的权利，土地调整因而成了必然。然而，土地调整在保证农户平等地享有土地的权利和保障农民土地权利的稳定性之间的存在矛盾。人口变动是土地调整的主要原因，为保持集体成员拥有同等的土地权利，村集体必须根据农户人口结构变化调整土地。[3] 行政性土地调整的存在反过来降低了市场性土地配置的动力，即由于土地调整的存在，农业生产资料不能通过市场进行有效配置。[4] 具体而言，"出生""结婚"等"增人"活动可以"增地"，因此，不可避免地降低了土地租赁活动的范围。因此，农地调整和农地市场之间存在某种意义上的替代关系。

最后，农地使用权市场产生的基础是农户间异质性。农户间资源禀赋的差异性（或者说是农户间异质性）是农地市场产生的微观原因。Kung 通过托比（Tobit）模型对农户特征、非农就业特征、制度特征等各种变量对农地交易的影响做了回归分析，发现户主年龄越高

---

① Kung, James Kai – Sing, "Equal Entitlement Versus Tenure Security Under a Regime of Collective Property Rights: Peasants Preference for Institutions in Post – Reform Chinese Agriculture", *Journal of Comparative Economics*, 1995, 21 (1), pp. 82 –111.

② Binswanger, Hans, Rosenzweig, Mark, "Behavioral and Material Determinants of Production relations in Agriculture", *Development Study*, 1986, 22 (2), pp. 503 –539.

③ Putterman, Louis, "On the Past and Future of Chinas Township and Village – Owned Enterprises", *World Development*, 1997, 25 (10), pp. 1639 –1655.

④ Brandt, L., S. Rozelle, M. Turner, Local Government Behaviour and Property Rights Formation in Rural China, Paper Presented in the International Conference on Land Tenure and Agricultural Performance in Rural China, Beijing, China, May 1998.

的农户，对于土地租赁需求越大。[1] Lin 等研究表明：当劳动力、资本量以及其他变量不变时，家庭土地资源丰富的农户转出土地的可能性大；家庭资本量与转出土地概率之间正相关；户主受教育程度与转出土地概率之间负相关，但与转入土地概率之间并无明显联系，原因是受教育程度也会影响户主的管理水平。[2] Yao 等指出：没有农户间的异质性，农地市场就没有价值可言，并且强调了异质性的一个重要的维度——人力资本分配的差异——在推动土地租赁市场形成方面的作用。而对人力资本的研究不可避免地导致对于劳动力市场的研究。因此，Yao 认为，研究方法上应该是将土地租赁市场的活动放在人力资本异质性和劳动力市场不完备的框架下进行研究。[3]

（六）农户行为和农村土地流转的收益分配

舒尔茨（1987）认为，小农是追求利润最大化的经纪人，是传统农业技术状态下有进取精神并最大限度地利用了有利可图的生产机会和资源，是相当有效率的。作为经济人，小农与企业在对利润的追求及对产品和要素价格变化的反应上是一致的，他们都是利润最大化的追求者，都会对市场信号做出积极而迅速的反应。

威廉姆森（1979）认为："在合约签订以前，人们不可能事先估计到所有的讨价还价行为，由于当事人的有限理性和环境的不确定性，事前不可能签订面面俱到的合约，所以，在签约之前所涉及的激励固然重要，签约之后的事后支持制度更为重要。"哈特和穆尔（Hart and Moore，1990）提出了"不完全合约理论"，认为合约双方不可能把全部可能的责任和义务都写进合约，这种情况便于资产有控制权的一方行使权力，由此引出的权力和控制权的配置问题，将影响

---

① Kung, James Kai - Sing, "Off - Farm Labour Markets and the Emergence of Land Rental Markets in Rural China", *Journal of Comparative Economics*, 2002, 30 (2), pp. 395 - 414.

② Lin, Justin Yifu, Endowment, *Technology and Factor Market: A Natural Experiment of Induced Institutional Innovation From Chinas Rural Reform*, Working Paper in University of California, 1993, p. 33.

③ Yao, Yang, "The Development of the Land Lease Market in Rural China", *Land Economics*, 2000, 76 (2), pp. 252 - 266.

企业的经济效率。[1]

恰亚诺夫（1996）认为，农户的家庭经营不同于工商企业，农户的经济发展主要依靠自己劳动，生产的主要目的不是追求市场利润最大化而是家庭自给需求。农户的劳动投入不是以工资的形式表现，因此无法计算成本，使投入和产出成为不可分割的整体，因此，农户追求的是家庭需求最大化而不是利润最大化，此时农户是生产、消费和劳动力供给的决策整体。斯科特（1976）进一步阐明了恰亚诺夫的学说，认为农民经济的主导动机是避免风险，安全第一。

## 第二节　农地流转风险控制研究

农村土地家庭承包制实施后，国家整体经济运行进入了快速健康发展时期，城乡间、工农间发展速度不同，农村人口流转由禁锢转向自由，在 20 世纪 80 年代中期，农民离土进城发展开始，农户家庭承包的土地因劳动力转移开始出现代耕代税，迅速出现了农户间、邻里间、亲友间的农地转租现象，对此流转现象的研究也随之开始。但对于农地流转中风险的研究起步较晚，2009 年以后才有学者关注这一问题，因此相关的文献较少，主要关注了以下几个方面。

### 一　农地流转风险的内容

农地流转充斥着各种风险。常艳红认为，农村土地流转政策执行中产生了"本意"与"偏意"的矛盾。[2] 目前土地流转可能主要面临加剧农村内部阶层分化、损害流转双方利益、危及国家粮食安全、诱发群体性事件以及影响农业可持续发展等风险。李静睿从中国的土地流转尚缺乏成熟市场认为，农民土地流转存在经营风险、薄利风险以

---

[1]　史志强：《国外土地流转制度的比较和借鉴》，《东南学术》2009 年第 2 期。

[2]　常艳红：《农村土地流转政策"本意"与执行"偏意"的矛盾》，《华章》2010 年第 12 期。

及失地风险等。汤茜①从风险社会的理论视角出发,将农村土地流转风险归纳总结为生产经营风险、道德风险、制度风险、政治风险四类。孙福林、孙忠伟认为,农地流转存在制度风险、政策风险、机制风险和经营风险。②蒋永穆、杨少垒、杜兴端认为,土地流转可能会加剧农村内部阶层的分化,影响农村社会的和谐和稳定;容易诱发社会群体性事件,影响社会稳定发展大局;危及国家粮食安全和农业可持续发展。③

卿海琼、黄鸿翔、周冠文将土地流转风险按照发生阶段划分为流转之前的风险、流转过程中的风险和流转后的遗留风险三大类,并重点分析了后两种风险。认为流转中存在圈地风险、监督管理风险、经济纠纷风险、农民薄利风险。土地流转后的遗留风险包括农民失地风险、社会稳定风险、粮食安全风险、城市压力风险、农业风险等。④

张浩亮比较系统地分析了农地流转风险。他将农地流转风险概括为:农地用途改变的风险、转入农地后参与农业经营的市场风险、土地承包经营权有失去的风险、土地流转中存在时间变量风险、农地流转模式的后置性风险(指由于政府官员任期的短期化,导致流转政策不能持续)。⑤周小萍等则认为,农地流转存在粮食安全风险。⑥

胡惠英、刘啸山将农地流转中的风险概括为四个方面。第一,农地非农化风险,即农地流转后用途发展改变的风险。流入方在获得的农耕地上建砖厂、煤场、养殖场、屠宰场,或者以"观光农业""休

---

① 汤茜:《风险社会理论视角下的中国农村土地流转风险分析》,博士学位论文,西南交通大学,2011 年。

② 孙福林、孙忠伟:《农业产业化下的莱阳市农地流转驱动力及风险分析》,《中国集体经济》2011 年第 24 期。

③ 蒋永穆、杨少垒、杜兴端:《土地承包经营权流转的风险及其防范》,《福建论坛》(人文社会科学版)2010 年第 6 期。

④ 卿海琼、黄鸿翔、周冠文:《论农村土地流转的风险及其规避》,《商业时代》2009 年第 29 期。

⑤ 张浩亮:《统筹城乡背景下的农地使用权流转研究》,博士学位论文,兰州大学,2009 年。

⑥ 周小萍、卢艳霞、陈百明:《中国近期粮食生产与耕地资源变化的相关分析》,《北京师范大学学报》(社会科学版)2005 年第 5 期。

闲农业"等名义违法进行非农建设。第二，农民在土地经营权流转中面临失地风险，一些耕地在流转后变为非农用地，农民收回后不能复耕，导致农民生计出现困难。第三，农业龙头企业所面临着自然灾害风险，这会影响流入地经营的稳定。第四，流转存在社会安全方面的威胁，包括流转引发的群体性事件和整个社会的粮食安全两个问题。他们把流转分为分散自发流转和集中与有组织流转两类，在单个农户之间以互换、转让、转包、出租、代耕代种模式的土地经营权流转相对较安全，一般不会引发群体性事件；而企业投资、个人投资、集资入股、托管、抵押模式的土地经营权流转潜藏着群体性事件。①

郭亮、阳云云认为，政府推动下的大规模的、长期化的农地流转带来了许多问题：第一，大规模土地流转导致外出务工农户与土地的长时间分离，流入方要求的长期化、稳定化与外出务工农户要求流转年限短、随意性的利益诉求相矛盾。为了照顾种粮大户的利益，以货币作为结算手段的方式，一旦通货膨胀严重，农户的利益将受到严重的损害。第二，大规模土地流转挤压了农业劳动者的就业空间。"一个拥有 1060 亩的种粮大户，他在日常农业生产中只需 6—8 人来进行管理和维护"，大多数原种地农户都将离开土地。而当前耕种土地的一般以 45 岁以上的中老年人为主，他们年龄偏大、缺少外出技能，离开土地后难以就业。第三，大规模土地流转不利于农业和粮食的安全。土地经营的规模并不是越大越好，农业的生产效率与土地的规模之间并不是一个简单的正比关系，对土地规模的盲目追求不仅会对农村社会和农户的生存方式产生影响，也会对农业本身带来负面作用。②

郭晓鸣、徐薇分析了农地规模化流转的风险问题。认为中国正处于传统农业向现代农业加速转型的过渡阶段，农业生产经营呈现出显著的集聚化态势。这引发了一些风险：对农民的"挤出效应"，地方政府在引入业主时具有明显的规模化流转偏好倾向，部分农民土地

---

① 胡惠英、刘啸山：《农村土地家庭承包经营权流转的风险与对策》，《河北学刊》2012 年第 5 期。

② 郭亮、阳云云：《当前农地流转的特征、风险与政策选择》，《经济观察》2011 年第 4 期。

"被流转"，农民未来生活风险较大；对宏观政策目标形成冲击，耕地"非粮化""非农化"、经营短期化、使用过度化趋向明显，在部分地区，农地流转给业主后，超过50%的耕地用于发展蔬菜、食用菌和水果等经济效益较好的农产品，有15%的耕地用于发展观光农业和乡村旅游，真正用于种粮耕地的只占6%左右；农地规模化流转可能会加大农产品价格异常波动的风险。[1]

龙开元认为，农地通过入股等方式进行的规模化流转可能产生如下问题：第一，农民容易被锁定在收益链的最低端，由于缺乏有效的组织性，农民在与股份公司谈判时地位较低，难以保护自己的长期利益。第二，大量矛盾和纠纷可能导致企业难以持续发展。在大规模的稳定流转中，存在农民收益增长缓慢而公司收益增长加快的矛盾、农民收益与集体资金的矛盾、农民退出与公司稳定发展的矛盾、企业经营失败与农民收益保障之间的矛盾等，这些矛盾产生的大量纠纷可能会导致农业企业难以维持。第三，可能导致大量转出土地的农民难以安置，在土地流转之后实现了规模化、机械化经营，农业公司雇用的当地农民远远少于从土地中"解放"出来的农民，可能出现大量农民难以安置的问题，也有可能会形成较大的社会问题。[2] 骆东奇、周于翔、姜文等也对股份制土地流转模式的风险进行了分析，他们将其风险概括为生态风险、经济风险和社会风险三个方面，认为土地股份制后会引发结构多样性降低、区域或微域气候异常、水土流失加剧等生态问题；股权的界定困难和分配不当、公司结构畸形和经营效益低、企业垄断市场和政府调控难度大等经济问题；土地管理难度增大社会风险、股权流失风险和股利难以保障等社会问题。[3]

林旭重点分析了农地流转可能引发的社会风险。他认为，土地流

---

① 郭晓鸣、徐薇：《农地规模化流转：潜在风险及对策选择》，《农村经济》2011年第9期。

② 龙开元：《土地流转推动农业规模化经营的模式与潜在风险》，《中国科技投资》2010年第3期。

③ 骆东奇、周于翔、姜文等：《我国农村土地股份制流转模式风险分析》，《生产力研究》2008年第12期。

转可能引发的社会风险有：第一，农民失业、失地、失去生存保障的风险，认为土地是农民经营谋生的基本手段，土地流转后农民面临的最大问题就是就业问题。第二，加剧农村两极分化的风险，由于信息不对称，一些在农村中具有一定实力的农民，甚至来自农村以外的购买者，可能会从这种交易中获得巨大利益而成为农村中的暴富阶层，而以土地为基本生活依托的农民将因失去土地而赤贫化。第三，粮食安全的风险。第四，可能出现损害产权主体权益的风险。第五，农地流转中存在的政治风险，土地流动中的不当方式与不法行为势必引致土地成为个人或部分人谋利的手段，这将会削弱和撼动土地归集体所有的基础。① 刘勤认为，土地流转"在获益同时，存在引发潜在的社会风险并使之显性化，或加剧已有社会风险的可能"。他认为，可能会引发农民失业、农村老龄化、社区瓦解的风险，并认为在土地流转推动农民进城，在农民无法完全融入城市生活下，农民和市民之间可能会发生冲突，从而存在城乡矛盾城市化的风险。②

封德平重点分析了农地流转的政治风险问题。他认为：第一，国内农地流转的最大政治风险是社会主义性质的改变，依据是土地流转会导致土地使用权向私人资本集中，导致两极分化，产生什么新的资产阶级；第二，随着流转的深入，农业承包地由被国内私人资本控制过渡到被国际大资本控制，将导致粮食被发达国家的大资本集团控制，再配合其他重要经济领域被控制，则中国的经济政治都将有可能被逐步控制，使中国成为发达国家的附庸国。③

董慧、曹意锟重点分析了农地流转中农民面临的风险，认为在农地流转中农民面临着信息不对称风险、合同风险和交易事项本身的风险。文化程度低、信息比较闭塞的农民对土地流转的情况不了解或了

---

① 林旭：《论农地流转的社会风险及其防范机制》，《西南民族大学学报》（人文社会科学版）2009 年第 8 期。

② 刘勤：《社会风险视角下的农村土地流转及其制度建设》，《广东社会科学》2011 年第 4 期。

③ 封德平：《我国农村承包地流转所蕴含的政治风险及其化解》，《学术论坛》2010 年第 7 期。

解很少，或多或少存在一种跟风的心态。农民不清楚土地流转的受让方是怎样的个人或企业，他们的经营状况如何、信用如何，流转对价是否合理。文化水平低且对土地流转几乎没有经验的农民来说，要把所有的事项、所有的风险在交易发生之前都考虑到并在合同中做出明确约定几乎不可能，因而往往只能接受对方提出的不公平条件。在履约过程中也存在同样的问题。①

## 二 关于农地流转风险的成因

土地流转存在多种风险，而这些风险的产生有着主观和客观的原因，现有的文献更多侧重于从制度、政策、机制等层面对农地流转风险成因进行分析，具体如下：

陈锡文、韩俊、钱忠好、曲福田等学者分析了产权残缺或保护不足对农民权益的侵害；②③ 吕琳认为，这种情况的产生和农民法律知识淡薄和弱势地位有很大关系，社会上存在随意或变相改变土地农业用途，强迫、限制流转，不保护甚至人为地侵犯流地农民的土地权益的现象。④ 张浩亮认为，农地所有权虚置，承包农户产权膨胀——在占有农地使用权的同时实际上占有了农地所有权，是导致农地转用的重要原因，缺乏第三方的监管也纵容了农地转用现象。⑤ 马建川认为，具体到现实社会关系中，利益关系实际上是人与人在社会中的一种深层社会关系，是人与人之间进行社会活动最原始的动力，是构成社会关系的原始基础，因此利益的冲突是产生风险的根本原因。⑥

刘辉认为，基层行政公务人员错误的政绩观、人治化造成政府官员与基层民众之间关系的隔阂，因而政府的合法性难以体现，在从众

---

① 董慧、曹意锟：《土地承包经营权流转中农民的风险及其防范》，《法制与社会》2011 年第 8 期。

② 陈锡文、韩俊：《如何推进农民土地使用权合理流转》，《农业工程技术》（农业产业化）2006 年第 1 期。

③ 钱忠好、曲福田：《规范政府土地征用行为切实保障农民土地权益》，《中国农村经济》2004 年第 12 期。

④ 吕琳：《农地流转的风险规避与化解》，《法制与经济》（中旬刊）2010 年第 5 期。

⑤ 张浩亮：《统筹城乡背景下的农地使用权流转研究》，博士学位论文，兰州大学，2009 年。

⑥ 马建川：《公共行政原则》，河南人民出版社 2002 年版，第 35—40 页。

心理、法不责众心理、泄愤心理的作用下，农地流转中的问题被放大了。黑社会、家族等势力的介入也使农地流转风险加大。① 蒋永穆、杨少垒、杜兴端也认为，地方政府参与性过强是导致农地流转风险的主要原因。他们认为，地方政府的适度参与对于流转具有重要促进作用：一方面可以通过制定宏观政策弥补市场机制的不足，避免土地流转的外部不经济；另一方面可以为土地流转的市场机制提供良好的宏观环境，从而形成健全的流转市场。但是，由于受落实中央政策、获取政府收入以及显示地方政绩等利益目标的引导，当前部分地方政府对土地流转的参与性过强，在流转中扮演着十分强势的角色，用行政命令强行，不和农民协商，采取下指标、搞摊派的办法强流硬转；动用国家机器力量，对所谓"钉子户"采取强制手段；等等，导致广大农民的主导作用难以得到充分尊重和发挥。② 周其仁、车裕斌、张安录、吴越等学者从制度经济学的角度分析了农地流转中的政府行为，认为农地流转中政府存在错位、越位甚至违法的行为。③④⑤

郭亮、阳云云认为，农地流转风险产生的关键在于当前的行政管理体制。他们认为在政府的层级体系中，一旦土地流转成为"政治正确"，一些地方政府为了追求政绩，人为地加速推进土地流转的速度，以超常规的速度实现城市化建设和农业的规模经营。这就会"催生"出占地几千亩，甚至上万亩的种粮大户，这导致土地日益集中在少数人的手中，从而彻底改变了原有的土地流转秩序，导致各种风险问题的产生。⑥

---

① 刘辉：《地流转风险防控机制研究》，硕士学位论文，山东大学，2010 年。

② 蒋永穆、杨少垒、杜兴端：《土地承包经营权流转的风险及其防范》，《福建论坛》（人文社会科学版）2010 年第 6 期。

③ 周其仁：《农地产权与征地制度——中国城市化面临的重大选择》，《经济学》（季刊）2004 年第 4 期。

④ 车裕斌、张安录：《中国农地产权的利益集团及其形成》，《农业经济问题》2004 年第 2 期。

⑤ 吴越：《从农民角度解读农村土地权属制度变革——农村土地权属及流转调研报告》，《河北法学》2009 年第 2 期。

⑥ 郭亮、阳云云：《当前农地流转的特征、风险与政策选择》，《经济观察》2011 年第 4 期。

孙福林、孙忠伟则从制度、政策、机制和经营四个方面分析了农地流转中风险的产生问题。他借用亨廷顿提出的社会矛盾增多原因的分析公式来分析我国农村、土地流转中的风险问题。该公式为：政治参与/政治制度化＝政治动乱。也就是说，参与需求越高，制度化程度越低，社会就会越不稳定。他们认为，农地的产权模糊性说明我国制度化程度尚需完善，而一些基层干部（包括乡村两级组织的干部）又热心于利用法律的空隙大做文章，以谋取私利，从而增大了农地流转中的风险。①

刘勤认为，土地流转不仅仅是产权、绩效、集中耕作、规模化经营的土地经济学问题，而且是涉及农民生产生活方式和农村社区管理的土地社会学和土地政治学问题。土地流转的实际运行中，过分强调土地的经济功能而忽视其社会功能是导致风险产生的原因。②

耿彩云则将农地流转风险的成因归为外源性风险因素和内源性风险因素两种，认为当前我国农村土地流转市场存在制度缺陷、经济波动、政治干预、社会问题等外源性风险因素和流转客体条件不优、流转主体组织结构不健全等内源性风险因素，这些因素可能引发阻碍农村土地流转的风险事件的发生。③

## 三 关于农地流转风险的防范措施

农地流转风险的防范涉及很多方面的内容，需要采取多种积极措施，全方位、多角度地进行。蒋永穆等从我国流转的具体情况看，认为当前应重点在以下几个方面进行改进和探索：尊重流转意愿，减少行政干预要防范流转中群体事件和违约风险的出现；规范流转程序，完善流转契约；严格保护耕地，防止掠夺经营；发展农业保险，规避农业风险；构建调解机制，化解流转纠纷；采取积极措施防范股份合

---

① 孙福林、孙忠伟：《农业产业化下的莱阳市农地流转驱动力及风险分析》，《中国集体经济》2011 年第 24 期。

② 刘勤：《社会风险视角下的农村土地流转及其制度建设》，《广东社会科学》2011 年第 4 期。

③ 耿彩云：《我国农地流转风险因素分析》，《价值工程》2012 年第 9 期。

作风险；健全社保体系，解除农民的"后顾之忧"。① 而吕琳注重政府对风险的调制与化解，她认为，各级政府在农民流转土地的风险防范上积极发挥流转主导作用。尤其是地方政府应建立自我约束的科学制度，改变为官的态度乐于接受他方监督，以人民的利益为根本，使自身利益从农地流转主体中剥离出来，积极为农民谋利，组建独立的，以市场为导向的第三方农地流转服务中介组织或机构，为农地流转的顺利开展创造有利条件。② 穆瑞丽从农村土地流转中农民权益保障的风险入手，提出规避农民权益保障风险的措施。③

刘勤认为，在流转中必须坚持土地流转的适度规模，防止盲目流转；尊重各阶层农民的土地流转意愿、保护土地依赖程度高的阶层（尤其是老年人）的利益；采取多元流转形式以分散风险；在城乡统筹下拓展就业渠道；土地流转后再造社区共同体；完善农村社保体系等来规避农地流转风险。总之，要耐心对待农地流转、农业现代化问题，防止土地流转大跃进。④ 林青提出了限制农村土地政策性的规模流转、坚持保持农户家庭经营地位和维护其权益的流转基础、坚持以农地合作为主土地流转并用的农地制度演化路径。认为国家应纠正目前有关地区正在进行的各式政策性土地规模流转的试点做法，要限制地方政府通过种种政策好处诱使农民关注其短期利益而进行不可逆转式的土地使用权流转。我国农业制度创新的根本目的不应是取缔农民家庭经营地位，而应为农民构筑起由农村居民家庭经营向城市居民安居就业、从事农业生产活动为主向从事工业生产活动为主转型的柔性制度通道。认为农地合作是沟通传统农业与现代农业、农村家庭经营与农村工业化和城镇化的重要制度纽带，也是我国完善农业经营体制的着力点。应引导土地向农地合作组织流转，并限制其向非农社会主

---

① 蒋永穆、杨少垒、杜兴端：《土地承包经营权流转的风险及其防范》，《福建论坛》（人文社会科学版）2010 年第 8 期。

② 吕琳：《农地流转的风险规避与化解》，《法制与经济》（中旬刊）2010 年第 5 期。

③ 穆瑞丽：《农村土地流转中农民权益保障的风险分析与规避对策》，《农村经济与科技》2010 年第 1 期。

④ 刘勤：《社会风险视角下的农村土地流转及其制度建设》，《广东社会科学》2011 年第 4 期。

体流转，从而避免非农主体对农民生存和发展空间的侵蚀。①

林旭认为，为了避免土地流转风险必须完善流转的外部环境，包括建立城乡统一的社会保障体系和就业制度、建立以耕地保护为基础的粮食安全体系、建立和完善充分发挥农民主体作用的农村基层治理机制，同时他还提出要建立农地流转风险预警机制。林旭指出，土地流转风险预警是指对土地流转风险进行分析、评价、推断、预测，根据风险程度事先发出警报信息，提示土地流转主体以及土地股份公司经营者警惕市场风险，并提出相应的预控对策。②

耿彩云认为，可以从宏观和微观层面制定风险防范措施。宏观层面主要从完善农地流转市场机制、健全国家调控机制、建立健全社会保障机制三方面进行。微观层面则可以从农地流转的流程角度考虑风险防范措施，包括农地流转前、流转中和流转后三个阶段的风险防范措施。③ 贺卫华④也提出，应建立土地流转风险预警、排查、化解机制，包括：对参与土地流转的企业（大户）进行资格审查，把好土地流转门槛；发展农村保险事业，加快建立农业再保险和巨灾风险分散机制；建立农业风险预警机制；建立和完善土地流转的组织机构和监督体系；逐步推行并普及实行农村土地流转登记制度；实施土地流转全程跟踪管理，降低管理风险；完善农村基层治理机制、发挥农民的主体作用；建立和完善城乡一体化的社保体系，消除土地的保障功能等。

卿海琼、黄鸿翔、周冠文提出，应通过建立和完善土地流转的机制来解决农地流转的风险问题。主张健全土地流转的组织机构，包括建立完善的土地流转监督体系、建立科学的农村土地评估体系、建立土地流转风险保障金制度、完善土地流转纠纷调解机制；加强土地流

---

① 林青：《土地流转逆政策预期风险分析与防范》，《商业时代》2009 年第 3 期。
② 林旭：《论农地流转的社会风险及其防范机制》，《西南民族大学学报》（人文社会科学版）2009 年第 8 期。
③ 耿彩云：《我国农地流转风险因素分析》，《价值工程》2012 年第 9 期。
④ 贺卫华：《河南土地流转的风险防范与化解路径分析》，《商业经济》2012 年第 3 期。

转的配套建设，包括完善社会保障制度、加强城市基础设施建设、大力发展农业保险、逐步放开城乡户籍制度。①

林青和刘进梅认为：第一，要限制农村土地政策性的规模流转，要限制地方政府通过种种政策诱使农民为了短期利益而进行不可逆的土地使用权流转。第二，要以保持农户家庭经营地位和维护其权益为基础，不应以取缔农民家庭经营地位为目的。第三，应坚持以农地合作为主、土地流转并用的原则，引导土地向合作组织流转，并限制其向非农主体流转。②

# 第三节　农地流转研究评述

## 一　农地流转相关问题研究的评述

### （一）研究方法越来越丰富

在农地流转政策的研究中，除经济学的研究方法外，一些学者还引入了社会学研究方法。如翁士洪采用街道层官僚理论分析了农村土地流转政策执行中出现明显偏差的原因，他认为，各级政策执行者可能会扭曲政策，而直接与公民互动打交道的街道层官僚在执行政策过程中影响非常大，是政策执行偏差很大的影响因素。③

李玉文、叶劲松则运用多源流理论框架分析了农地流转政策，认为我国应当注重政策"软化"过程。农地承包经营权自由流转的政策软化包括两个主要方面：一是政策制定前的"软化"，目的在于引起公众尤其是相应政策参与者的重视；二是政策备选方案间的相互软化，目的在于保证政策能够顺利制定、通过和执行，降低运行阻力。

---

① 卿海琼、黄鸿翔、周冠文：《论农村土地流转的风险及其规避》，《商业时代》2009年第29期。

② 林青、刘进梅：《土地流转逆政策预期风险分析与防范》，《商业时代》2009年第34期。

③ 翁士洪：《农村土地流转政策的执行偏差——对小岗村的实证分析》，《公共管理学报》2012年第1期。

在此基础上，他们提出了包容多元的政策建议，即在今后的政策制定过程中，要对多元化的政策建议予以肯定，为更多的政策制定参与主体提出政策备选方案提供平台，允许不同思想的碰撞，汲取更多更有益的思想。①

（二）研究程度尚处于初级阶段

农地流转政策的研究还处于初级阶段，无论是研究方法、研究广度，还是研究深度都有待于提高。当前的研究主要采用定性分析法，且主要依据较简单的逻辑推理、以经验进行分析，既缺乏数理分析，也缺乏规范化的定性分析。在政策研究中被广泛采用的制度经济分析、系统分析等方法在农地流转政策研究中很少被应用。农地流转政策的研究深度也远远不够，现在仅仅停留在对政策演变进行整体的阶段划分，还没有人按照政策的效力层次、作用对象等对政策进行系统的、分层的整理，也没有将政策出台背景、政策出台过程和政策运行绩效进行统筹分析。

（三）国内外研究存在区别

由于社会制度、市场经济发展程度等因素的不同，国内外对于承包经营权流转或农地使用权市场研究的侧重点有一定的差异，但仍然存在共同之处：一是产权是农地使用权流转的重要影响变量，产权的清晰界定对于土地市场配置效率至关重要；二是农地使用权流转应注重市场化因素，因为市场是资源配置的最主要手段；三是由于市场失灵的存在，政府规制在一定程度上是必要的。除上述共同之处外，国内外研究的不同之处可以大致归纳成以下四个方面。

第一，尽管国内外学者均提到了生产要素边际产量不同和城市化这两个土地市场产生和发展的动因，但国外学者偏重于从生产要素边际产量的差异性进行解释，国内学者偏重于从城市化的快速推进进行解释。从本质上说，生产要素边际产量差异性的拉大与城市化进程的加快是一个问题的两个方面，互为因果。但已有的研究对于农地流转

---

① 李玉文、叶劲松：《土地产权变革的诉求：农地承包经营权自由流转政策的多源流分析》，《湖南工程学院学报》2011 年第 9 期。

市场与城市化之间的关系偏于重从现象上进行分析，尚缺乏从理论上进行严密的数理推导。本书试图通过构建严密的数理模型证明城市化对农地流转市场的推动作用。

第二，对于土地市场能够优化资源配置这一点已经得到了国内外学术界的普遍认同，但在其是否能带来规模效益方面却争论不断，国内学者在"承包经营权流转能够带来规模效益"的提法上支持与反对兼而有之，而国外学者多认为，土地市场在为农业生产带来规模效益方面的作用是微不足道的，甚至指出大规模农场损害农业效率的观点。

第三，关于农地流转市场的影响因素，国内外总体上均关注了土地调整、产权稳定性、农户异质性等因素，但国外学者基于产权角度的分析权重较大，相应的涉及产权结构变革的解决方案的讨论偏多，但国内学者多将既有的产权结构作为外生变量，而将关注点放在城市化进程以及微观主体——农户的资源禀赋方面。

第四，在研究方法上，国内主流研究方法以定性研究为主，少量的定量研究多局限于统计分析领域，而国外的很多研究借助于数量分析开始注重对农地市场绩效进行量化；Zhang 等（2004）通过数理分析证实：不断扩大的农民收入差距并未带来社会不公，由于自愿的土地交易优化了土地和其他生产资料的匹配，因此带来了农业生产率的提高，从全社会范围看，农业生产率的提高的"补偿效应"弥补了土地市场带来的"差距扩大"。[①] Deininger 和 Jin 的研究表明：土地租赁活动所带来的土地使用效率的提高是巨大的，并通过将土地租赁活动带来的效率提高进行量化，得出了效率提高约为 60% 的结论，并且该效率的提高有 25% 将转化为承租人的福利水平，并发现没有证据可以证实土地租赁损害了"穷人"的利益；相反，随着越来越多的受教育程度高的个体参与非农就业，经济实力弱、受教育程度低的个体越能

---

① Zhang, Qian Forrest, Qingguo Ma and Xu Xu, "Development of Land Rental Markets in Rural Zhejiang: Growth of Off – Farm Jobs and Institution Building", *The China Quarterly*, 2004, 180, pp. 1050 – 1072.

够从租入土地的活动中受益。[1] Piotrowski 对农地使用权市场在中国农村社会的影响通过泰尔指数和随机边界分析分别进行了公平与效率的定量分析。[2]

（四）研究范围存在空白

国内外众多研究从不同角度深入地分析了我国农地流转的产权基础、流转的动因、本质、意义、形式、影响因素等内容，并且较全面地分析了当前农地流转过程中出现的种种问题，提出了诸如明确土地权利、规范流转程序、完善流转市场等一些解决方案，对推动我国农村土地制度不断完善和农地流转市场的发展起到了重要的作用。但仍然存在研究上的空白之处。现有的研究或是仅从微观单个农户流转意愿模型，或仅从宏观经济社会某一方面（如非农产业发展）来讨论承包经营权流转的影响因素，尚缺乏对影响承包经营权流转发展的宏观、中观、微观多层次影响因素的系统分析。现有研究对承包经营权流转双方的利益分配机制方面仍有较大的研究空间，本书在对不同的承包经营权流转方式所产生的效果进行分析的基础上，以保护土地承包经营权供需双方的合法权益、增强微观主体的流转意愿、最终实现优化土地资源配置和促进农民增收为目的，构建农地流转利益分配和权益保护机制。

二 农地流转风险控制研究的评述

从研究方法看，现有研究多数采用了归纳法和演绎法进行单项分析，较少采用系统的程式化分析方法。一些学者虽然有运用风险社会理论进行分析的初衷和想法，但在实际分析中却存在理论依托和具体分析"两张皮"的现象。也有个别学者采用委托—代理模型和博弈论模型对农地流转风险进行了较规范的分析，但模型中的关键参数则主要出自个人的主观臆断，因而使模型分析变成了将个人主观论断上升为"科学结论"的工具。

---

① Deininger, Klaus, Songqing Jin, Productivity and Equity Impacts in China, World Bank, Washington D. C. Policy Research Working Paper 4454, 2007.

② Piotrowski, Stephan, Land Property Rights and Natural Resource Use: An Analysis of Household Behavior in Rural China, New York: Peter Lang Publishing, 2009, pp. 222 –229.

从研究内容看，许多学者都分析了农地流转引发的农民生计风险、粮食安全风险、社会稳定风险等。一些学者还针对某一种或某一类流转进行了风险分析，如土地股份合作制的风险、土地规模化流转的风险。也有学者从个别相关者角度出发，如合作社、农业生产大户等，分析农地流转对其的风险。

从研究结论看，许多学者都强调了政府的过度"热心"导致其过度干预，在农民权益缺乏保护、土地产权不很明晰的情况下，社会风险、政治风险非常大。认为工商资本大量介入会导致农民被排挤、农民生计可能出现困难，国家粮食安全也面临威胁。学者们大多主张建立农地流转的约束机制，规范政府、集体经济组织、工商资本的行为，健全农地流转服务体系和配套的制度体系，从事前、事中和事后三个环节规避农地流转风险。

总之，农地流转风险的研究已经"破土"，但缺乏研究的系统性和研究深度。

# 第三章　中国农地流转基本情况

## 第一节　农地流转政策演进

新中国成立以来，随着政治、社会、经济、技术等环境的变化，我国政府的发展理念、政策目标取向等不断发生变化，农村土地产权制度不断完善，经历了土地所有权与使用权"两权合一"到"两权分离"的改革，土地流转政策也表现出了很强的阶段性特征。

### 一　新中国成立初期允许自由流转阶段

新中国成立前，封建地主土地所有制占有统治地位，土地买卖、租佃是地主和富农兼并地产、剥削农民的主要手段和方式，但具有调剂余缺性质的普通农民间的土地流转普遍存在。在封建制度下，不平等的经济地位和社会地位使土地由普通劳动群众向地主和富农单向流动，造成土地的高度集中和地权分配的不平等①，而封建租佃制更加重了农民的经济负担。1950年6月30日，以《中华人民共和国土地改革法》的颁布为开端，中国通过土地改革，废除了封建地主土地私有制，建立了农民土地私有制，"使全国3亿多无地、少地的农民无偿获得了7亿亩的土地和其他生产资料，免除了过去每年向地主缴纳

---

① 新中国成立初期，土地分布的不均匀程度是存在异议的，一些学者认为，土地的集中程度并不严重，如张红宇认为，地主和富农的土地占50%—60%；自耕农的土地占40%（详见中国农业出版社2002年出版的张红宇的著作《中国农村的土地制度变迁》）；赵冈甚至认为，宋代以后，中国农地趋向于分散而非集中（详见新星出版社2006年出版的赵冈的著作《中国传统农村的地权分配》）。

的 700 亿斤粮食的苛重地租"，形成了自耕农所有制。①

这次土地改革彻底废除了封建地主土地所有制，打破了非经营性土地占有的垄断，也为土地的合理流动创造了良好环境。按人口平均分配土地的"耕者有其田"政策，使土地、劳动力等生产要素得到有效结合，且可以通过土地等生产要素的流转实现资源优化配置。1950年颁布实施的《土地改革法》第三十条规定："土地改革完成后，由人民政府发给土地所有证，并承认一切土地所有者自由经营、买卖及出租其土地的权利。"在这个阶段，农村农户与农产间土地流转是自由的。1951 年 2 月 2 日，政务院《关于 1951 年农林生产的决定》明确提出，新解放区在土地改革完成后，立即确定地权，颁发土地证，为土地流转提供了完善的法律基础和制度保障。

由于新中国成立后户均农地规模小，特别是生产力水平低，生产工具极度缺乏，劳动力是农户家庭及生产中的主要依靠。一遇天灾人祸，便只能出卖唯一的土地。自由的土地流转潜藏着农户再度陷入极贫的风险。而且，个体农户生活不稳定和贫富两极分化苗头在农村开始出现。

**二　逐步禁止农地流转阶段**

随着农村经济的恢复和发展，农民个体经济的不稳定性和两极分化苗头逐渐引起党的关注，党对农村土地工作的指导思想开始转变，土地买卖、出租方面的政策逐渐发生变化。在相关政策的推动下，各地加快了合作化和集体化的进程，无可选择地推进农村土地和劳动力等生产资料入组入社，从根本上消除了土地买卖和租佃的产权基础。

土地改革结束后，以小块土地私有私营为特征的小农经济在我国农村占据了主导地位，农民个体经济普遍上升，农村中出现了"中农化"②趋势。毛泽东把发展互助合作作为阻止农村两极分化和资本主义倾向的主要手段，并采取了一系列措施促进农业合作社的发展。党

---

① 陈靖：《中国农村土地制度及土地流转的政策演变》，http://biz.cn.yahoo.com/050829/16/cap5.html。

② 实际上，中农的评价标准并不明确，也许它应当是一个动态的概念。所以，当时的这种判断是否正确值得怀疑。对于当时的"中农化"程度，也有不同的看法。

的政策重点主要是在互助合作组织内部开始逐步限制土地买卖和租佃。1952 年 7 月 16 日西南局上报中央的文件中指明："小土地出租者无论有劳动力或无劳动力，只要不从事农业劳动，而仅以土地参加互助组，原则上不应允许其参加互助组。"中共中央批转对西南局的回复中，肯定了上述意见，并把此决定转发于中南、华东、西北各局参考。①

1953 年 2 月 9 日，《中共中央批转华北局关于处理农村党员出租土地、房屋等问题的回复》中指出，"党员凡有劳动力能自己耕种者，一律不准出租及转租土地；因病残或外出工作等情况，家庭确无劳动力，一时又不能参加互助组或生产合作社者，其土地可允许出租"；关于党员买地问题的批复是，"党员因土地不够耕作，购入少量土地自己耕种者，不应以富农思想论；但买地出租、雇工经营或买卖土地借以牟利者，必须严加批判与禁止"。② 据此，党员买卖、出租土地活动有了不同于普通农民阶层的政策。

1953 年 10 月，毛泽东《关于互助合作问题的谈话》中指出，"现在农民卖地，这不好。法律不禁止，但我们要做工作，阻止农民卖地"。③ 此外，政策也开始限制一般农民买卖土地并提出了限制的具体措施。如 1955 年 5 月 7 日国务院指出，"今后农村土地买卖、典当及其他移转，均应首先报请乡人民委员会审核，转报区公所或区人民委员会批准，并取具区工所或区人民委员会的介绍信，始得办理契税手续"。④

到了高级社、人民公社阶段，土地的产权制度已发生了重大变化，农民的土地由集体拥有并统一经营使用，入社的土地不能出租和

---

① 国家农业委员会办公厅：《农业集体化重要文件汇编》，中央党校出版社 1981 年版，第 43、61—62 页。

② 中国社会科学院中央档案馆编：《1953—1957 年中华人民共和国经济档案资料选编》（综合卷），中国物资出版社 2000 年版，第 19—21 页。

③ 国家农业委员会办公厅：《农业集体化重要文件汇编》，中央党校出版社 1981 年版，第 138—139 页。

④ 张静：《建国初期中共有关农村土地流转问题的政策演变》，《中南财经政法大学学报》2008 年第 5 期。

买卖，进而彻底取消了土地买卖、租佃关系存在的产权基础，"有权自由经营、买卖和出租"的规定已经名存实亡，农村土地已没有流转的可能。至此，农地流转过程中可能出现的农民再度贫困和两极分化风险得到了制度性规避。

**三 逐渐放松流转限制阶段**

1975 年，凤阳小岗 15 户农民搞起了"大包干"，揭开了新时期中国农村土地改革的序幕。1983 年中共中央颁发了《关于印发〈农村经济政策的基本问题〉的通知》，全国农村开始普遍推行包干到户，实现了土地所有权与使用权的分离。这种模式在保留了农地集体所有权的基础上确立了农户的独立经营权，农村土地流转出现了松动的萌芽。

随着"大包干"政策的推行，农村人口的流动、农民就业自由逐渐解冻，客观上要求土地要素的自由流动。1984 年，国务院出台了《关于农村个体工商业的若干规定》和《关于农民进入集镇落户问题的通告》，放宽了农民落户城镇的条件。[①] 1984 年"中央一号文件"《一九八四年农村工作的通知》明确规定，"土地承包期一般应在十五年以上"，"在延长承包期以前，群众有调整土地要求的，可以本着'大稳定、小调整'的原则，经过充分商量，由集体统一调整"。1984 年的"中央一号文件"进一步指出："鼓励土地逐步向种田能手集中。社员在承包期内，因无力耕种或转营他业而要求不包或少包土地的，可以将土地交给集体统一安排，也可以经集体同意，由社员自找对象协商转包，但不能擅自改变向集体承包合同的内容。"政府开始有条件允许农地流转。1986 年"中央一号文件"明确提出，要发展适度规模经营，"随着农民向非农产业转移，鼓励耕地向种田能手集中，发展适度规模的种植专业户"。

1987 年，国务院批准了某些沿海发达省份就土地适度规模经营进行试验，使土地经营权流转突破了家庭承包经营的限制，开始进入新的试验期。1987 年中共中央政治局通过的《把农村改革引向深入》

---

① 土地流转源自人的自由流动和择业的相对自由以及地权的基本稳定（长承包期为 15 年/30 年/长久）。

的文件中规定："在京、津、沪郊区、苏南地区和珠江三角洲，可分别选择一两个县，有计划地兴办具有适度规模的家庭农场或合作农场，也可以组织其他形式的专业承包，以便探索土地集中经营的经验"。随后，国务院批准北京顺义、江苏常州、无锡、苏州、广东南海进行适度规模经营试点和山东平度进行"两田制"试点。① 由于这一阶段中，农村劳动力主要是在县域范围内间歇性流动，因而农村土地承包经营权以农民自发流转为主，流转范围绝大多数都限于集体组织之内，规模极为有限。

1988 年 4 月 12 日《中华人民共和国宪法（修正案）》中，将《宪法》第十条第四款修改为："任何组织或者个人不得侵占、买卖或者以其他形式非法转让土地。土地的使用权可以依照法律的规定转让。"从而从最高法层面为土地流转开启了绿灯。接着，1988 年 12 月 29 日又修订了《土地管理法》。修改后的《土地管理法》第二条第四款规定："土地使用权可以依法转让。"从而为土地流转提供了法律依据。

1993 年 11 月，《中共中央、国务院关于当前农业和农村经济发展的若干政策措施》重申，"以家庭联产承包为主的责任制和统分结合的双层经营体制，是我国农村的一项基本制度，要长期稳定和不断完善"，"在原定的耕地承包期到期之后，再延长 30 年不变"，并进一步指出，"在坚持土地集体所有权不变，不改变土地用途的前提下，经发包方同意，允许土地的使用权依法有偿转让"。党的十四届三中全会通过的《关于建立社会主义市场经济体制若干问题的决议》提出，

---

① "两田制"就是将承包地分成口粮田和责任田，口粮田按人口平分，一般是每人 0.4—0.6 亩，只负担农业税；责任田则按人、按劳分配，或者以村政府的名义进行招标承包，除了负担农业税，还要交纳一定的承包费。这种制度给地方政府较大的土地支配权，中央认为其损害了农民的利益，因而 1997 年后便不再允许两田制的推广。实际上，在按劳分配责任田、种田要交税费的情况下，"两田制"这种弹性承包制有利于协调农地稳定承包与人口变化间的矛盾。即在承包期内，人口发生变动，可以采取"两田互补、动账不动地"的办法进行调节。这种调节办法是在农户承包农田总面积不变的前提下，农户增加人口，增加其口粮田，减少等量的责任田；农户减少人口，减少口粮田，增加责任田。从而使人地矛盾能够得到适当的缓解。当然，"两田制"的实践模式很多，其优劣并不取决于该模式本身，而取决于其操作者和操作方式。

"允许土地使用权依法有偿转让。也允许少数经济比较发达的地方，本着群众自愿原则，可以采取转包、入股等多种形式发展适度规模经营"。

1995 年 3 月，《国务院批转农业部关于稳定和完善土地承包关系意见的通知》（国发〔1995〕7 号）规定："建立土地承包经营权流转机制，在坚持土地集体所有权和不改变土地农业用途的前提下，经发包方同意，允许承包方在承包期内，对承包标的依法转包、转让、互换、入股，其合法权益受法律保护，但严禁擅自将耕地转为非耕地。"

1997 年 6 月 24 日，中共中央办公厅、国务院办公厅发出《关于进一步稳定和完善农村土地承包关系的通知》（中办发〔1997〕16号）明确规定："少数经济发达地区，农民自愿将部分'责任田'的使用权有偿转让或交给集体实行适度规模经营，这属于土地使用权正常流转的范围，应当允许。"

1998 年 10 月 14 日《中共中央关于农业和农村工作若干重大问题的决定》指出："土地使用权的合理流转，要坚持自愿、有偿的原则依法进行，不得以任何理由强制农户转让。"

2001 年中共中央发出的《中共中央关于做好农户承包地使用权流转工作的通知》（中发〔2001〕18 号）进一步对土地流转的原则和主体作了更严格的规定："农村土地流转的主体是农户，土地流转必须坚持'自愿、依法、有偿'的原则"，"不提倡企业到农村大规模包地"。

**四 通过立法保护和规范农地流转阶段**

2002 年 8 月 29 日出台的《农村土地承包法》第一条明确规定，"赋予农民长期而有保障的土地使用权"，这标志着中国农村土地承包经营制度真正走上了法制化轨道。《农村土地承包法》第十条明确规定："国家保护承包方依法、自愿、有偿地进行土地承包经营权流转。"第二章第五节"土地承包经营权的流转"共用 12 个条款对农地流转作了较全面的规定。该法规范了发包方与承包方在土地流转中的关系，"通过家庭承包取得的土地承包经营权可以依法采取转包、出租、交换、转让或者其他方式流转","任何组织和个人不得强迫或者阻碍承包方进行土地承包经营权流转","土地承包经营权流转的主体是承包方。承包方有权依法自主决定土地承包经营权是否流转和流转的方式"。2003年10月9日农业部第23次常务会议审议通过《中华人民共和国农村土地承包经营权证管理办法》又为土地承包经营权流转中的产权确认与流转登记提供了法律依据。

从2002年下半年开始,农地流转进入到一个新的发展时期。特别是2003年国家决定选择试点省逐步减少农业税,到2006年在全国取消农业税,之后土地经营不但无税无费,而且有了多项农业生产补贴,土地承包经营权流转的宏观制度环境出现了转折性的变化。原先已经将土地流转出去的农户纷纷要求要回土地,这使流转双方之间发生了较多的矛盾和冲突。

2005年,中共中央、国务院提出《中共中央国务院关于进一步加强农村工作提高农业综合生产能力若干政策的意见》(中发〔2005〕1号),意见指出:"认真落实农村土地承包政策。针对一些地方存在的随意收回农户承包地、强迫农户流转承包地等问题,各地要对土地二轮承包政策落实情况进行全面检查,对违反法律和政策的要坚决予以纠正,并追究责任。要妥善处理土地承包纠纷,及时化解矛盾,维护农民合法权益。尊重和保障农户拥有承包地和从事农业生产的权利,尊重和保障外出务工农民的土地承包权和经营自主权。承包经营权流转和发展适度规模经营,必须在农户自愿、有偿的前提下依法进行,防止片面追求土地集中。各省、自治区、直辖市要尽快制定农村土地承包法实施办法。"

2005年11月,农业部颁布了《农村土地承包经营权流转管理办法》,该法规对农地流转进行了较全面规范,对农地流转的原则、当事人权利、流转方式、流转合同、流转管理等进行了具体规定,将农地流转管理纳入了法制轨道。

2006年,中共中央、国务院在《中共中央国务院关于推进社会主义新农村建设的若干意见》中进一步指出:"统筹推进农村其他改革。稳定和完善以家庭承包经营为基础、统分结合的双层经营体制,健全在依法、自愿、有偿基础上的土地承包经营权流转机制，有条件的地方可发展多种形式的适度规模经营。"至此，农村承包地在农户间自由流转有了较为完善的法律依据。

### 五　鼓励农地流转阶段

2008 年，中共中央、国务院在"中央一号文件"《中共中央国务院关于切实加强农业基础建设进一步促进农业发展农民增收的若干意见》（中发〔2008〕1 号）中明确指出："支持和完善以家庭承包经营为基础、统分结合的双层经营体制。这是宪法规定的农村基本经营制度，必须毫不动摇地长期坚持，在实践中加以完善。各地要切实稳定农村土地承包关系，认真开展延包后续完善工作，确保农村土地承包经营权证到户。加强农村土地承包规范管理，加快建立土地承包经营权登记制度。继续推进农村土地承包纠纷仲裁试点。严格执行土地承包期内不得调整、收回农户承包地的法律规定。按照依法自愿有偿原则，健全土地承包经营权流转市场。农村土地承包合同管理部门要加强土地流转中介服务，完善土地流转合同、登记、备案等制度，在有条件的地方培育发展多种形式适度规模经营的市场环境。坚决防止和纠正强迫农民流转、通过流转改变土地农业用途等问题，依法制止乡、村组织通过'反租倒包'等形式侵犯农户土地承包经营权等行为。"

2008 年中共十七届三中全会通过的《关于推进农村改革发展若干重大问题的决定》则对土地承包经营权流转进行了更系统的规定，保留了"依法自愿有偿原则"和"允许农民以转包、出租、互换、转让、股份合作等形式流转土地承包经营权，发展多种形式的适度规模经营"，增加了"加强土地承包经营权流转管理和服务，建立健全土地承包经营权流转市场，有条件的地方可以发展专业大户、家庭农场、农民专业合作社等规模经营主体"，强调土地承包经营权流转"不得改变土地集体所有性质，不得改变土地用途，不得损害农民土地承包权等"。文件指出，要"搞好农村土地确权、登记、颁证工作。完善土地承包经营权权能，依法保障农民对承包土地的占有、使用、收益等权利。加强土地承包经营权流转管理和服务，建立健全土地承包经营权流转市场，按照依法自愿有偿原则，允许农民以转包、出租、互换、转让、股份合作等形式流转土地承包经营权，发展多种形式的适度规模经营。有条件的地方可以发展专业大户、家庭农场、农民专业合作社等规模经营主体"。这被视为中央开始推动农村土地流转的信号。

2009 年，中共中央、国务院在《中共中央国务院关于促进农业稳定发展农民持续增收的若干意见》（中发〔2009〕1 号）中又指出："稳定农村土地承包关系。抓紧修订、完善相关法律法规和政策，赋予农民更加充分而有保障的土地承包经营权，现有土地承包关系保持稳定并长久不变。强化对土地承包经营权的物权保护，做好集体土地所有权确权登记颁证工作，将权属落实到法定行使所有权的集体组织；稳步开展土地承包经营权登记试点，把承包地块的面积、空间位置和权属证书落实到农户，严禁借机调整土地承包关系，坚决禁止和纠正违法收回农民承包土地的行为。加快落实草原承包经营制度。""建立健全土地承包经营权流转市场。土地承包经营权流转，不得改变土地集体所有性质，不得改变土地用途，不得损害农民土地承包权益。坚持依法自愿有偿原则，尊重农民的土地流转主体地位，任何组织和个人不得强迫流转，也不能妨碍自主流转。按照完善管理、加强服务的要求，规范土地承包经营权流转。鼓励有条件的地方发展流转服务组织，为流转双方提供信息沟通、法规咨询、价格评估、合同签订、纠纷调处等服务。"

2009 年 6 月 27 日第十一届全国人民代表大会常务委员会第九次会议通过了《中华人民共和国农村土地承包经营纠纷调解仲裁法》，该办法对农地流转中的纠纷调解进行了规范，从而为农地流转中矛盾的解决提供了依据。

2010 年，《中共中央国务院关于加大统筹城乡发展力度 进一步夯实农业农村发展基础的若干意见》（中发〔2010〕1 号）指出："稳定和完善农村基本经营制度。完善农村土地承包法律法规和政策，加快制定具体办法，确保农村现有土地承包关系保持稳定并长久不变。继续做好土地承包管理工作，全面落实承包地块、面积、合同、证书'四到户',扩大农村土地承包经营权登记试点范围,保障必要的工作经费。加强土地承包经营权流转管理和服务,健全流转市场,在依法自愿有偿流转的基础上发展多种形式的适度规模经营。严格执行农村土地承包经营纠纷调解仲裁法,加快构建农村土地承包经营纠纷调解仲裁体系。按照权属明确、管理规范、承包到户的要求,继续推进草原基本经营制度改革。稳定渔民水域滩涂养殖使用权。鼓励有条件的地方开展农村集体产权制度改革试点。"

在中央政策的导引下,各地纷纷采取行动推动农村土地的流转。一些地市县纷纷制定地方性的农地流转管理办法或实施细则,如唐山市、银川市、绵阳市、温州市、郴州市等。① 一些地方政府设立了专门的领导和服务机构,推出了农地流转合同样本、农地流转信息网或交易平台,如成都市、郴州市、北京市、嘉兴市、蓬溪县等。

此外,一些县市纷纷出台鼓励流转的奖励政策。如北京市平谷区、广东省东莞市、浙江宁波的余姚市、黑龙江黑河的五大连池市等。许多鼓励政策倾向于支持规模化的流转和较长期限的流转。比如,北京市平谷区对一次性流转承包经营权、集中连片农村土地规模在 100 亩以上、流转受让方具有较强经济实力、流转期限较长(流转前为种粮农田的,流转期不得少于 10 年;流转前为果园的,流转期不得少于 15 年)、手续规范(签订书面合同并经过鉴证)的流转给予奖励——区财政一次性给予出让方每亩 300 元奖励,对于流转土地在 500 亩以上且用于蔬菜生产的,还给予所在乡镇一定资金奖励。甘肃省、浙江省桐乡市、山东省荣成市则主要对乡镇村等从事农地流转管理和服务的组织进行奖励,如桐乡市规定,2012 年对农户依法委托村级新流转土地面积 100 亩以上(不含两高绿道、成片)、签约 5 年以上的,按规模一次给予村级组织每亩 100—150 元工作经费;对在粮食功能区内用于种粮和现代化园区内新流转土地 100 亩以上、签约 10 年以上的,按规模一次性给予村级组织每亩 200—250 元工作经费。

---

① 这些地方出台的政策,只是对农地承包经营权流转办法的细化,特别是对流转程序、流转合同样式进行了比较详细的规定。

另外，针对土地经营主体和镇（街道）土地流转服务组织，也有不同程度的奖励措施。还有一些县乡级政府采取行政命令、政绩考评方式推动农村土地流转。

与此同时，一些地方也开始了土地改革试点。如重庆市在获批为中国第三个"国家统筹城乡发展综合试验区"后的 2007 年 7 月，出台了《服务重庆统筹城乡发展的实施意见》，提出了"允许以农地承包经营权出资入股"的农村土地流转新模式，即在农村土地承包期限内、不改变土地用途的前提下，允许以农村土地承包经营权出资入股设立农民专业合作社，以及在条件成熟的地区开展农村土地承包经营权出资入股设立有限责任公司和独资、合伙等企业的试点工作。但一些试点办法并不成功，如重庆的股田制公司试点办法。中央农村工作领导小组办公室到重庆调研后，认为该方法存在问题，因而中央叫停了这种试验性做法。

地方政府推动农地流转，促进了农业的规模化经营，但也引发了许多问题。工商资本租入土地后，出于利益考虑一般不再种粮，使粮食播种面积下降。一些工商资本盲目下乡租地，在经营受挫后，无法向农民支付地租，也无法继续耕种，出现了因规模化流转而使耕地撂荒的现象。这种情况逐渐引起了中央的注意。

2014 年中共中央、国务院出台了《关于全面深化农村改革加快推进农业现代化的若干意见》（中发〔2014〕1 号），文件规定：种粮直接补贴、良种补贴、农资综合补贴中的新增补贴向新型农业经营主体倾斜；赋予农民对承包地的承包经营权抵押、担保权能，允许承包土地的经营权向金融机构抵押融资；探索建立工商企业流转农业用地风险保障金制度，严禁农用地非农化。这些规定表明，政府加大了对农地规模化流转的支持力度，意图促进农业新型经营主体的诞生和发展，但对工商资本下乡租地越来越持谨慎的态度。

2014 年 11 月，中共中央办公厅、国务院办公厅出台了《关于引导农村土地经营权有序流转　发展农业适度规模经营的意见》（中办发〔2014〕61 号），文件指出，"土地流转和适度规模经营是发展现代农业的必由之路"，要坚持经营规模适度，既要注重提升土地经营规模，又要防止土地过度集中。文件进一步明确，"土地承包经营权属于农民家庭……不能以少数服从多数的名义，将整村整组农户承包地集中对外招商经营。……严禁通过定任务、下指标或将流转面积、流转比例纳入绩效考核等方式推动土地流转"，"防止脱离实际、违背农民意愿，片面追求超大规模经营的倾向。现阶段，对土地经营规模相当于当地户均承包地面积 10—15 倍，务农收入相当于当地第二、第三产业务工收入的，应当给予重点扶持"。文件进一步明确了对规模化粮食生产主体的扶持力度，规定了财政补贴、金融保险方面的具体扶持措施："对从事粮食规模化生产的农民合作社、家庭农场等经营主体，符合申报农机购置补贴条件的，要优先安排。探索选择运行规范的粮食生产规模经营主体开展目标价格保险试点。抓紧开展粮食生产规模经营主体营销贷款试点，允许用粮食作物、生产及配套辅助设施进行抵押融资。粮食品种保险要逐步实现粮食生产规模经营主体愿保尽保。"对工商资本下乡后的投资去向，文件也有明确规定："鼓励发展适合企业化经营的现代种养业。……引导工商资本发展良种种苗繁育、高标准设施农业、规模化养殖等适合企业化经营的现代种养业，开发农村'四荒'资源发展多种经营。"文件明确要求地方政府"加强对工商企业租赁农户承包地的监管和风险防范"，"对工商企业长时间、大面积租赁农户承包地要有明确的上限控制，建立健全资格审查、项目审核、风险保障金制度。……定期对租赁土地企业的农业经营能力、土地用途和风险防范能力等开展监督检查，查验土地利用、合同履行等情况……"

2015 年 4 月 24 日，农业部、中央农办、国土资源部、国家工商总局四部委联合发布《关于加强对工商资本租赁农地监管和风险防范的意见》，明确了要对工商资本下乡租地实行严格的准入门槛和监管制度。文件明确指出："工商资本长时间、大面积租赁农地，容易挤占农民就业空间，加剧耕地'非粮化''非农化'倾向，存在不少风险隐患"；"要加强工商资本租赁农地监管和风险防范，对工商资本租赁农地实行分级备案，严格准入门槛，探索建立程序规范、便民高效的工商资本租赁农地资格审查、项目审核制度，健全多方参与、管理规范的风险保障金制度。加强事中事后监管，防止出现一些工商资本到农村流转土地后搞非农建设、影响耕地保护和粮食生产等问题，确保不损害农民权益、不改变土地用途、不破坏农业综合生产能力和农业生态环境。"文件对工商资本下乡租地的程序、管控的具体措施做了规定，如提出"工商资本租赁农地应先付租金、后用地"等。可见，中央政府对农地流转中出现的地方政府过度干预、工商资本盲目下乡租地等现象有了更清醒的认识，并开始采取措施予以规避。

由以上可知，新中国成立以来，我国农地流转的政策演变路径是：自由流转→禁止流转→允许流转→支持和鼓励流转。这一路径的产生，既有政治原因，也有社会经济原因。

# 第二节　农地流转政策演进的基本逻辑及效果

## 一　中国农地流转政策演进的逻辑

中国农地流转政策演进是有一定规律可循的，我党在国家发展理念、社会经济发展的主要矛盾等方面决定着农地流转政策的基本走向。

### （一）国家发展理念变化与农地流转政策走向

中国共产党建设国家政策和理念是农地流转政策走向的决定因素。建党初期，我党以消灭剥削、实现耕者有其田、让广大劳动群众当家做主作为党的基本宗旨。自建党至今，在将近一个世纪的历史长河中，即使个别时期由于受战争、经济危机、社会冲突等因素的影响，党的方针政策会有所调整，但这种调整主要是策略性的、短期的，其追求的终极目标仍然不会发生改变。

1921年中国共产党第一次全国代表大会通过的《中国共产党纲领》提出，"没收一切生产资料，如机器、土地、厂房、半成品等，归社会所有"。1927年第五次会议提出，"必须要在平均享用地权的原则之下，彻底将土地再行分配，方能使土地问题解决，欲实现此步骤必须土地国有"。1928年年底，《井冈山土地法》规定，"没收一切土地归苏维埃政府所有"，"以人口为标准，男女老幼平均分配"，主要以乡为分配单位。1929年4月，《兴国土地法》规定，"没收一切公共土地及地主阶级的土地"。之后提出，"自耕农的田地不没收"、"分田时（在原耕地基础上）以抽多补少为原则，不可重新瓜分妄想平均以烦手续"。1931年春，变封建、半封建的土地所有制为农民的土地所有制。1931年年底，大土地私有主的土地没收，经苏维埃由贫农中农实行分配。1937年日本侵华，抗战爆发，由于主要矛盾变化，土地政策改为"地主减租减息、农民交租交息"，团结人民一致抗日。1947年制定《中国土地法大纲》，规定，"没收地主土地……实行耕者有其田的土地制度，按农村人口平均分配土地"。1949年9月29日《中国人民政治协商会议共同纲领》规定，"土地改革为发展生产力和国家工业化的必要条件……实现耕者有其田"。

1950年6月28日颁布《土地改革法》，自此在新解放区开始了土改。以乡村为单位，以无偿分配方式均分土地，在数量上抽多补少，质量上抽肥补瘦，距离上远近搭配。使3亿无地或少地的农民分到了7亿亩土地。"土改"后农地产权统一归给农民，且农地产权可以自由流动。贫农和中农的境况改善了不少，且大家基本上重新站到了同一起跑线上，农民开始有了发家致富的机遇和冲动。于是有人又开始买地，有人开始卖地，贫富又开始分化。在这种情况下，中国共产党为避免因农地流转拉大农村贫富差距，于是采取了合作化、公社化运动，"三级所有，队为基础"，使农村土地所有权和使用权合二为一，消除了农地流转的产权基础。

随着社会经济环境的变化，我党建设国家的理念发生了变化，发展经济、实现小康社会成为新时期的发展目标。市场经济体制逐步完善，政府开始允许农地流转，"鼓励土地逐步向种田能手集中"（1984年"中央一号文件"）、"有计划地兴办具有适度规模的家庭农场或合作农场"（《把农村改革引向深入》，1987年中共中央政治局文件），进而通过《土地承包法》《土地承包经营权流转管理办法》等来规范农地流转。

（二）宏观形势变化与农地流转政策的走向

中国农地流转政策必然受到宏观环境的影响。新中国成立初期，我国经济发展的主要任务是实现工业化。工业发展需要资金的支持，而此时的中国缺乏资金积累，产业结构中农业一产独大，因此依靠农业为工业提供积累就成为工业化的必然选择。

然而，小农土地所有制无法满足工业化的要求。第一，分散小农经济与工业化之间存在冲突与矛盾。农业必须为工业提供积累，但小农经济规模小，生产落后，产出低；小规模现实下无法进行农田水利建设，无力抵御自然灾害，对工业产品和现代技术需求少。而大规模后可以实现耕地平整、农田整齐、技术互补、劳力互助、水利共建等。第二，国家与小农之间的交易成本过高，国家无法大规模占有农业剩余，合作化、统购统销成为政府的一种理想的模式。于是，政府首先推动了互助组的发展，并进一步发展起初级社和高级社，直至最后建立起了人民公社制度。从而消除了农地流转的产权基础。

人民公社制度的运行在农业积累支持工业化基本完成方面发挥了重要作用，但也禁锢了农民生产的积极性，集体使用土地效率低下，农业经济低水平徘徊、农民生活贫困、农村凋敝。中国共产党由探索到确定开展了土地使用制度改革，创立农村土地家庭联产承包责任制，土地集体所有、农户承包经营，但在政策上并未取消对农地流转的限制。随着城镇化速度加快、农民就业流转性加强，为实现农村土地利用效率的最大化，逐步允许农地流转，并于2002年颁布了《土地承包法》和2005年《农村土地承包经营权流转管理办法》，为农村土地流转制定了法律依据。

（三）农地功能演变与农地流转政策的走向

根据《现代汉语词典》2002年增补本的解释，功能是指"事务或方法所发挥的有利作用；效能"。关于农地所具有的功能，目前有多种观点。有的将我国农村土地的功能设定为：福利保障功能（尤其是对"五保户"、残疾人）、稳定与安心功能（尤其是对农民工）、社区成员政治权利保障功能（无地和有地农户的政治权利差异很大）、社区组织的财政功能（学校田）、组织的地缘纽带功能（尤其是农村区域性组织）、工资补贴功能（干部田）、村社之间的互利互惠功能、奖励与惩罚功能（通过多予或收回实现）、就业功能等，农村集体土地承担了农村社会的组织媒介功能。[①] 有的认为，"农村土地的传统功能就是生存功能、就业功能和社会保障功能"。[②] 可见，农村土地的功能是复杂的，为了分析方便，需要对土地的功能进行一下梳理。

在改革开放以前，中国农村土地对于农民而言主要是生存保障功能、就业功能，因此需要限制农地流转。而改革开放以后，农民非农就业机会增加，农民尤其是年轻的农民纷纷到乡镇企业做工、进城打工、创办自己的企业，农民的工资性收入，第二、第三产业经营收入逐渐上升。但由于缺乏社会保障，农地对于农民的功能主要是保障功能、文化功能，其次才是收入功能、就业功能、财富功能等，因此，农民不愿意放弃农地。在这种情况下，稳定农户的承包经营权、放活耕地的使用权就成为一种必然要求。因此，政府开始允许进而鼓励农地的使用权流转，并力图使土地逐渐向种田能手、经营能手流转，促进农业的规模经营，实现农业的市场化、专业化、社会化和高效化。

**二　农地流转政策演进的效果评价**

在 1978 年以前，中国农村土地对于农民来讲主要是生存功能、就业功能，实现这些功能主要体现了资源占有的公平性，最好手段是实行均田制，由农户自我经营。为保障农业税收和承包土地的稳定性，禁止土地在农户间自由流转。而这种土地使用模式与 1956 年以前是相似的，在解放初期获得了成功，产权激励效应十分明显，农民的劳动热情极其高涨，农业生产得到了迅速恢复和发展。1952 年与 1949 年相比，农业生产总值增长了 48.5%，年均增长 14.1%，粮食总产量增长 42.8%，年均增长 12.6%。但在 1956 年之后，中国开始大搞合作运动，对农业进行社会主义改造，由初级社发展到高级社、再由高级社发展到人民公社，这种非市场化的改造土地产权、强行集

---

① 李昌平：《农业税和农村土地的功能本不简单》，http：//www. snzg. com. cn/Read-News. asp？NewsID = 1211。

② 邓大才：《论农村土地的新功能》，《福建论坛》（经济社会版）2002 年第 5 期。

中产权的方式与农民的要求、农民对土地的认识发生了冲突。在土地集体经营的制度下，由于激励机制弱化、监督成本上升，引发了之后20多年的农业发展速度缓慢直至近乎停滞。

1978—1983年，对于农民来讲，农地承担的主要功能是收入功能和就业功能。政府通过实施家庭联产承包的农地经营方式促使了这些功能的实现，使农民种田积极性空前高涨，农地利用效率迅速提高，农民务农收入迅速增加，土地成为农民增加收入、创造财富的最根本保证。

1983—2003年，随着乡镇企业的发展，农民非农就业机会增加，年轻农民纷纷走出农村到乡镇企业做工、进城打工或创办自己的企业等，农民的工资性收入，第二、第三产业经营收入逐渐上升。与此同时，随着农产品供求关系发生了质的变化，由供不应求转变为供求基本平衡、部分产品供过于求，农产品的价格上升受到遏制。另外，农用生产资料价格不断上涨，农村税费不断加重，导致在承包地上经营农业的经济效益逐渐降低，出现了农民不愿意种地的现象。农地对于农民的收入作用和就业作用逐渐下降，但由于农民的社会保障制度未建立，农民既不愿意种地又不想放弃农地，出现了土地撂荒、农业副业化、农地利用低效化和农业贫弱化等现象。这一时期政府开始允许农地适当流转，意图促使土地向种田大户集中，从而提高土地的利用效率。但由于城乡二元制度，外出打工农民就业不稳定、生存缺乏保障，农民的基本生活仍然需要依靠土地来保障，农地无法按照效率最大化原则进行重新配置，农地流转速度很慢。2003年农业部在农村固定观察点对全国东部、中部、西部20842户的抽样调查显示，全国土地流转面积仅占耕地总面积的9.1%，土地流转未起到合理配置土地资源的作用。

2006年开始，有史以来延续的"种田纳税、天经地义"制度在全国废除，国家采取不仅免除农业税，还对农民种地实行"三补贴"等惠农政策，农业效益有所提高。但由于我国土地的户均规模远远小于临界最小经济规模，所以，土地对于农民，尤其是新增农村劳动力来讲，其就业功能是极有限的。同时，由于这一时期农地效益的增加，主要是由政府免收农业税的政策引起的，对于农业增收的作用是一次性的，而农业补助政策按耕种面积落实，单位面积上的补助额较小，都无法改变农业比较效益低的局面，农民务农的动力仍然不足。同时，为了避免城乡矛盾的扩大，减轻农村、农地的压力，政府开始推动城乡一体化进程，为进城农民工、进城创业者、在乡镇企业务工的人员的进城入户提供了越来越多的便利条件。从而使以保障功能为核心的农村土地功能体系向以集约高效利用为核心的功能体系转变，为按照竞争原则重新配置农地资源提供了条件，农地的流转速度因而加快。到了 2011 年，农村土地流转总面积已经达到家庭承包地总面积的 17.84%，除传统的出租方式外，以土地入股、土地股份合作等新型流转方式发展迅速。

## 第三节　农地流转风险形势分析

### 一　全国整体风险形势分析：农地流转的宏观考察

#### （一）农地流转基本情况

农村土地流转从 20 世纪 80 年代中后期兴起到现今已经历了近 20 年，尽管国家政策一直在起着推动、引导作用，农地流转的面积和比重也在逐年增加，但相对于中国 1.5 亿农村劳动力转移规模而言，农地流转的比例仍然很小，特别是在第一轮承包期内，农地主要由原承包人经营。1984 年年底，转出农地的户数占总承包户数的 2.7%，转出的耕地只占总耕地的 0.7%。[①] 1984—1992 年，全国农村固定观察点调查资料显示，完全没有转出过耕地的农户比重达 93.8%，转出一部分耕地的农户比重仅占 1.99%。1992 年全国共有 473.3 万承包农户转包、转让农地 1161 万亩，分别占承包土地农户总数的 2.3% 和承

---

① 中央书记处农村政策研究室：《中国农村社会经济典型调查（1985）》，中国社会科学出版社 1988 年版，第 84 页。

包地总面积的 2.9%。① 1995 年，有 4.09% 的农户将自己承包的一部分土地转包给他人经营，只有 1.99% 的农户转出了全部承包地。②

随着《土地承包法》和《农村土地承包经营权流转管理办法》的出台，农村土地的流转速度开始加快。2003 年农业部在农村固定观察点对全国东、中、西部 20842 户的抽样调查显示，全国土地流转面积占总耕地面积的 9.1%，其中，东部、中部、西部三大区域分别为 9%、11.6%、3.86%。到了 2011 年，农村土地流转总面积已经达到家庭承包总土地面积的 17.84%。但各省份的土地流转很不平衡，土地流转面积占总承包地面积的比重差异很大（见图 3 - 1）。

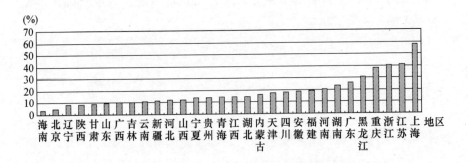

**图 3 - 1   2011 年各省份农地流转率排序**

资料来源：《全国农村经营管理统计资料》（2011）。

从动态角度看，各地区的土地流转发展速度也不同，人均耕地较少的发达地区土地流转速度较快；从区域角度看，流转增长速度最快的是华东地区，其他地区的流转速度则相差不多（见图 3 - 2）。

（二）农地流转的方向性特征

从流转方式上看，20 世纪主要是转包和转租方式，而进入 21 世纪以来，虽然流转方式仍然以转包和出租为主，2011 年以这两种方式流转的土地占总流转土地面积的 78.12%，但一些新的流转方式发展

① 农业部农村合作经济研究课题组：《中国农村土地承包经营制度及合作组织运行考察》，《农业经济问题》1993 年第 11 期。

② 《中国农业发展报告（1995）》，中国农业出版社 1996 年版，第 45—50 页。

很快，如入股等，2011 年以股份合作方式流转的土地达到总流转土地面积的 5.58%，其中，21.77% 的土地流转到企业和合作组织等规模经营主体手中，土地规模化经营程度得到提高，但各省份间的流转并不均衡。

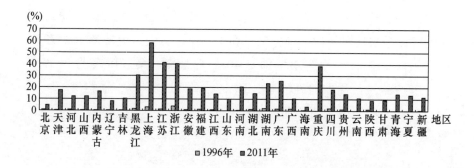

**图 3 - 2　1996 年、2011 年各省份农地流转率对比**

资料来源：《全国农村经营管理统计资料》（2006）和《全国农村经营管理统计资料》（2011）。

土地流转也促进了农地种植结构的调整。农地流转后，种植结构也发生了变化。据农业部经管司统计，目前农户之间流转土地中用于种粮的占 71.9%，而规模流入企业、业主的土地中用于种粮的仅为 6.4%。农地流转既加快了农业现代化的步伐，也促进了农业生产结构的调整，增加了农业收入，但也带来了人们对粮食安全问题的担心，粮食不安全的风险隐患已经存在。

（三）农地流转基本特征

1. 农地流转速度逐渐加快

1996 年以来，我国农业大丰收，结束了历史性的粮食供给不足问题，首次实现了供需平衡并一直保持至今。农地流转率开始上升（在这里仅指农地流转面积占家庭承包地面积的比重，下同），由 1996 年的 0.98% 上升到 2011 年的 17.84%，平均每年增加 1.12 个百分点（见图 3 - 3）。

2. 农地流转有明显的阶段性特征

1996 年以来，中国农地流转的阶段化特征明显。按照流转率的高低，可以将中国农地流转划分为个三阶段。第一阶段为 1996—2000年，这一阶段农地流转主要是在农村自发进行，农地流转发展缓慢，流转率基本稳定在 1% 左右，平均为 1.04%。第二阶段为 2001—2008年，这一阶段中央为促进农地流转，政策不断出台，地方政府纷纷响应制定促进农地流转的实施办法。在这一阶段，农地流转率由 2.79%提高到 6.00%，平均每年增加 0.46 个百分点。第三阶段为 2009—2011 年，这一阶段农地流转率由 12% 上升到 17.84%，平均每年增加2.92 个百分点，农地流转明显加快。

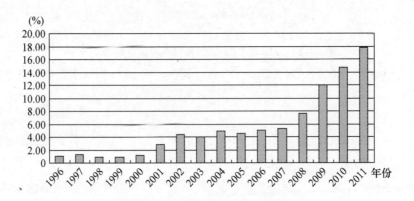

图 3 - 3  农地流转率变化趋势

农地流转的这种明显的阶段化特征说明中国的农地流转主要是受非市场因素的影响。2001 年以前，中国农地流转速度的变化主要是受经济环境的影响，农地流转率变化缓慢趋稳。而 2001 年以后的变化则主要是受政策的影响。2002 年 8 月 29 日《农村土地承包法》出台，第十条规定，"国家保护承包方依法、自愿、有偿地进行土地承包经营权流转"，并在第二章第五节用 12 个条款对农地流转作了较全面的规定。2005 年 11 月，农业部又颁布了《农村土地承包经营权流转管理办法》，对农地流转进行了较全面规范，从而明确了农地流转的相关规范，将农地流转管理纳入了法制轨道。由此促进了农地的流转。2008 年中共十七届三中全会通过的《关于推进农村改革发展若干重大问题的决定》对农地流转进行了更系统的规定，并指出："有条件的地方可以发展专业大户、家庭农场、农民专业合作社等规模经营主体。"这说明中央开始鼓励和支持农村土地流转，此后各地方政府也纷纷开始采取措施促进农地流转，从而令农地流转率迅速提高。

3. 农地流转规模有明显的区域性特征

农地流转毕竟是一种市场行为，因而受社会经济条件的影响。由于中国各区域的社会经济状况有较大差异，各地的农地流转率自然也会不同。发达地区的农地流转率一般高于落后地区的农地流转率。上海、江苏、浙江、重庆的农地流转率远远高于东北、西北地区的农地流转率。但发达地区内部也存在较大差别，比如，同处于华北地区，2011 年北京市的农地流转率达到 46.17%，而天津市却只有 17.21%、河北省仅为 11.66%。

从农地流转速度上看，也存在很大的区域差异。1996—2011 年，上海、北京、江苏、重庆、浙江的年平均增加的农地流转率分别为 3.68%、3.03%、2.66%、2.56% 和 2.43%，而海南、陕西、辽宁、广西和甘肃的年平均增加的农地流转率分别仅为 0.19%、0.49%、0.52%、0.55% 和 0.60%，农地流转速度的差距非常明显。

区域之间的农地流转规模并没有向趋同化方向发展，差距进一步扩大，农地流转率地区间的标准差由 1996 年的 0.68% 上升到 2011 年的 9.64%，区域差距进一步扩大。

4. 农地流转方式不断变化

随着社会经济的发展，农地流转的方式也会发生变化。从图 3-4 可以看出，转包和出租始终是农地流转的主要方式，但随着社会经济的发展，各种农地流转方式的变化趋势不同。转包方式基本稳定下来，始终占绝对比重。转让方式流转的土地面积逐渐下降，说明农民对于土地的承包经营权越来越重视，大都想永久地持有承包地，不再轻易将其转给别人。互换方式所流转的土地面积也逐渐减少，说明通过换地实现自家耕地的集中以便于耕作的可能性逐渐减少，耕地互换的需求基本已得到满足。到 2011 年，以互换方式流转的耕地面积已经不到流转总面积的1%。相对具有竞争优势的流转方式是出租。转包、互换、股份合作等方式主要发生在集体组织内部，因此，这种流转往往不能吸入多少新的生产要素，因而难以改变农地经营方式。而出租方式可以引入工商资本、农业大户等进入耕地经营，因此可带来新的生产经营方式，从而提高耕地经济效益，因此具有较强的竞争性。出租的耕地面积所占的比重由2002年的12.16%上升到2011年的28.73%。

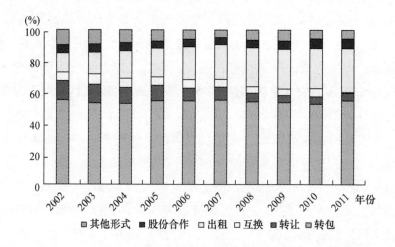

图3-4 各种流转方式所占比重的变化

新型流转方式——股份合作主要发生在发达的广东省和江苏省，这两个省份的股份合作方式流转的土地面积占总流转面积的比重分别达到29.66%和22.30%。重庆市的股份合作方式发展也较快，该方式下流转的土地占总流转面积的6.98%。

5. 农地流转去向主要是农户

农地流转的主要去向依然是农户。从全国来看，2011年流入农户的耕地面积占家庭承包耕地流转总面积的比重达67.63%。流入专业合作组织和企业的面积分别仅占13.40%和8.37%。说明中国农业的主要经营形式仍然是家庭经营，合作社和企业在现阶段并不是农业经营的主导形式。

但各地区农地流转的去向并不相同，北京、上海、江苏三省市的农地主要流向了非农户。这三个省市流向农户的耕地占总流转耕地面积的比重分别只有28.62%、31.74%、44.44%。其中，北京的耕地主要流向了企业和其他组织（不含合作经济组织），而上海、江苏两省市则主要流转给了专业合作组织和其他组织（不含企业）。而地广人稀的新疆、黑龙江和吉林三省区的农地主要流向了农户，他们流向农户的耕地占总流转耕地面积的比重分别达到89.58%、86.89%和82.57%。这说明在地少人多、非农产业发达的地区，农地的经营形式已经发生了很大变化，组织化经营成为一种主导，而在地广人稀、非农产业不发达的地区，传统的农户经营仍是农业的主要经营形式。

6. 农地流转后种植结构的变化

总体来讲，各省份的农地流转都有非粮化的趋势，但不同地区非粮化的程度不同（见表3-1）。流转后种粮食的耕地所占比重最低的是北京市，其流转后用于种粮食的耕地仅占14.43%，流转后种粮食的耕地所占比重最高的是黑龙江省，达到85.81%。

表3-1　　　2011年流转后的用于种粮食的农地面积所占比重　　　单位:%

| 地区 | 比重 | 地区 | 比重 | 地区 | 比重 |
|---|---|---|---|---|---|
| 北京 | 14.43 | 浙江 | 45.10 | 海南 | 29.86 |
| 天津 | 36.21 | 安徽 | 69.46 | 重庆 | 41.28 |
| 河北 | 44.23 | 福建 | 42.77 | 四川 | 39.04 |
| 山西 | 50.06 | 江西 | 62.41 | 贵州 | 29.29 |
| 内蒙古 | 68.03 | 山东 | 32.37 | 云南 | 27.64 |
| 辽宁 | 44.46 | 河南 | 62.73 | 陕西 | 29.51 |
| 吉林 | 81.01 | 湖北 | 58.48 | 甘肃 | 45.87 |
| 黑龙江 | 85.81 | 湖南 | 53.95 | 青海 | 49.28 |
| 上海 | 38.35 | 广东 | 19.74 | 宁夏 | 56.28 |
| 江苏 | 38.04 | 广西 | 35.92 | 新疆 | 45.73 |

流转后耕地非粮化的情况与人均耕地面积、非农产业发展情况、城市化水平等都有关系。流转后土地种粮比重高的省份主要集中在东北地区，其中黑龙江为85.81%、吉林为81.01%、内蒙古为

68.03%，此外，中原农业省份种粮的耕地比重也较高，如河南省为62.73%。而经济发达的区域，耕地流转后的非粮化趋势极其明显，尤其是北京、广东，这两个省市流转后耕地用于种粮食的比重不到20.00%。

7. 农地流转规范情况的地区间差异较大

农地流转的非规范化是当前中国农地流转的主要特征，但规范化与否、规范化程度是非常难以量化反映的。为了简便起见，也基于资料的可得性考虑，这里运用签订农地流转合同的耕地面积占总流转耕地面积的比重来反映农地流转的规范化程度。2011年各省份签订合同的流转面积占总流转面积的比重如图3-5所示。

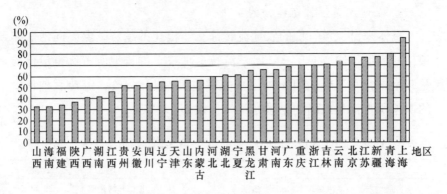

**图3-5　2011年各省份签订合同的流转面积占总流转面积的比重**

从图3-5中可以看出，各地农地流转的规范化程度差异较大。签订合同比重最高的是上海，其签约率达到了94.5%，其次是青海和新疆，它们的签约率分别达到了80.55%和77.71%。签约率最低的三个省份是福建、海南和山西，它们的签约率分别仅为34.12%、32.71%和32.49%。这说明，农地流转的规范化程度并非取决于经济发达程度，并不是单一的。

中国农地流转纠纷的化解仍然主要靠调解，主要靠各种人际关系的平衡、靠劝解和开导，而不是靠裁决。农地承包流转纠纷的调解主要是在乡村两级进行的。从全国来看，通过村民委员会进行调解的纠纷数占59.03%，通过乡镇调解的纠纷数占40.97%，村委会在调解中的作用更大一些。

（四）农地流转风险形势

从全国整体情况来看，农地流转的运行并不平稳，农地流转风险以各种各样的问题形式潜藏于农地流转实施和运作的过程中。

1. 农地流转中的纠纷较多

农地流转中存在诸多纠纷，并具有普遍性特点。全国 2011 年，每万亩耕地流转中存在 2.97 起纠纷，即将近 3 起，并且是发生了诉讼、向仲裁机关提出仲裁申请或上访的很严重纠纷，而实际发生的、未达到诉讼上访程度的纠纷数量远远大于这一数字。农地流转纠纷存在着区域差异，一些地区的纠纷数量很少，如宁夏、福建、内蒙古等省区，而有些地区的纠纷数量很多，如海南省每万亩流转耕地中的纠纷数有 20 多起。农地流转中的纠纷也反映出农村社会不稳定风险的存在。

表 3 - 2　　　　　　　　　2011 年农地流转纠纷发生情况

| 地区 | 家庭承包耕地流转总面积（万亩） | 土地流转纠纷数（起） | 每万亩流转中的纠纷数（起） | 地区 | 家庭承包耕地流转总面积（万亩） | 土地流转纠纷数（起） | 每万亩流转中的纠纷数（起） |
|---|---|---|---|---|---|---|---|
| 全国 | 22793 | 67683 | 2.97 | | | | |
| 北京 | 214 | 459 | 2.14 | 河南 | 1982 | 1400 | 0.71 |
| 天津 | 83 | 78 | 0.94 | 湖北 | 666 | 5404 | 8.12 |
| 河北 | 968 | 2612 | 2.70 | 湖南 | 1080 | 7721 | 7.15 |
| 山西 | 576 | 692 | 1.20 | 广东 | 718 | 661 | 0.92 |
| 内蒙古 | 1426 | 880 | 0.62 | 广西 | 345 | 851 | 2.46 |
| 辽宁 | 418 | 2756 | 6.59 | 海南 | 16 | 334 | 20.30 |
| 吉林 | 618 | 2046 | 3.31 | 重庆 | 772 | 6926 | 8.97 |
| 黑龙江 | 3860 | 2573 | 0.67 | 四川 | 1074 | 8433 | 7.85 |
| 上海 | 115 | 398 | 3.46 | 贵州 | 360 | 1734 | 4.82 |
| 江苏 | 2071 | 5412 | 2.61 | 云南 | 454 | 3652 | 8.05 |
| 浙江 | 778 | 595 | 0.76 | 陕西 | 399 | 2143 | 5.36 |
| 安徽 | 1158 | 4159 | 3.59 | 甘肃 | 374 | 1766 | 4.72 |
| 福建 | 296 | 102 | 0.35 | 青海 | 102 | 125 | 1.22 |
| 江西 | 454 | 901 | 1.99 | 宁夏 | 155 | 5 | 0.03 |
| 山东 | 901 | 1484 | 1.65 | 新疆 | 353 | 1361 | 3.86 |

资料来源：《全国农村经营管理统计资料》（2011）。

土地流转纠纷主要发生在农户与农户之间、农户与村组集体之间和农户与其他主体之间。其他主体相互之间也有流转纠纷的发生，如村与组之间、组与组之间、村与村之间、村组集体与企业之间等，但这种流转纠纷相对较少，2011 年全年只有 13265 起，仅占土地流转纠纷总量的 19.60%（见表 3 – 3）。

表 3 – 3 　　　　　　　2011 年土地流转纠纷构成情况 　　　单位:%

| 地区 | 农户与农户之间 | 农户与村组集体之间 | 农户与其他主体之间 | 其他纠纷 |
|---|---|---|---|---|
| 全国 | 74.30 | 14.15 | 11.54 | 19.60 |
| 北京 | 11.55 | 61.22 | 27.23 | 33.77 |
| 天津 | 35.90 | 64.10 | 0.00 | 0.00 |
| 河北 | 83.50 | 11.22 | 5.28 | 8.35 |
| 山西 | 86.56 | 10.84 | 2.60 | 4.05 |
| 内蒙古 | 91.93 | 5.34 | 2.73 | 16.25 |
| 辽宁 | 76.38 | 19.96 | 3.66 | 32.73 |
| 吉林 | 88.81 | 8.46 | 2.74 | 25.12 |
| 黑龙江 | 83.25 | 14.50 | 2.25 | 11.85 |
| 上海 | 47.99 | 39.20 | 12.81 | 4.27 |
| 江苏 | 72.27 | 16.02 | 11.71 | 9.42 |
| 浙江 | 60.84 | 22.69 | 16.47 | 25.04 |
| 安徽 | 85.31 | 8.27 | 6.42 | 11.37 |
| 福建 | 70.59 | 21.57 | 7.84 | 46.08 |
| 江西 | 77.03 | 11.76 | 11.21 | 6.10 |
| 山东 | 76.68 | 17.05 | 6.27 | 7.95 |
| 河南 | 73.21 | 11.50 | 15.29 | 39.57 |
| 湖北 | 66.36 | 12.07 | 21.58 | 9.25 |
| 湖南 | 77.17 | 14.66 | 8.17 | 11.02 |
| 广东 | 70.20 | 21.18 | 8.62 | 39.18 |
| 广西 | 71.80 | 9.64 | 18.57 | 85.55 |
| 海南 | 86.23 | 15.87 | 3.89 | 27.25 |
| 重庆 | 68.39 | 11.62 | 19.98 | 24.14 |

续表

| 地区 | 农户与农户之间 | 农户与村组集体之间 | 农户与其他主体之间 | 其他纠纷 |
|------|------|------|------|------|
| 四川 | 70.27 | 16.70 | 13.03 | 24.77 |
| 贵州 | 67.82 | 15.46 | 16.72 | 24.63 |
| 云南 | 74.92 | 10.82 | 14.27 | 35.16 |
| 陕西 | 70.37 | 17.08 | 12.55 | 33.50 |
| 甘肃 | 81.03 | 9.63 | 9.34 | 18.97 |
| 青海 | 71.20 | 11.20 | 17.60 | 10.40 |
| 宁夏 | 60.00 | 20.00 | 20.00 | 20.00 |
| 新疆 | 81.04 | 15.14 | 3.82 | 7.79 |

从表3-3中可以看出，各省份的土地流转纠纷结构不同，北京、天津的土地流转纠纷主要发生在农户和集体经济组织之间，分别占61.22%和64.10%；上海的土地流转纠纷主要发生在农户与农户之间以及农户和村组集体之间，分别占47.99%和39.20%；而其他省份的土地流转纠纷主要发生在农户与农户之间，该类纠纷均占60%以上。农户与农户之间流转纠纷所占比重最高的为内蒙古，其农户与农户之间的土地流转纠纷占总流转纠纷数的91.93%。由此可知，农地流转中，农户与村组集体之间的流转纠纷数量较多，在全国具有普遍性，纠纷类型具有相似性，也反映出农地流转政策推进中，规避和处理纠纷风险的制度尚不健全。

2. 流转手续不规范

至2011年，全国耕地流转中的书面合同覆盖率只有61.13%，不到2/3。这说明，农地流转中的不规范化程度很高。如果仅以书面合同的签订情况作为流转规范程度的唯一判断标准，则各省份农地流转的规范化程度有较大差异。规范化程度最高的上海市书面合同签订率达到94.50%，而规范化程度最差的山西省只有32.49%。

农地流转程序和手续不规范，是引发纠纷、矛盾等各种农村社会不和谐风险的一个主要原因。

表 3-4　　　　　　　2011 年农地流转中的书面合同签订情况　　单位：万亩、%

| 地区 | 家庭承包耕地<br>流转总面积 | 签订流转合同的<br>耕地流转面积 | 签订合同的<br>流转耕地比重 |
|---|---|---|---|
| 全国 | 227933334 | 139341326 | 61.13 |
| 北京 | 2143027 | 1640605 | 76.56 |
| 天津 | 833012 | 462979 | 55.58 |
| 河北 | 9676340 | 5817219 | 60.12 |
| 山西 | 5757598 | 1870584 | 32.49 |
| 内蒙古 | 14257758 | 8041482 | 56.40 |
| 辽宁 | 4183669 | 2302311 | 55.03 |
| 吉林 | 6181741 | 4392081 | 71.05 |
| 黑龙江 | 38595108 | 25249217 | 65.42 |
| 上海 | 1149200 | 1085994 | 94.50 |
| 江苏 | 20710393 | 15908928 | 76.82 |
| 浙江 | 7778673 | 5463148 | 70.23 |
| 安徽 | 11575205 | 5998177 | 51.82 |
| 福建 | 2955381 | 1008446 | 34.12 |
| 江西 | 4536828 | 2111857 | 46.55 |
| 山东 | 9010873 | 5075807 | 56.33 |
| 河南 | 19821627 | 13081692 | 66.00 |
| 湖北 | 6658082 | 4091606 | 61.45 |
| 湖南 | 10800204 | 4514191 | 41.80 |
| 广东 | 7184507 | 4929449 | 68.61 |
| 广西 | 3452457 | 1406915 | 40.75 |
| 海南 | 164548 | 53824 | 32.71 |
| 重庆 | 7724695 | 5394747 | 69.84 |
| 四川 | 10743522 | 5809859 | 54.08 |
| 贵州 | 3598218 | 1858512 | 51.65 |
| 云南 | 4536735 | 3331745 | 73.44 |
| 陕西 | 3994831 | 1465667 | 36.69 |
| 甘肃 | 3740435 | 2455705 | 65.65 |
| 青海 | 1023001 | 824054 | 80.55 |
| 宁夏 | 1548909 | 952441 | 61.49 |
| 新疆 | 3528755 | 2742084 | 77.71 |

资料来源：《全国农村经营管理统计资料》（2011）。

3. 农民生计可持续性受到威胁

中国的农业不单纯是一个以追求最大经济效益为目的的产业，尤其对于农民而言它还要为其提供口粮、就业、生存保障等功能，是农业生产者——农民赖以维持生计的最后保障。对华北五省（市、区）大量农地流转案例的考察，进一步证明了此事实：

第一，一些地方基层组织为了引进外来商业资本，乡村行政权力与外来者联合，强制性流转农户土地，在耕地上进行非农建筑，破坏了耕地的固有属性，即使到期收回，农民也难以再行耕种。

第二，农地的大规模经营产生了明显的"劳动力挤出效应"，一方面表现为规模经营导致当地所需农业劳动力总量的急剧下降，使滞留在农村的老弱妇孺和无一技之长的农民失去再就业的机会；另一方面表现为工商资本进入农地市场后，往往可以凭借产业化的龙头企业或合作组织的身份从政府申请到一些优惠项目，如农田水利建设、中低产田改造、土地综合整治、各种基地建设等，也更容易享受到农机补贴、良种补贴、技术服务等财政方面和行政方面的支持。流转农户则难以享受到这些政策，导致留守农户即使想继续从事农业，也没有能力与工商资本竞争，因此纷纷退出土地流转市场。由于强大的商业资本对当地农户的农业经营造成严重的挤压，使当地一部分本来可以靠适度规模经营农地得以维持生计的农户由于资本的相对稀缺而在竞争的"优胜劣汰"规则下走向破产，或改行经营，或重新创业，使本来不富裕的生计雪上加霜。

第三，转出农地的农民大量外出打工，成为"并不稳定"的工薪收入阶层的一员，然而工业企业由于比较容易受国际国内经济形势影响，一旦出现"寒冬"，大量农民工返乡，无地可种，就会沦为无业游民，家庭长期的生计来源立刻断掉。

4. 农民分化加剧

现实中的中国农村社会，已经出现了严重的分化现象。由纯农户演化出了纯农户、农业兼业户、非农业兼业户和非农户四种。纯农业户是指在家庭全年生产性纯收入中80%以上来自农业，或家庭农村劳动力的绝大部分劳动时间从事农业。农业兼业户（也称Ⅰ兼农户）为以农业为主、兼营他业指在家庭全年生产性纯收入中有 50%—80% 来自农业，或者农村劳动力一半以上的劳动时间从事农业。非农兼业户（也称 II 兼农户）与农业兼业户相反，以非农业为主、兼营农业指在家庭全年生产性纯收入中有 50%—80% 来自非农业，或者家庭农村劳动力一半以上的劳动时间从事非农业。非农业户指在家庭全年生产性纯收入中有 80% 以上来自非农业，或家庭农村劳动力的绝大部分劳动时间用来从事非农业。2011 年年末，全国的纯农户有 1.7 亿户，占 66.29%，仍是农户的主体；农业兼业户为 4665.6 万户，占 17.70%；非农业兼业户为 2234.8 万户，占 8.48%；非农户为 1986.7 户，占 7.53%。

不同农户的生计方式不同，其受到的社会经济环境的影响也不同。随着农地流转越来越普遍化和规范化，非农户和非农兼业户获得了越来越多的地租收入，而纯农户和农业兼业户则面临着越来越严酷的经营环境。

农户之间自发性的、分散的农地流转，往往是在集体经济组织内部进行的，且主要是在亲友和邻里之间进行的。这种流转并不具有完全的竞争性，也不追求经济收益最大化，只是相关群体内部资源的整合，由此产生的收益也主要由内部成员享受。由于亲情、面子、社会关系的维系等原因，这种流转具有相互帮助的含义。如果外出打工者家境较好、收入较高，他往往会将土地以较低的价格租给亲友和邻里。如果外出打工者遇到困难，需要回来种地，则租入土地者也会痛快地将土地交还给他，使其能够有地可依。由于各种原因无法外出打工的农户，在自发流转的情况下，可以从左邻右舍和亲朋好友中以较低的价格租入土地，通过扩大耕种规模来适当改变自身的处境。

当外部组织或工商资本进入农村成规模地租入土地后，传统的、竞争不甚激烈的、温情脉脉的农地流转就变成不相信眼泪的、赤裸裸的、商业化的土地流转，从而使土地流转租金不断上涨、土地流转期限不断延长且完全固化，冷冰冰的合同及其背后的司法系统的支持导致流转双方之间不再具有互相照应的义务。这种流转逐渐在乡村形成气候以后，那些租入亲友邻里耕地的农户便不好意思再支付低廉租金，因而纷纷提高租金或者退出租赁的土地。在这种情况下，传统乡村的商业化气息逐渐浓厚，在竞争产生的优胜劣汰中，农户间的分化越来越严重。

　　大规模的农地流转对不同农民家庭的影响是不同的。受大规模农地流转影响的家庭可分为三类：第一，对于那些之前就靠打工谋生的农民而言，他们可以通过出租土地获得更多的租金。相对于之前将土地无偿交给别人耕种而言，土地的大规模流转，给他们带来了额外的收入。第二，对于那些之前靠耕作谋生的老年人而言，之前他们在家种几亩地可实现自给自足，现在则可以靠每年一定量的租金生活。这些六七十岁的老年劳动力，现在可以给"承包大户"当小工挣钱，但劳动的机会比较少。他们虽然通过做临时工增加了货币收入，但却失去了种田时的自由和轻松，整年都在忙碌。第三，受到影响最大的还是之前完全靠务农维持家庭生计的那些"种粮大户"。他们之前无偿或低价耕种亲友邻里的地，每年可以获得几万元收入，基本相当于夫妻两人外出打工的收入。当大规模土地流转之后，他们便不能无偿从亲友邻里手里获得耕地。这部分"种粮大户"丧失了土地来源，单靠耕种自家的几亩承包地很难维持生活。[①]

　　因此，在外部势力介入的情况下，乡村土地流转将加速农民的分化，不可避免地形成贫者越贫、富者更富的两极分化。

　　**二　华北地区形势分析：农地流转的中观考察**

　　将华北五省（市、区）作为一个单元进行农地流转情况考察，是基于该区内的北京、天津两大城市的郊区现代化农业发达，农业规模化程度较高，农地流转速度快且相对稳定；河北和山西两省份是传统的农业大省，内蒙古地广人稀，都在不同程度地选择不同方式发展现代农业，相对于全国而言，可从近距离考察农地流转情况。

　　（一）农地经营利用现状

　　农地经营利用情况主要包括农地经营的规模化程度、物质装备水

---

　　① 王德福、桂华：《大规模农地流转的经济与社会后果分析》，《华南农业大学学报》（社会科学版）2011年第2期。

平、劳动力转移情况等，这些是农地流转的背景条件。

1. 农地经营规模化程度

按照农地经营面积，将农户划分为经营农地 10 亩以下的农户、经营农地 10—30 亩的农户、经营农地 30—50 亩的农户、经营农地 50—100 亩的农户、经营农地 100—200 亩的农户、经营农地 200 亩以上的农户。2011 年华北地区不同经营规模农户的数量情况见表 3－5。

表 3－5　　华北各省（市、区）不同规模农地经营户数量统计 单位：万户

| 经营规模 | 全国 | 华北地区 | | | | | |
| --- | --- | --- | --- | --- | --- | --- | --- |
| | | 北京 | 天津 | 河北 | 山西 | 内蒙古 | 合计 |
| 10 亩以下 | 22659.3 | 138.6 | 123.2 | 1302.3 | 591.5 | 122.2 | 2277.8 |
| 10—30 亩 | 2819.3 | 5.1 | 8.3 | 197.7 | 137.9 | 146.8 | 495.8 |
| 30—50 亩 | 611.4 | 0.4 | 0.5 | 43.4 | 33.8 | 85.5 | 163.6 |
| 50—100 亩 | 197.1 | 0.2 | — | 4.1 | 8.4 | 35.1 | 47.8 |
| 100—200 亩 | 53.2 | 0.1 | | 1.1 | 2.4 | 7.7 | 11.3 |
| 200 亩以上 | 25.7 | 0.1 | | 0.3 | 1.8 | 2.3 | 4.5 |

资料来源：《全国农村经营管理统计资料》（2011）。

华北地区农地经营规模化程度略高于全国平均水平，但规模化水平仍然较低，经营农地 10 亩以下的农户所占比重高达 75.91%，经营农地 10—100 亩的农户比重不足 24%，经营农地 100 亩以上的农户比重仅为 0.53%。全国与华北地区不同农地经营规模农户所占比重见图 3－6。

华北地区农地经营规模化程度比全国平均水平高的主要原因是华北地区户均农地资源相对较多。2011 年华北地区户均农地面积 0.61 公顷（9.12 亩），而全国户均农地面积仅为 0.37 公顷（5.58 亩）；华北地区除北京、天津外，河北、山西、内蒙古户均农地面积均高于全国平均水平，内蒙古户均农地面积高达 1.68 公顷（25.14 亩）。

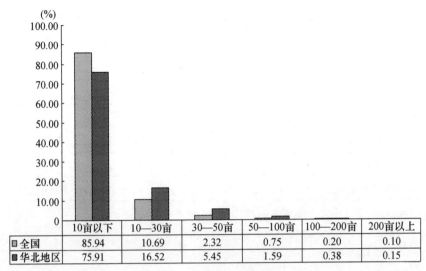

| | 10亩以下 | 10—30亩 | 30—50亩 | 50—100亩 | 100—200亩 | 200亩以上 |
|---|---|---|---|---|---|---|
| 全国 | 85.94 | 10.69 | 2.32 | 0.75 | 0.20 | 0.10 |
| 华北地区 | 75.91 | 16.52 | 5.45 | 1.59 | 0.38 | 0.15 |

■全国 ■华北地区

**图3-6 华北地区不同规模农地经营户所占比重**

**2. 农地经营物质装备水平**

选取农业机械总动力、耕种收综合机械化水平及新增农田有效灌溉面积3个指标反映农地经营的物质装备水平。农业机械总动力和耕种收综合机械化水平是评价、衡量农业机械化发展水平的重要指标。有效的灌溉面积是反映农地抗旱能力和灌溉水平的重要指标。《全国现代农业发展规划（2011—2015年）》，针对农业机械总动力、耕种收综合机械化水平、新增农田有效灌溉面积等农业物质装备水平提出明确的发展目标，到2015年，全国农业机械总动力达到10亿千瓦，农作物耕种收综合机械化水平达到60%，新增农田有效灌溉面积266.67万公顷。"十二五"期间，主要农业物质装备发展指标见表3-6。

（1）农业机械总动力。农业机械总动力是指用于农、林、牧、渔业的全部机械的额定功率之和。2012年全国农业机械总动力102559.00万千瓦，较2010年增长10.54%。华北地区农业机械总动力较2010年增长4.99%，各地区除北京、天津略有下降外，河北、山西、内蒙古农业机械总动力分别增长 3.97%、8.79% 和 8.14%。全国及华北地区各省（市、区）农业机械总动力见表 3-7。

表 3-6         "十二五"期间主要农业物质装备发展指标

| 指　标 | 2010 年 | 2015 年 | 年均增长（%） |
|---|---|---|---|
| 农机总动力（亿千瓦） | 9.2 | 10 | 1.68 |
| 耕种收综合机械化水平（%） | 52 | 60 | [8] |
| 新增农田有效灌溉面积（万公顷） | | | [266.67] |

注：括号"［ ］"内数字为五年累计数。

资料来源：《全国现代农业发展规划（2011—2015）》。

表 3-7         华北地区各省（市、区）农业机械总动力     单位：万千瓦

| 年份 | 全国 | 华北地区 | | | | | |
|---|---|---|---|---|---|---|---|
| | | 北京 | 天津 | 河北 | 山西 | 内蒙古 | 合计 |
| 2010 | 92780.50 | 276.00 | 587.80 | 10151.30 | 2809.20 | 3033.60 | 16857.90 |
| 2011 | 97734.70 | 265.20 | 583.90 | 10349.20 | 2927.30 | 3172.70 | 17298.30 |
| 2012 | 102559.00 | 241.10 | 568.10 | 10553.80 | 3056.10 | 3280.60 | 17699.70 |

资料来源：《中国统计年鉴》（2011—2013）。

（2）耕种收综合机械化水平。耕种收综合机械化水平是机耕、机播、机收水平的综合表现，机耕、机播、机收所占比重分别为 40%、30% 和 30%。农作物耕种收综合机械化水平测算公式为：

$$R = 0.4R_1 + 0.3R_2 + 0.3R_3$$

式中，$R$ 为耕种收综合机械化水平；$R_1$ 为机耕水平；$R_2$ 为机播水平；$R_3$ 为机收水平。

根据测算，2012 年华北地区各省（市、区）耕种收综合机械水平，除山西省外，均高于全国平均水平。北京、天津、河北、内蒙古耕种收综合机械化水平，分别为 70%、75.73%、61.47% 和 73.2%。2012 年全国及华北地区各省（市、区）耕种收综合机械化水平见表 3-8。

表 3 - 8　华北地区各省（市、区）耕种收综合机械化水平（2012 年）

单位：%

| 地区 | $R_1$ | $R_2$ | $R_3$ | R |
|------|-------|-------|-------|---|
| 全国 | — | — | — | 57 |
| 北京 | — | — | — | 70 |
| 天津 | 99.22 | 80.6 | 39.34 | 75.73 |
| 河北 | 61.50 | 75.00 | 47.9 | 61.47 |
| 山西 | — | — | — | 54.50 |
| 内蒙古 | 90 | 80 | 44 | 73.2 |

资料来源：各省份统计局、农机局提供；天津市为 2011 年数据，山西根据政府网（2011 年数据 51%）及财政厅公布数据（2015）测算。

　　农业部关于《农业机械化水平评价》将农业机械化发展分为初级、中级和高级阶段，耕种收综合机械化水平是最重要的评价指标。农业机械化初级阶段，耕种收综合机械化水平小于 40%，农业机械化中级阶段，耕种收综合机械化水平为 40%—70%，农业机械化高级阶段，耕种收综合机械化水平大于 70%。根据此标准，华北地区机械化水平整体处于高水平的中级发展阶段，北京、天津、内蒙古处于突破中级阶段，达到高级发展阶段。

　　农业机械化发展到中级阶段，农业机械产品将逐步向高性能、低能耗方向发展。由投入型增长向效益型增长转变，农业机械总动力可能会出现下降的趋势。如北京农业机械化发展到中级阶段以后，随着耕种收综合机械化水平不断提高，农业机械总动力呈现缓慢下降的趋势。2003—2007 年北京市机械总动力与耕种收综合机械化水平趋势见图 3 - 7。

　　农业机械化水平的不断发展，极大地提高了农业生产的效率，降低了劳动强度，释放了大量的劳动力，加快了农业生产的产业化、规模化为农地流转提供了条件。

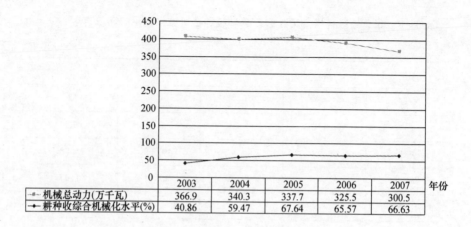

| 年份 | 2003 | 2004 | 2005 | 2006 | 2007 |
|---|---|---|---|---|---|
| 机械总动力(万千瓦) | 366.9 | 340.3 | 337.7 | 325.5 | 300.5 |
| 耕种收综合机械化水平(%) | 40.86 | 59.47 | 67.64 | 65.57 | 66.63 |

**图3-7 北京市机械总动力与耕种收综合机械化水平趋势**

（3）新增农田有效灌溉面积。从全国范围看，新增农田有效灌溉面积速度较快，根据《全国现代农业发展规划（2011—2015）》，2015年新增农田有效灌溉面积发展目标为2666.7千公顷，而2012年全国新增农田有效灌溉面积为2688.7千公顷，增长速度较2010年提高4.46%。从华北地区各省（市、区）看，虽然北京、天津新增农田有效灌溉面积出现小幅负增长，但华北地区新增农田有效灌溉面积总体上呈增长趋势，2012年，华北地区有效灌溉面积9591.90千公顷，较2010年新增农田有效灌溉面积186.2千公顷，增长速度为1.98%。

表3-9　　　　　　华北地区各省（市、区）有效灌溉面积　　　单位：千公顷

| 年份 | 全国 | 华北地区 | | | | | |
|---|---|---|---|---|---|---|---|
| | | 北京 | 天津 | 河北 | 山西 | 内蒙古 | 合计 |
| 2010 | 60347.70 | 211.40 | 344.60 | 4548.00 | 1274.20 | 3027.50 | 9405.70 |
| 2011 | 61681.60 | 209.30 | 338.00 | 4596.60 | 1319.90 | 3072.40 | 9536.20 |
| 2012 | 63036.40 | 207.50 | 337.00 | 4603.10 | 1319.10 | 3125.20 | 9591.90 |

资料来源：根据《中国统计年鉴》（2011—2013）整理。

3. 农村劳动力转移情况

2011年，华北地区农村人口为10076.60万，农村劳动力为

5817.70万人，其中，从事第一产业（农林牧渔业）生产活动的劳动力为2350.40万人，占农村劳动力的40.40%，与全国平均水平相当（全国同期所占比重为40.67%）。华北地区外出务工人员所占农村劳动力比重远低于全国平均水平，2011年华北地区外出务工（全年累计3个月以上）的农村劳动力1588.00万人，常年外出务工（全年累计6个月以上）的农村劳动力为1184.50万人，占农村劳动力比重分别为27.30%和20.36%，而全国外出务工和常年外出务工农村劳动力所占比重分别为38.04%和30.54%。

表3-10　华北地区各省（市、区）农村劳动力转移情况（2011年）

单位：万人

| 地区 | 汇总人口数 | 汇总劳动力数 | 从事第一产业 | 外出务工 | 常年外出务工 |
|------|-----------|-------------|-------------|---------|-------------|
| 全国 | 95009.70 | 55169.80 | 22437.90 | 20988.70 | 16846.60 |
| 华北地区 | 10076.60 | 5817.70 | 2350.40 | 1588.00 | 1184.50 |
| 北京 | 317.80 | 186.90 | 41.80 | 14.70 | 12.30 |
| 天津 | 396.30 | 205.50 | 71.70 | 47.30 | 32.40 |
| 河北 | 5551.40 | 3379.60 | 1284.10 | 874.80 | 624.70 |
| 山西 | 2405.40 | 1253.20 | 541.90 | 359.70 | 282.80 |
| 内蒙古 | 1405.70 | 792.50 | 410.90 | 291.50 | 232.30 |

从增长趋势来看，随着农村劳动力总量的增长，从事第一产业、外出务工和常年外出务工农村劳动力均呈现增长趋势。从增长幅度来看，从事第一产业农村劳动力低于农村劳动力增长幅度，而外出务工和常年外出务工农村劳动力增幅均高于农村劳动力增幅。2011年农村劳动力、从事第一产业农村劳动力、外出务工农村劳动力、常年外出务工农村劳动力较2009年分别增长6.09%、3.30%、9.25%和12.19%。2009—2011年华北地区农村劳动力增长趋势见图3-8。

（二）农地流转情况

农地流转现状重点用农地流转规模与形式、流转方式与范围、流转期限与价格、流转规范与信息化等来反映。

1. 农地流转规模与形式

（1）农地流转规模。华北地区农地流转交易规模逐年增加，其中

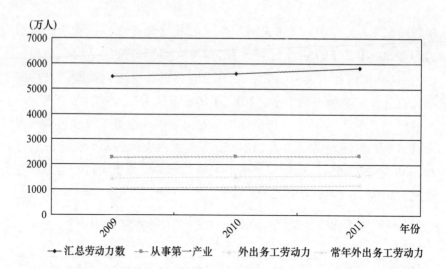

图 3 - 8　华北地区农村劳动力增长趋势（2009—2011 年）

2007 年至今，呈现流转交易规模增速加快趋势。从流转总量来看，2009 年较 2007 年农地流转面积增加 837472.7 公顷，2011 年较 2009 年增加 901917.9 公顷，从规模速度来看，2009 年较 2007 年农地流转增速 270.28%，2011 年较 2009 年增速 78.61%。从农地总量角度来看，流转面积所占比重仍然较小，2011 年流转占农地面积比重为 13.56%。2007—2011 年家庭承包经营农地及农地流转面积见表 3 - 11。

表 3 - 11　　　　　　　　华北地区农地流转规模　　　　　　单位：公顷、%

| 年份 | 全国 | | | 华北地区 | | |
|---|---|---|---|---|---|---|
| | 家庭承包经营农地面积 | 农地流转面积 | 流转占农地面积比重 | 家庭承包经营农地面积 | 农地流转面积 | 流转占农地面积比重 |
| 2007 | 81031798.47 | 4248225.07 | 5.24 | 13877687.13 | 309858.4 | 2.23 |
| 2009 | 84211834 | 10102735.13 | 12.00 | 14863370.33 | 1147331.1 | 7.72 |
| 2011 | 85156420.2 | 15195555.6 | 17.84 | 15113288.8 | 2049249.1 | 13.56 |

资料来源：《全国农村经营管理统计资料》（2007—2011）。

从全国范围来看，华北地区农地流转增速高于全国平均水平，全国 2009 年较 2007 年农地流转增速 137.81%，2011 年较 2009 年增速 50.41%。华北地区农地流转增速高主要缘于农地流转基数小，因此，从流转总量上看，2011 年，华北地区农地流转比重仍低于全国平均水平（17.84%）。

华北各省份农地流转呈现不均衡发展态势，但均低于全国平均水平。2011 年华北各省份农地流转所占比重如图 3-9 所示。

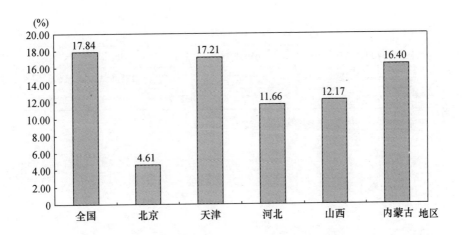

图 3-9　2011 年华北地区各省（市、区）农地流转所占比重

（2）农地流转形式。表 3-12 结果显示，转包、出租是华北五省（市、区）农地流转的主要形式。并据此可以计算出，2011 年华北地区以转包、出租形式流转农地分别占农地流转总面积的 53.18%、21.30%（全国转包、出租比例分别为 51.05% 和 27.07%），以转让、互换、股份合作等其他形式流转农地占农地流转总面积比例为 25.52%（全国比例为 21.88%）。

出租是农地流转中唯一未出现负增长，且增速高于农地流转总面积增速的流转形式。2003 年以来，以出租形式流转农地，无论是规模还是速度均呈上升趋势，且高于农地流转总面积增速。2009 年以出租形式流转农地增速为 164.15%，较农地流转总面积增速高 26.34%，2011 年以出租形式流转农地增速为 58.47%，较农地流转总面积增速高 8.06％。以出租形式农地流转增速与农地流转增速对比见图 3 - 10。

表 3 - 12　　　　　华北地区各省（市、区）农地流转形式　　　单位：公顷

| | 转包 | 转让 | 互换 | 出租 | 股份合作 | 其他形式 |
|---|---|---|---|---|---|---|
| 全国 | 7758053.00 | 672735.53 | 974467.13 | 4113162.53 | 847510.73 | 829626.67 |
| 华北地区 | 1158162.93 | 156156.80 | 137340.60 | 463855.00 | 57936.73 | 204396.93 |
| 北京 | 4147.60 | 2634.80 | 317.47 | 9190.33 | 168.40 | 126409.87 |
| 天津 | 27320.27 | 1860.13 | 471.93 | 15501.33 | 1917.13 | 8463.33 |
| 河北 | 340031.33 | 30049.20 | 61908.60 | 172422.67 | 16305.80 | 24371.73 |
| 山西 | 194428.87 | 12667.13 | 50792.20 | 80461.20 | 13886.80 | 31603.67 |
| 内蒙古 | 592234.87 | 108945.53 | 23850.40 | 186279.47 | 25658.60 | 13548.33 |

资料来源：《全国农村经营管理统计资料》（2011）。

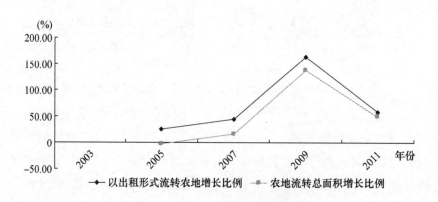

图 3 - 10　农地流转增速趋势

　　股份合作将农地承包经营权转化为股权，以股权参与经营和分配。囿于内外环境的限制，以股份合作形式流转农地规模总量较少，2011 年不足农地流转总量的 3％。股份合作是现代化农地经营的方式，其发展态势强劲。2009 年以股份合作形式流转农地较 2007 年增速 698.39％，2011 年以股份合作形式流转农地较 2009 年增速

173.86%，分别较农地流转总面积增速高 428.11% 和 84.04%。

2. 农地流转方式与范围

按照农地流转去向，分为农户→农户、农户→专业合作社、农户→企业、农户→其他主体四种流转方式。从总体上看，农户→农户仍是农地流转的主要方式，2011 年，华北地区流转入农户面积占流转总面积比重为 69.19%，高于同期全国平均水平。流转入专业合作社、企业和其他主体的面积占流转总面积比重相差不大，分别为 9.62%、8.47% 和 12.72%。全国范围内，流转入专业合作社、企业和其他主体面积占流转总面积比重分别为 13.40%、8.37% 和 10.59%。2011 年农地流转入农户、专业合作社、企业、其他主体面积所占比重见表 3－13。

表 3－13 　　　　　　　　　　农地流转的去向　　　　　　　　　单位：%

| 地区 | 流转入农户面积占流转总面积比重 | 流转入专业合作社面积占流转总面积比重 | 流转入企业面积占流转总面积比重 | 流转入其他主体面积占流转总面积比重 |
|------|------|------|------|------|
| 全国 | 67.63 | 13.40 | 8.37 | 10.59 |
| 华北地区 | 69.19 | 9.62 | 8.47 | 12.72 |
| 北京 | 28.62 | 6.59 | 17.61 | 47.18 |
| 天津 | 53.99 | 8.60 | 11.47 | 25.94 |
| 河北 | 68.91 | 12.33 | 8.44 | 10.31 |
| 山西 | 69.73 | 16.34 | 6.40 | 7.54 |
| 内蒙古 | 76.15 | 5.57 | 7.78 | 10.50 |

资料来源：根据《全国农村经营管理统计资料》（2011）整理所得。

农地流转范围以"熟人"间为主。转出土地的农户多是家庭劳动力不足的农户。转出土地首先考虑转给亲属、邻里或同族。在流转范围上，本村内流转占全部流转的 65% 左右；在流转主体间，"熟人"间特别是亲戚和朋友间的流转占全部的 59% 左右。"熟人"之间的流转存在"三小"特征，即流转范围小、流转规模小、流转前后土地经营方式变化小。是小农经济的简单复制，难以实现农地经营方式的根本改变。

3. 农地流转期限与价格

农地流转以"未约定流转期限"为主。在对河北省 100 个行政村农地流转情况调查中，流转农户未约定流转期限的占 53%，流转期为 1 年的占 20% 左右，1—5 年的占 15.7%，5 年以上的仅占 12% 左右。反映出农地流转以短期行为为主，以农户家庭经营为主，不利于农业经营方式转变和新型农业经营主体发展。

农地流转价格差异大且给付方式多样。在已发生的农地流转中，流转价格形成方式多以流转双方自行协商为主。价格的确定受当地经济发展水平和土地生产力水平影响，地区间和地块间差异较大，河北省农地流转价格 2011 年之前每亩在 300—1000 元，而 2012 年之后在很多地方出现了流转价格的急速增长，有的地方已经达到每亩 1500 元，甚至更多。流转价格的支付方式也多种多样，以货币方式按年一次性支付租金的占 63% 左右，逐年用实物和货币支付的占 18% 左右，其他方式占比较小。

4. 农地流转规范与信息化

（1）农地流转规范。2001 年，《中共中央关于做好农户承包地使用权流转工作的通知》提出，政府要加强对农地流转合同签订、变更及解除的指导。2002 年，《农业部关于落实〈中共中央关于做好农户承包地使用权流转工作的通知〉的通知》指出，农地流转合同要明确流转形式、流转土地状况（坐落、面积、质量、用途等）、期限、费用标准及支付方式、当事双方权利义务、违约责任等。2003 年实施的《中华人民共和国农村土地承包法》，进一步明确了农地流转合同具体条款，包括流转土地的双方当事人的姓名、住所，流转土地的名称、坐落、面积、质量等级，流转的期限和起止日期，流转土地的用途，双方当事人的权利和义务，流转价款及支付方式和违约责任七方面内容。2005 年《农村土地承包经营权流转管理办法》，在完善流转合同内容的基础上（新增流转土地的四至、流转合同到期后地上附着物及相关设施的处理），明确了承包方委托发包方或中介服务组织流转土地时，承包方签署流转合同的主体地位。

在农地流转过程中，农户与受让方签订流转合同的份数和面积逐

年增加。2011 年华北地区签订农地流转合同 25207883 份，签订流转
合同的农地流转面积为 9289421.73 公顷，分别较 2009 年增长
47.08% 和 72.91%，高于全国同期平均水平，全国范围内签订农地流
转合同份数与签订合同的农地流转面积分别较 2010 年增长 24.87%
和 31.54%。

表 3 – 14　　　　　　　农地流转合同签订状况　　　单位：份、公顷、%

| 年份 | 签订农地流转<br>合同份数 | 签订流转合同的<br>农地流转面积 | 签订农地流转合同的<br>农地占流转总面积比重 |
|---|---|---|---|
| 2003 | 5282106 | — | — |
| 2005 | 9279135 | — | — |
| 2007 | 12826179 | — | — |
| 2009 | 17138546 | 5372537.07 | 53.18 |
| 2011 | 25207883 | 9289421.73 | 61.13 |

资料来源：《全国农村经营管理统计资料》（2003—2011）。

（2）农地流转信息化。农地流转信息化平台建设，对于市场供需
双方公开公平交易，提高农地流转效率、减少农地流转纠纷具有重要
的意义。2011 年华北地区仅北京市实现省级农地流转信息化平台建
设，河北、山西各有一市实现农村土地承包流转信息网上发布并及时
更新。2011 年华北地区各省（市、区）实现农村土地承包流转信息
网上发布并及时更新情况见表 3 – 15。

表 3 – 15　　　华北地区各省（市、区）农地流转信息化现状

| 地区 | 省 | 市 | 县 | 乡（镇） |
|---|---|---|---|---|
| 北京 | 1 | | 14 | 193 |
| 天津 | | | 9 | 145 |
| 河北 | | 1 | 11 | 39 |
| 山西 | | 1 | 51 | 252 |
| 内蒙古 | | | 7 | 11 |

资料来源：《全国农村经营管理统计资料》（2011）。

(三) 农地流转风险形势

华北地区的农地流转风险是多种风险因素综合作用的结果，主要包括粮食安全风险、社会稳定风险、政策环境风险、农民权益保障风险等。

1. 粮食安全风险

世界粮农组织于 1983 年提出了粮食安全的概念，即"确保所有的人在任何时候既能买得到又能买得起所需要的基本食品。可见，粮食安全的关键是生产供应所有人口所需的粮食，而确保生产和供应足够的粮食，最根本的是要保护农地的粮食生产能力。粮食安全风险是指农地流转过程中影响粮食生产能力的各种风险。

非粮化是粮食生产安全风险的重要体现。由于粮食种植业比较效益较低，因此大多农地流入者为了实现经济效益的最大化，都不再从事粮食种植，而更倾向于把集中的农地用于从事收益较高的经济作物种植或休闲农业等。根据农业部统计，近年来，华北地区农地流转后用于种植粮食作物的面积所占比重呈逐年下降趋势，2009—2011 年华北地区农地流转后用于种植粮食作物面积所占比重由 58.25% 下降为 53.49%，而同期全国农地流转后用于种植粮食作物面积所占比重由 2009 年的 55.51% 下降为 54.74%。从华北地区各省（市、区）看，2009—2011 年天津、河北农地流转后用于种植粮食作物面积所占比重呈上升趋势，分别由 27.27%、34.46% 上升为 36.21% 和 44.23%；2009—2011 年北京、山西、内蒙古农地流转后用于种植粮食作物面积所占比重均呈下降趋势，分别由 20.45%、63.47% 和 78.13% 下降为 14.43%、50.06% 和 68.03%。华北地区各省（市、区）农地流转后用于种植粮食作物比重趋势（2009—2011 年）见图 3–11。

2011 年，华北地区农地流转总面积为 217.78 万公顷，流转后未种植粮食作物面积为 101.30 万公顷，流转后非粮化比重为 46.51%，高于同期国家非粮化水平。从华北地区各省（市、区）看，除内蒙古以外，其他省份流转后农地非粮化比重均高于全国平均水平，北京、天津非粮化比重更是高达 85.57% 和 63.79%。全国及华北各省份农地流转后非粮化情况（2011 年）见表 3–16。

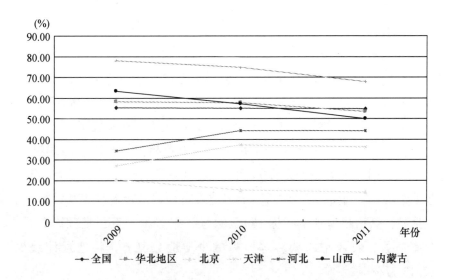

图 3 – 11　华北地区各省（市、区）农地流转后用于
种植粮食作物比重趋势（2009—2011 年）

表 3 – 16　　华北地区各省（市、区）农地流转后非粮化情况（2011 年）

单位：万公顷、%

| 地区 | 农地流转总面积 | 流转后非粮化面积 | 流转后非粮化比重 |
|---|---|---|---|
| 全国 | 1519.556 | 687.74 | 45.26 |
| 北京 | 14.28686 | 12.22 | 85.57 |
| 天津 | 5.553413 | 3.54 | 63.79 |
| 河北 | 64.50893 | 35.97 | 55.77 |
| 山西 | 38.38399 | 19.17 | 49.94 |
| 内蒙古 | 95.05172 | 30.39 | 31.97 |

资料来源：根据《全国农村经营管理统计资料》（2011）整理。

　　耕地减少是影响粮食生产安全的另一重要因素。从国家政策层面来看，实行最严格的耕地保护制度，严守 18 亿亩耕地保护"红线"，确保实有耕地面积基本稳定，2013 年 12 月公布的第二次全国土地调查数据，显示我国耕地面积有所增加，也验证了政策的有效性，但耕地减少趋势和耕地保护形势仍然很严峻。根据国土资源部统计数据显示，"十五"期间，全国建设占用耕地 109.4 万公顷，土地整治新增耕地 142.67 万公顷，因灾毁、生态退耕、农业结构调整等原因减少耕地 649.27 万公顷，增减相抵，全国耕地净减少 616 万公顷，年均减少 41.07 万公顷。"十一五"期间，全国建设占用耕地 114.47 万公顷，土地整治新增耕地 131.13 万公顷，因灾毁、生态退耕、农业结构调整等原因减少耕地 57.13 万公顷，增减相抵，全国耕地净减少 40.47 万公顷，年均减少 8.09 万公顷。根据《国土资源"十二五"规划纲要》，"十二五"期间，全国建设占用耕地控制在 120 万公顷，土地整治新增耕地预期指标 160 万公顷，按"十一五"期间因灾毁、生态退耕、农业结构调整等原因减少耕地数测算，耕地预计减少 17.13 万公顷。

2011 年，华北地区新增建设用地 59492.63 公顷，其中农用地转用 46713.40 公顷、耕地转用 27265.31 公顷，耕地转用占新增建设用地比重为 45.83%，略低于全国平均水平（50.72%），从华北地区各省（市、区）看，北京、内蒙古耕地转用占新增建设用地比重均低于全国平均水平，分别为 49.12% 和 24.18%，天津、河北、山西均高于全国平均水平，分别为 60.14%、55.02%、64.78%。

表 3 - 17  华北地区各省（市、区）新增建设用地及占用耕地情况（2011 年）

单位：个、公顷

| 地区 | 新增建设用地 | 农用地转用 | 耕地转用 |
|------|------------|-----------|---------|
| 全国 | 498862.10 | 410538.55 | 253021.01 |
| 北京 | 1030.15 | 1009.96 | 506.00 |
| 天津 | 5887.87 | 5657.52 | 3541.15 |
| 河北 | 17444.32 | 13495.46 | 9597.38 |
| 山西 | 12622.82 | 10575.32 | 8177.66 |
| 内蒙古 | 22507.47 | 15975.14 | 5443.12 |

资料来源：《中国国土资源年鉴》（2012）。

违法用地是减少耕地面积的另一重要原因。从全国范围来看，

2011 年全国土地违法 70212 件，涉及土地面积 50073.57 公顷，其中涉及耕地面积 17596.02 公顷；从华北地区看，2011 年土地违法 6599 件，涉及土地 7693.55 公顷，其中涉及耕地 2807.10 公顷。2011 年华北地区各省（市、区）土地违法案件及涉及耕地情况见表 3－18。

表 3－18　　华北地区各省（市、区）土地违法案件及涉及耕地情况（2011 年）

单位：件、公顷

| 地区 | 件数 | 涉及土地 | 涉及耕地 |
|------|------|----------|----------|
| 北京 | 1081 | 1243.45 | 182.20 |
| 天津 | 442 | 156.07 | 47.85 |
| 河北 | 2654 | 1801.19 | 1010.52 |
| 山西 | 1671 | 2934.99 | 1310.52 |
| 内蒙古 | 751 | 1557.85 | 256.01 |

资料来源：《中国国土资源年鉴》（2012）。

从全国范围来看，违法用地的形式包括买卖和非法转让、破坏耕地、非法占地、非法批地、低价出让土地和其他六种形式。但从华北地区看，买卖和非法转让、破坏耕地、非法占地是违法用地的主要形式。按照土地违法案件查处的进程，可将违法用地划分为上年未结案件、本年立案、本年结案和本年未结案件四类。从违法形式的角度选择本年立案的土地违法案件进行分析，非法占地是华北地区违法用地最主要的形式，2011 年，非法占地涉及耕地 1162.71 公顷，占全部违法用地涉及耕地面积比重的 96.21%；买卖和非法转让、破坏耕地涉及耕地面积分别为 0.77 公顷、45.08 公顷，所占比重分别为 0.06%、3.73%。2011 年华北地区各省（市、区）土地违法案件涉及耕地面积——按违法形式分列见表 3－19。

无论是华北地区，还是全国范围，土地违法主体主要包括省、市、县、乡机关、村（组）集体、企事业单位和个人七类。从违法主体看，企事业单位和个人是土地违法重要的主体，分别占土地违法总量的 61.00% 和 21.56%；省、市、县、乡机关和村（组）集体也存

**表 3 - 19   华北地区各省（市、区）土地违法案件涉及耕地面积**

**（按违法形式分类，2011 年）**　　　　单位：公顷

| 地区 | 买卖或非法转让 | 破坏耕地 | 非法占地 |
|------|------|------|------|
| 北京 | | 1.29 | 45.90 |
| 天津 | | | 29.35 |
| 河北 | | 43.27 | 755.71 |
| 山西 | 0.16 | 0.19 | 263.61 |
| 内蒙古 | 0.61 | 0.33 | 68.14 |

资料来源：《中国国土资源年鉴》（2012）。

在违法用地行为，分别占土地违法总量的 10.83% 和 6.61%。2011 年全国土地违法案件涉及耕地面积——按违法主体分列见表 3 - 20。

**表 3 - 20   全国土地违法案件涉及耕地面积（按违法主体分类，2011 年）**

单位：公顷

| 土地违法形式 | 省级机关 | 市级机关 | 县级机关 | 乡级机关 | 村（组）集体 | 企事业单位 | 个人 |
|------|------|------|------|------|------|------|------|
| 买卖或非法转让 | | | | 0.60 | 13.80 | 0.52 | 5.16 |
| 破坏耕地 | | | 0.77 | 2.93 | 5.72 | 103.17 | 122.79 |
| 非法占地 | 194.91 | 56.38 | 202.74 | 266.97 | 423.22 | 3982.27 | 1316.45 |
| 合计 | 194.91 | 56.38 | 203.51 | 270.50 | 442.74 | 4085.96 | 1444.40 |

资料来源：《中国国土资源年鉴》（2012）。

## 2. 社会稳定风险

农地作为自然资源，具备生产资料功能，但其社会保障功能更为重要。《农村土地承包法》以法律的形式明确提出"国家保护承包方依法、自愿、有偿地进行土地承包经营权流转"。农地流转是一种市场现象，但基层政府往往出于政绩需要，以行政手段参与农地流转，削弱了公平交易的基础，因而会引起诸多矛盾，形成了社会稳定的潜在风险。社会不稳定风险主要是指在农村土地承包经营权转包、出租、互换、转让、股份合作等流转过程中，发生纠纷，影响农村社会

的和谐稳定性。

随着农地流转规模的增长，农地流转纠纷呈逐年上升趋势，2009—2011 年，华北地区农地流转纠纷由 3023 件上升至 4721 件。考虑到农地流转面积，纠纷相对数呈下降趋势，2009—2011 年，华北地区农地流转每万公顷纠纷发生数由 26.35 件下降为 21.68 件。

表 3－21　　　　华北地区农地流转纠纷情况（2009—2011 年）

单位：万公顷、件

| 年份 | 农地流转面积 | 农地流转纠纷 | 每万公顷流转中的纠纷 |
|------|------------|------------|-------------------|
| 2009 | 114.73 | 3023 | 26.35 |
| 2010 | 167.61 | 3586 | 21.39 |
| 2011 | 217.78 | 4721 | 21.68 |

资料来源：《全国农村经营管理统计资料》（2009—2011）。

按农地流转纠纷发生的主体不同，将农地流转纠纷划分为农户之间的纠纷、农户与村组集体之间的纠纷、农户与其他主体之间的纠纷，其他主体主要是指除农户、村组集体以外的政府机关和企事业单位。从华北地区范围来看，农地流转纠纷主要发生在农户之间，2011 年农户之间的纠纷所占比重为 77.74%，而同期全国农户之间纠纷所占比重为 74.30%。从华北地区各省（市、区）看，经济发展迅速的省份，农户与非农户之间的纠纷占绝对比重，北京农地纠纷发生在农户和村组集体之间的比重为 61.22%，发生在农户与其他主体之间的纠纷为 27.23%；天津农地纠纷发生在农户和村组集体之间的比重为 64.10%；河北、山西、内蒙古农地流转纠纷主要发生在农户与农户之间纠纷所占比重分别为 83.50%、86.56%、91.93%。2011 年全国及华北地区各省（市、区）不同主体之间农地流转纠纷情况见表 3－22。这些均是农村社会不稳定的潜在风险。

3. 政策环境风险

政策环境风险是指农地流转中因政策法规的缺失或与现行法律相抵触引起市场波动，从而给农地流转相关主体带来风险。农地流转

表 3 – 22        华北地区各省（市、区）农地流转纠纷情况

（按不同主体分类，2011 年）        单位：件

| 地区 | 农地流转纠纷 | 农户与农户之间 | 农户与村组集体之间 | 农户与其他主体之间 |
|------|------|------|------|------|
| 全国 | 67683 | 50291 | 9578 | 7814 |
| 北京 | 459 | 53 | 281 | 125 |
| 天津 | 78 | 28 | 50 | —— |
| 河北 | 2612 | 2181 | 293 | 138 |
| 山西 | 692 | 599 | 75 | 18 |
| 内蒙古 | 880 | 809 | 47 | 24 |

资料来源：根据《全国农村经营管理统计资料》（2011）整理。

政策环境风险主要体现在两个方面：第一，新政策缺乏规范具体的实施办法；第二，新政策与现行法律相抵触。党的十八届三中全会和2014 年"中央一号文件"提出，"赋予农民对农地承包经营权的抵押权"，华北地区的山西省 27 个县、北京市平谷区陆续开展农地抵押贷款试点，从理论上讲，农地抵押贷款是解决农地流转中的资金"瓶颈"的重要途径，但从操作层面来看，规范具体的农地抵押实施办法还未出台。另外，农地抵押政策与现行《担保法》"农地不得抵押"相抵触。规范具体的实施办法和政策转化为法律均需一定的程序和时间，在相关的法律法规尚未明确的情况下，农地价值如何确认，借贷纠纷产生后农地经营权如何变现处置等现实问题，均会使农地经营者与金融机构面临一定的风险。

4. 农民权益保障风险

农民权益保障风险是指农地流转及经营活动所引起的农民权益损失，主要表现为农地"被流转"、农地非法经营、农地掠夺性经营、农地经营损失转嫁，损害农民权益。

农地"被流转"，往往表现为政府或集体组织行政推动，违背农民意愿开展农地流转。在实地调查中，农地流转中，非自愿流转农户比例为 12%，均为村集体或乡镇政府出于规模经营发展现代农业的目的实施的强制性的流转，虽然这部分土地的流转价格相对较高，每亩

年均达到了 750 元或以上，但一些无其他技术能力的农民仍然愿意保留土地自己耕种。

农地非法经营主要表现为农地流转后改变了用地性质。由于农地流转缺乏监管，调研中发现存在非法经营现象，如一些山区将流转后农地作为矿石选料场，流转期满后农地难以恢复，一些平原区在基本农田种植树苗，严重影响地力。由于农地流转的短期行为特征（调研数据显示，租期 5 年及以上的仅为 12%），即使合法进行种植业经营的转入者，也往往对农地进行掠夺式的经营。

农地经营是经济再生产与自然再生产密切结合的过程，其受自然条件和市场环境约束明显，农地流转后经营规模的扩大，使自然灾害风险损失的范围更加集中，加之农产品价格上涨利润空间不断下降的市场环境趋势，都会损害农地转入者的经济收益，影响其持续经营能力。农地转入者往往将经济损失转嫁，表现为不按时按量地支付地租，进而影响农民权益。

5. 风险清单

根据对华北地区五省（市、区）农地流转具体风险表现的分析，结合农地流转风险表现与产生的一般性原则，构建了农地流转风险清单。见表3－23。

**表 3 － 23　　　　　　　　华北地区农地流转风险清单**

| 风险类别 | 具体表现 | 备注 |
|---|---|---|
| 粮食安全风险 | 非粮化 | 农地转入方为了实现经济效益的最大化，大多不再从事粮食种植，而更倾向于把集中的农用地用于从事收益较高的经济作物种植或休闲农业。2011 年华北地区农地流转后非粮化比重为 46.51%，北京、天津非粮化比重更是高达 85.57% 和 63.79%，因灾毁、生态退耕、农业结构调整、建设用地占用导致耕地减少。2011 年，华北地区耕地转用占新增建设用地比重为 45.83%，天津、河北、山西比重分别为 60.14%、55.02%、64.78% |
| | 非农化 | |

续表

| 风险类别 | 具体表现 | 备注 |
|---|---|---|
| 社会稳定风险 | 农户农户之间纠纷 | 华北地区农地流转纠纷主要发生在农户与农户之间，2011 年农户与农户之间的纠纷所占比重为 77.74%；经济发展迅速的省（市），农户与非农户之间的纠纷占绝对比重，北京农地纠纷发生在农户和村组集体之间的比重为 61.22%，发生在农户与其他主体之间的纠纷为 27.23%；天津农地纠纷发生在农户和村组集体之间的比重为 64.10% |
| | 农户与非农户纠纷 | |
| 政策环境风险 | 政策缺失 | 农地流转中因政策法规的缺失或与现行法律相抵触引起市场波动，从而给农地流转相关主体带来的风险。华北地区的山西省 27 个县、北京市平谷区陆续开展农地抵押贷款试点，但在相关的法律法规尚未明确的情况下，农地价值如何确认，借贷纠纷产生后农地经营权如何变现处置等现实问题，均会使农地经营者与金融机构面临一定的风险 |
| | 政策抵触 | |
| 农民权益保障风险 | 农地"被流转" | 农民权益保障风险是指农地流转及经营活动所引起的农民权益损失，主要表现为农地"被流转"、农地非法经营、农地掠夺性经营、农地转入者经济损失转嫁，损害农民权益 |
| | 农地非法经营 | |
| | 农地掠夺性经营 | |
| | 农地经营损失转嫁 | |

## 三　河北省形势分析：农地流转的微观考察

对华北地区五省（市、区）农地流转情况的分析可知，机械化程度提高促使农村劳动力减少，由机械替代出的剩余劳动力在获得承包地流转租金后，离农进城务工又获得一份并不稳定的工作。农业既实现了规模经营，又能保障农地流转后农民收入权益，流转是合理的。但农地流转形式多样，流转程序中的各种不规范和流转后对土地用途的监管不力，便出现了粮食安全、社会稳定、市场需求、政策与生态环境及经济权益等多种风险。为探求农地流转风险存在和产生原因，本章从微观层次对河北省农地流转进行了剖析。

（一）河北省农地流转现状

1. 农地小规模流转为主

作为传统产粮区的河北省，农地流转交易总体尚处于起步阶段，流转规模和增速不仅低于经济发达省区的水平，而且低于全国的平均水平。流转规模偏小，涉及农户数少，是目前农地流转最显著的特征。截至2011年年底，河北省农地流转面积为967.6万亩，占承包经营耕地的11.66%，低于全国17.84%的平均水平。但在山东等周边省份农地流转实践"羊群效应"的影响下，有组织、有规模的农地流转越发增多，从表3-24中可以看出，2007年以前河北省的农地流转发生率一直低于2%，从2008年起农地流转速度开始加快。

表3-24　　　2005—2011年全国及河北省农地流转规模　单位：万亩、%

| 年份 | 全国 | 占承包地比重 | 河北省 | 占承包地比重 |
|---|---|---|---|---|
| 2005 | 5469.2 | 4.41 | 109.5 | 1.02 |
| 2006 | 5551.2 | 4.57 | 146.5 | 1.24 |
| 2007 | 6372.3 | 5.20 | 238.6 | 1.55 |
| 2008 | 10600.2 | 8.72 | 272.5 | 4.25 |
| 2009 | 12359.6 | 10.12 | 378.3 | 4.80 |
| 2010 | 18668. | 14.65 | 663.6 | 8.00 |
| 2011 | 22793.3 | 17.84 | 967.6 | 11.66 |

资料来源：《全国农村经营管理统计资料》（2010，2011），其他年份数据来自《中国农村统计年鉴》。

2. 农地流转方式多样

农地流转主要有五种方式，即转包、出租、互换、转让、入股和抵押。截至2011年年底，河北省土地流转967.6万亩，其中转包方式510.0万亩，转让方式45.1万亩，互换92.9万亩，出租258.6万亩，股份合作24.5万亩，其他方式36.6万亩。[①] 可见，流转呈现出以转包、出租为主的态势，占79.43%，土地入股、土地合作等形式

① 《全国农村经营管理统计资料》（2011）。

有所发展，各种流转方式所占比重见图 3 – 12。

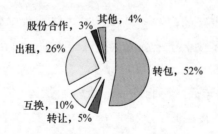

**图 3 – 12   2011 年河北省土地承包经营权流转方式构成**

注：因取整数，百分比之和不等于 100%。

　　从实地调研的 539 个样本农户中，发生农地流转农户为 51 户，流转发生率为 9.46%。其中，以转包为流转方式的农户有 18 户，占 35.29%；以出租为流转方式的有 13 户，占 25.49%；以股份合作为流转方式的有 10 户，占 19.61%；以互换为流转方式的有 5 户，占 9.80%；以代耕为流转方式的有 4 户，占 7.84%；另有 1 户由于举家迁出农村采取转让方式，占 1.96%。转包、出租、入股为河北省当前农地流转的主导形式。

　　3. 农户对农地流转意愿

　　农户农地流转意愿受家庭收入结构、人均耕地状况、生活保障状况、农户自身受教育程度等因素的综合影响。其中，家庭收入结构，即非农就业收入在总收入中所占比重是流转意愿最为重要的影响因素之一。河北省是农业大省，在 1868.23 万户农村常住户中，有 1292.61 万户为纯粹的农业生产经营户，占 69% 的绝对优势。以农业为主的家庭收入结构致使农民的农地流转意愿普遍偏低。在被调查的 539 户农户样本中，关于"是否愿意将土地流转出去"的问题，有 264 户农户回答"不愿意"，占 48.98%；83 户农户回答"愿意流转一部分，不会流转全部"，占 15.40%，仅有 192 户农户回答"愿意"，占 35.62%。在 264 户回答不愿意流转承包经营权的农户中，绝大多数人认为，土地是家庭最主要的经济来源和口粮保障；而在 192

户回答"愿意"和 83 户回答"愿意流转一部分，不会流转全部"的农户中，家庭劳动力不足是愿意将土地承包经营权流出的主要原因。具体见表 3-25 和表 3-26。由于非农收入来源的不稳定，农民对于承包地"惜转"情况较为普遍，即使是非农就业收入比较充裕的承包户也存在"惜转"心理。"惜转"导致宝贵的耕地资源低效利用和浪费，也阻碍了现代农业发展的步伐。

表 3-25　　264 户不愿意流转承包经营权的样本农户具体原因

单位：户、%

| | 样本数 | 比例 |
|---|---|---|
| 不愿意流出土地的样本小计 | 264 | 100 |
| 不愿意流出土地的原因 | — | — |
| 1. 土地是口粮及其他生活保障 | 174 | 65.9 |
| 2. 无其他经济来源或其他经济来源不稳定 | 63 | 23.9 |
| 3. 家中有地，心里踏实 | 23 | 8.7 |
| 4. 其他原因（如嫌麻烦等） | 4 | 1.5 |

表 3-26　　275 户愿意流转承包经营权的样本农户具体原因　单位：户、%

| | 样本数 | 比例 |
|---|---|---|
| 愿意流转土地的样本小计 | 275 | 100 |
| 愿意流出土地的原因 | — | — |
| 1. 家中劳动力不足（或没人种地） | 126 | 45.8 |
| 2. 有更多的时间 | 65 | 23.6 |
| 3. 种地辛苦且收入微薄 | 49 | 17.8 |
| 4. 其他原因 | 35 | 12.7 |

4. 流转期限以短期为主

被调查农户中，在转出承包经营权的 51 户农户中，有 27 户未约定流转期限，而在约定流转期限的 24 户农户中，有 10 户约定的农地流转期限为 1 年；8 户约定流转期限为 1—5 年；6 户约定的流转期限为 5 年以上，具体见表 3-27。对于流转期限的约定有三个值得注意之处：一是未约定期限的农地流转在实际操作中，农户通常以 1 年为期限支付租金，而当流出方提出收回承包经营权时，通常是提前告知流入方，在下一耕种季前收回承包经营权；二是部分流转期限约定不符合"期限性"原则，即超过了关于"不得超过剩余承包期"的规定，该类流转的期限规定因此不具备法律效力；三是未约定流转期限和流转期限为 1 年的农地流转主要发生在承包户之间，而中长期流转（流转期限在 1 年以上的）的 14 个样本中，有 10 个样本农户的承包经营权发生在承包户和生产大户、农业企业、合作社等组织之间，即属于个人到组织的流转（I—O 型流转）。长期的农地流转合同对于土地经营者在土地上追加投资至关重要。因此，长期稳定的流转关系更有利于受让方在土地上集中资本、技术等生产资料，进而提高土地长期产出。在建立长期稳定的农地流转关系中，I—O 型流转将起到主导作用。

表 3 - 27　　　　51 户发生农地流转农户的流转期限约定情况　　　　单位：户

| 样本数 | 未约定流转期限的样本数 | 约定了流转期限的样本数 | | |
|---|---|---|---|---|
| | | 期限为 1 年 | 期限为 1—5 年 | 期限为 5 年以上 |
| 51 | 27 | 10 | 8 | 6 |

5. 农地流转对价形成方式多样

在已发生的农地流转中，流转对价形成方式多以流转双方自行协商为主，"竞价""拍卖"等新型的流转对价形成方式近年来在部分经济发达县市逐渐兴起。如唐山市唐海县第八农场的农地流转实行竞标制度，凡是不愿继续耕种土地的农户，可以在村委会进行登记，然后由村委会面向全体村民统一竞标，出价高者最终获取当年该地块的承包经营权。由于各地经济发展不平衡、流转双方谈判力量对比差异性、原有作物单位面积收益不同等原因，不同地区流转对价差异也较大，唐山地区的每亩流转对价通常在 500 元以上，保定地区多在 250—500 元，邢台地区平均在 400 元左右；即使是同一地区，农地流转对价也有可能不尽相同，如同样是保定市徐水县沙口乡的农地流转，有的流转对价为 450 元/

亩，有的为 275 元/亩，有的则是简单无偿代耕。

（二）河北省农地流转特征

1. 农地流转发展呈梯度性

农地流转的发展程度受农村生产力水平、城乡一体化进程、土地自然条件等多种因素制约。在河北省，农地流转呈现出与地理区位及经济发展水平相关的梯度性。总体而言，县域经济较发达、耕地较为集中的"唐、秦、廊"等中、东部平原县市的农地流转规模和频率大于经济欠发达、耕地地块分散的西北部山区县市。从经济因素来看，特色产业发展较好的县城，由于存在"一村一品""一县一优"的发展优势和衍生于其上的土地规模经营需求，流转的比率较大。如廊坊霸州市的信安镇，以万亩棉田、万亩片林与其他农作物间作为特色农业，产生了六合棉花基地、联铭达速生林基地、振兴苗木花卉示范基地等大规模农业生产企业，且由于经济实力相对较高，地理位置较好，交通便利，第二、第三产业发达，土地流转规模已占承包地面积的 40% 以上[①]；从区位因素来看，山区由于人均耕地少，流转发生率要低于平原地区，例如，张家口坝上地区，人均土地面积只有 0.38亩，流转发生率很低，2006 年农地流转发生率仅为 0.24%。2008 年，河北省农地流转涉及农户比重最多的前 3 个市为秦皇岛市、唐山市、承德市；而邢台市、邯郸市等地农地流转涉及农户比重较低，具体见表 3 - 28。

表 3 - 28　　　　河北省地级市农村常住户参与耕地流转的户数和比重

单位：户、%

| 地区 | 承包经营权流出农户 | | 承包经营权流入农户 | | 总计 | |
|---|---|---|---|---|---|---|
| | 户数 | 比重 | 户数 | 比重 | 户数 | 比重 |
| 秦皇岛市 | 29660 | 5.1 | 31964 | 5.5 | 61624 | 10.6 |
| 廊坊市 | 32202 | 4.2 | 20800 | 2.7 | 53002 | 6.9 |

---

① 杜尚福、付文明、吕玉春：《现阶段河北农村土地承包经营权流转制度的状况与改进》，《经济论坛》2004 年第 4 期。

续表

| 地区 | 承包经营权流出农户 | | 承包经营权流入农户 | | 总计 | |
|---|---|---|---|---|---|---|
| | 户数 | 比重 | 户数 | 比重 | 户数 | 比重 |
| 唐山市 | 46238 | 5.2 | 100034 | 11.3 | 146272 | 16.5 |
| 承德市 | 29036 | 3.9 | 49044 | 6.6 | 78080 | 10.5 |
| 衡水市 | 31588 | 3.4 | 22325 | 2.4 | 53913 | 5.8 |
| 石家庄市 | 50054 | 3.3 | 80110 | 5.3 | 130164 | 8.6 |
| 沧州市 | 38025 | 2.7 | 23711 | 1.7 | 61736 | 4.4 |
| 保定市 | 57755 | 2.6 | 44012 | 2.0 | 101767 | 4.6 |
| 张家口市 | 30184 | 1.8 | 33342 | 2.0 | 63526 | 3.8 |
| 邯郸市 | 25878 | 1.6 | 15269 | 0.9 | 41147 | 2.5 |
| 邢台市 | 15611 | 1.1 | 19638 | 1.4 | 35249 | 2.5 |
| 全省 | 386231 | 2.8 | 440249 | 3.2 | 826480 | 6.0 |

2. 农地流转具有"人格化"倾向

在农地流转交易的对象选择过程中，农户的交易行为体现了较明显的"人格化"倾向。从微观人文氛围和人文精神的角度而言，我国的农村社会被费孝通先生称作是"熟人"或"半数人"社会，同一村落的村民们长期靠地域和情感维系在一起。在乡村社会中，动产交易和不动产交易是在不同性质的市场中进行的，奉行不同的交易规则：动产交易具有"去人格化"特征，即交易双方事先存在某种血缘或者地缘关系，而在交易中则倾向于避免这种关系；不动产交易具有"人格化"特征，即房屋、土地等不动产交易通常发生在"熟人"之间。① 调查数据显示，农户转出土地首先考虑亲戚、邻里、同族，显示出了以地域为特征的较强的"人格化"倾向。被调查的 51 户发生农地流转（包括转入和转出）的样本农户中，流转的交易对象以亲戚、朋友为大多数，范围也主要局限在本村之内。以承包经营权流出为例，从流转范围来看，发生在本村以内的流转占全部流转规模的

---

① 曾祥明、汪传信、青平：《江汉平原农村土地流转研究》，《统计与决策》2006 年第3 期。

64.71%；从流转对象来看，将土地流转给亲戚、朋友的占全部流转规模的58.82%，具体流出土地承包经营权发生范围及对象情况见表3-29。

表3-29　　　　　　　　　承包经营权流出范围及交易对象

| 发生范围 | 本组 | 本村外组 | 本乡外村 | 本县外乡 | 外县 | 总计 |
|---|---|---|---|---|---|---|
| 样本数（户） | 11 | 22 | 5 | 6 | 7 | 51 |
| 比例（%） | 21.57 | 43.14 | 9.80 | 11.76 | 13.73 | 100 |
| 交易对象 | 亲戚 | 朋友 | 种田能手 | 产业化经营大户 | 合作组织 | 总计 |
| 样本数（户） | 20 | 10 | 4 | 12 | 5 | 51 |
| 比例（%） | 39.22 | 19.61 | 7.84 | 23.53 | 9.80 | 100 |

3. 农地流转的货币选择呈多样性

在河北省的农地流转实践中，由于经济发展水平、流转组织方式、流转交易双方关系、市场化程度等因素的差异，流转对价的支付方式也有所不同，具体而言，较为普遍的流转支付方式有"逐年一次性货币交易""逐年实物货币交易""逐年实物交易""劳务交易"等。"逐年一次性货币交易"是指在流转发生的每一个年度的约定时间（如年初）受让方以货币方式一次性支付流转方当年的全部流转租金（或股息）。"逐年实物货币交易"是指在流转双方约定每年以一定量某种粮食的市场价格为依据由受让方支付流转方当年的租金（或股息）。"逐年实物交易"是指流转双方约定每年以一定量某种粮食抵作流转租金（或股息）由受让方支付流转方，在河北省，"实物"通常为小麦、玉米等粮食作物。"劳务交易"通常发生在"代耕"这一特殊的承包经营权交易形式中，即代替他人耕种他人土地，并取得耕种收入，而无须支付任何形式的租金。严格意义上的"代耕"仅仅体现简单的劳务关系，不能算作农地流转的方式之一。但实践中，"代耕"情况较为普遍，原因是一些农户由于人均耕地少等原因想通过耕种更多土地来维持基本生活，而另一些农户由于外出就业等原因无力顾及家中土地，在农业比较利益较低的情况下，这两类农户可以根据彼此自身需要顺利地达成约定，而无须过多考虑土地经营收益的分配。

在被调查的 51 户发生农地流转的样本农户中，32 户采取的流转支付方式为货币交易，即按年一次性支付租金（或股息），占 62.75%；9 户采取"逐年实物货币交易"的支付方式，占 17.65%，如石家庄市鹿泉县联民土地托管合作社 2008 年在寺家庄镇东营东街村以"转包"方式流入 500 亩土地，与农民协议约定每年按照每亩 800 斤粮食的市场价格支付转包费用；6 户享受"逐年实物交易"的支付方式，仅占 11.76%，多发生于 I—I 型流转之间，在收获后由耕作者将一定的粮食等产品支付给承包户；余下 4 户为"劳务交易"，占 7.84%，主要发生在亲戚朋友之间，当有承包户由于外出等原因而不能或不想耕种土地，为了避免土地撂荒，在亲友之间寻找可代耕者代为耕种。可见，在交易货币的选择上，"人格化"的农地流转中所体现的是以纯粹经济关系为主体，以较为简便、随意的劳务、实物等互惠关系为补充的多样化支付方式。

4. 农地流转呈规模化趋势

承包流转两个最主要的作用：一是解决劳动力和土地两种生产资源的匹配问题，即"有地没人耕、有人没地耕"的问题；二是解决农业规模化、产业化生产经营的问题，即通过流转整合经营规模，实现适度规模经营。而在这两者之中，后者的解决单靠个体农户之间的自发流转往往难以实现，而必然需要适度经营规模。相关研究表明，在土地流转市场起步较早、经济基础较好的广东省，农民自发流转的比重仅占 36.6%，以集体组织主导土地流转则占 63.4%；同样，在浙江，集体组织主导土地流转占 62%。河北省的农地流转从流入方性质来看，农户自发流转占 68.1%，乡村集体统一组织流转的占 31.9%。以产业化经营大户（龙头企业）为转入方的流转占 23.53%，以土地股份合作社为流入方的占 9.8%。① 可见，承包经营权的流转不再仅

---

① 李凤瑞：《河北省农村土地承包经营权流转的特点、障碍与建议》，《领导之友》2009 年第 2 期。

仅局限在个体承包户之间，农业公司、龙头企业、集体经济组织开始逐步成为土地流转的主要组织者和推动者。值得一提的是，以种田能手为转入方的流转占7.84%，而种田能手既是由传统的普通农户发展而来，又有可能成为未来的产业化经营大户。

农地流转规模化、组织化发展的趋势既与农业产业化发展基础密切相关，也与基层政府的引导和推动密不可分，如廊坊市大城县在全县筛选了10个不同类型的农地流转成功范例作为典型，广泛宣传，并抽调百名农业专业的大学生进村入户讲解土地流转的好处，使农民对土地流转的积极性明显提高；魏县成立了农村土地流转工作领导小组和农村土地承包仲裁委员会，建立起了县、乡、村三级土地流转服务网络，并出台了一系列规范土地合理流转、提高适度规模经营的政策。① 可以说，基层政府在促进农地流转方面可以起到重要的推动作用，不仅有利于促进当地农地流转市场的顺利发展和适度规模效益的实现，还能为周边地区带来"示范效应"。

5. 流转对价从"无偿、低偿"向"有偿、动态有偿"转变

农地流转带给农户的直接收益为流转对价，在已发生的流转中，转入方普遍以每亩土地种粮收益作为确定流转对价的依据。调研中，除了"代耕"等无偿流转形式，每亩流转对价（包括实物的市场价格）为200—1000元，并且与流转地块每亩收益呈现出较强的正相关性。流转市场发展初期，河北省农地流转对价尚未"显化"，对价形成较为随意且不规范，近一半的农地流转以简单的代耕为方式，不支付任何报酬，或是支付较少量的口粮。即使是在支付报酬的流转中，对价也明显偏低，大多每亩地流转对价（多以租金和转包费为形式）在200—500元。秘鲁经济学家Hernando de Soto指出，由于不确定性和法律限制导致农民的土地权利不能在市场上自由转让，进而该土地资产的市场价值很小或者没有，这种资产因此可以被称为"沉睡资

---

① 孙菊芳、孙淑云：《河北省农村土地流转问题的调查与思考》，《理论前沿》2009年第22期。

本"。①"沉睡资本"表现为农地流转不能形成合理的流转对价，究其原因，一方面在于农业特别是种植业的比较利益较低；另一方面在于成熟的农地流转市场尚未形成。近年来，组织化、市场化的农地流转在政策驱动和示范效应带动下逐渐增多，农业生产大户、合作社、龙头企业纷纷成为流转受让方。每亩土地的流转对价也较传统的农户间无偿、低偿流转而大大提高，并且按照一定的规律动态调整。

（三）农地流转风险形势

河北省的农地流转一定程度上促进了农民增收。作为传统产量区，河北省大部分农户以种植小麦、玉米为主，扣除种子、农药、化肥等农业生产成本后，每亩流转收益通常在 500—800 元。在家庭承包制的经营模式下，农民增收空间有限，而农地流转则可以从两个方面促进农民增收。一是获得流转收益：对于将土地承包经营权出租或转包等方式流转的农户而言，农户可以在流转合同约定期限内获得可靠的流转收益，在已发生的流转中，流转收益通常高于农户自身种植玉米、小麦等传统作物的收入，每亩在 200—1000 元，流转收益实现的基础或是来源于对传统作物的改良或是转而种植经济作物而获取更高的比较利益；或是通过农地流转实现了规模效益，如邢台威县五里台村民通过转包实现了适度规模经营，大面积种植棉花，棉花每亩纯收入在 1000 元以上，同时创新耕种方式，进行西瓜套种，每亩纯收入可达 2000 元。二是农户将自身的劳动力资源从土地上解放出来，促进了劳动力的转移，使其可以在没有后顾之忧的情况下外出务工或是经商，在非农产业方面获取比传统种植业更高的收入；部分地方优先雇用将承包经营权流出农户在流转后的土地上继续耕种，获取工资收入。在被调研农户中，家庭农地经营的平均年收益为 2890 元，而从事非农产业的平均年收入为 9900 元，可见，通过从事第二、第三产业所获取的收入远远超过从事农耕活动的收入。

1. 河北省农地流转存在的问题

（1）农地流转程序有待规范。一是农地流转备案率低。《农村土

---

① Hernando de Soto, *The Mystery of Capital*, *Why Cap italism Triumphsin the West and Fails Everywhere Else*, Basic Books Press, 2000, p. 55.

地承包经营权流转管理办法》规定：发包方对承包方提出的转包、出租、互换或者其他方式流转承包土地的要求，应当及时办理备案，并报告乡（镇）人民政府农村土地承包管理部门。但大多数的承包方不向发包方履行备案手续，致使不少县域的土地经营权流转处于一种无序的状态。调研中发现，绝大多数农户对于农地流转"备案"的有关规定并不知晓，流转后更是鲜有农户主动进行备案。二是流转合同不规范。在当前河北省大多数农地流转实践中，流转双方大多为亲朋关系，没有按照《农村土地承包法》的规定签订农地流转合同或仅只通过口头协议方式订立约定，如果转入方丧失非农就业机会回乡务农，流转关系随时可能终止。即使在签订流转合同的流转实践中，合同条款也缺乏规范性和合法性，存在约定流转期限超过剩余承包期、流转双方权利和义务不明确、流转后土地变更农业用途等众多问题。调研中，关于"是否签订农地流转协议（或合同）"，被调查的 51 户发生农地流转的样本农户中只有 29 户被调查者流转承包经营权时签订了流转协议，占 56.86%；有 16 户被调查者"没有签订书面协议，只有口头约定"，占 31.37%；另有 6 户的被调查者没有签订任何形式的协议。流转合同签订、建档率低，导致真实的农地流转情况不能被准确反映，发生纠纷时农户也难以维护自身权益。三是流转过程不规范。规范有序的流转涉及的农地的测量、农地的定级估价、农户的信用监测、信息的咨询服务、流转的合同管理等，但目前河北省尚缺乏专业部门的参与，也缺乏行政部门的指导。组织到组织型（I—I 型）的农地流转中，上述问题可以由农户双方在自愿的情况下协商解决，但在I—O 型农地流转中，流转过程的规范将成为农地流转市场发展和农民权益得到有效保护的关键。

（2）存在个别侵害农户利益的流转行为。按照《农村土地承包法》的规定，农地流转的供给者是土地承包方。承包方有权依法自主决定土地承包经营权是否流转和流转的方式。但实践中，由于土地集体所有权界定不清以及对集体经济组织的权利缺乏有效的监督制约机制，流转主体身份混乱。部分农地流转合同的"转出方"是村集体经济组织、乡镇政府甚至是合作社，但并没有农民出具的农地流转委托授权书。个别地方乡镇政府或村级组织片面强调土地集约使用和规模经营，无视农民自愿流转原则，强迫承包方流转土地承包经营权或是强制收回农民承包地搞"反租倒包"，甚至随意改变土地用途，出现了靠强制手段推动土地使用权集中的倾向。调研中，关于"流转土地是否会受到来自集体或是其他人的干涉和限制"的问题，539户被调查农户中，仅有184户回答"有完全自主权"，占34.14%；71户回答"只能将土地流转给本村村民"，占样本总数的13.17%农户；而余下的284户农户回答"会受到来自集体的，针对流转价格、流转对象不同程度的干预"，占52.69%，而干预的方式和手段众多，如以"反租倒包"的名义，先将农户的承包地强制包给开发商，再回来找农户办理租地手续；使农民失去生存和发展的保障。采取强制手段，否定了农民在农地流转中的主体地位，损害了农民的利益，也增大了纠纷发生的概率。

（3）农地流转中土地用途管理隐患多。调查中发现，农地流转后转变承包地农用地用途的现象在个别地方仍然存在。严格来讲，用途变化分为两种情况：一是农用地转为建设用地、其他用地，即农地"非农化"的转变。二是农用地内部用途转换，以种植粮食作物等效益较低的耕地向效益较高的园地、林地、设施农用地的转换，即"非粮化"的转变。两种用途转变均会导致粮食种植面积的减少，进而使粮食产能下降。《农村土地承包法》第三十三条"土地承包经营权流转应当遵循以下原则"明确规定，"不得改变土地所有权的性质和土地的农业用途"，即明确规定了禁止"非农化"的转变。而实践中部分土地股份合作组织以集体土地启动工业化，"以租代征"违规"越界"流转，在农民以土地入股后将聚集起来的土地用于产业开发等非农业用途，而不经国家征地手续，不仅违反了《农村土地承包法》关于农用地流转不得改变用途的条款；也违反了"建设须使用国有土地"的条款，尽管表面上"在一定程度上将集体土地级差收益保留在了集体内部，同时又使拥有股权的农民获得了随经济发展而增值的收益"①，短期内会给农户带来实惠，但长此以往，会给耕地保护带来了进一步的压力。我国耕地面积少，人均耕地严重不足。如果不对农地流转中的"非农化"进行严格禁止并追究责任，随着农地流转的进一步发展，粮食安全将受到严重威胁，此外，对农用地性质的改变会导致耕地地力下降，给未来复垦工作带来较大的压力。

（4）农地流转信息渠道建设滞后。河北省目前尚缺乏农地流转中介组织，也缺乏农地流转经纪人，农地流转的主体是农户。农户受自身眼界、能力的限制，加之流转市场不完备、农村土地供需信息网络尚未形成等因素，承包经营权处于一种双边信息不对称的状态。承包经营权供需双方信息不能及时沟通，限制了农民进行农地流转的时空范围。调研中，土地承包经营权的供给者和需求者，即流出方和流入方了解流转信息的途径以亲戚朋友介绍为主，流转发生也主要局限在集体经济组织内部，具体见表3－30和表3－31。信息不畅导致农地流转局限在有限范围和规模之内，影响到土地资源的合理配置。

表3－30　　　　　　被调查农户农地流转信息获取途径

| 流转信息取得途径 | 亲戚 | 朋友 | 集体 | 网络 | 村、乡信息平台 |
|---|---|---|---|---|---|
| 比重（%） | 54.55 | 18.18 | 13.64 | 9.09 | 4.55 |

表3－31　　　　　　被调查农户有农地流转意愿但尚未流转的原因

| 原因 | 担心政策有变动 | 找不到转入方 | 转出价格低，无法接受 | 担心未来收入的稳定性 |
|---|---|---|---|---|
| 比重（%） | 13.15 | 49.2 | 17.46 | 20.19 |

---

① 蒋省三、韩俊：《土地资本化与农村工业化》，山西经济出版社2005年版，第8—10页。

# 第四章　农地流转模式运行及风险分析

　　《农村土地承包法》第三十二条规定："通过家庭承包取得的土地承包经营权可以依法采取转包、出租、互换、转让或者其他方式流转。"第四十九条规定："通过招标、拍卖、公开协商等方式承包农村土地，经依法登记取得土地承包经营权证或者林权证等证书的，其土地承包经营权可以依法采取转让、出租、入股、抵押或者其他方式流转。"从而在法律上规定了农地流转的方式，即转包、出租、互换、转让、入股、抵押等，但目前抵押式流转还没有可依的制度规定，也鲜有实践探索。基于研究区域特点并依据土地流转主体性质及其相互关系的不同，将农地流转模式归并为农户→农户、农户→专业生产大户、农户→合作组织、农户→企业和农户→合作组织→企业五种模式，每种模式都存在或深或浅的流转风险。

## 第一节　农户→农户的农地流转及风险分析

### 一　农户→农户的农地流转模式运作的一般程序

　　农户与农户间（农户→农户）的农地流转主要是指具有土地承包经营权的农户依法采取合适的方式，将自己的部分或者全部农地委托他人使用经营的农地流转方式。即农地由一个农户流转到另一个农户，是发生在农户与农户之间的自发的农地流转模式（见图4-1），因其与农村乡土社会之间较强的拟合力而得以盛而不衰，并在目前的农地流转中占有绝对比例。

（一）农地流转的组织形式

农民自发组织、政府组织和专业性中介机构组织是农地流转的三种重要组织形式。发生在农户与农户之间的农地流转主要是以农民自发组织为主的，政府组织和专业性中介机构组织为辅。所谓农民自发组织是指农民在自愿的基础上，期望流出农地的农民亲自去寻求和识别合适的农地流入户，通过两者之间的直接接触和协商，以双方可接受的方式和条件完成农地流转的过程。这种农地流转一般涉及的农地流转规模较小，流转期限不是很长，甚至是不确定的，但是，由于操作程序简单，交易成本较低，一直为广大农民所接受。村委会作为村集体经济组织代表对农户间的农地流转履行监督管理职能，很少直接参与到农户间的农地流转过程中。

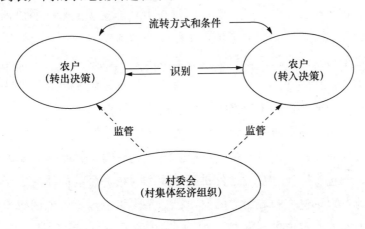

**图 4 - 1　农户→农户的农地流转组织模式**

（二）农地流转关系的确定

农民确定农地流转关系，主要采取口头协议、签订书面协议或合同、第三者证明三种方式进行，其中以口头协议为主。口头协议是指土地流转双方就流转的权利与义务达成的口头承诺。采用这种方式的基础就是我国传统农村建立在地缘和亲缘基础上形成的熟人—半熟人社会的诚信机制，人们之间通过对社群内部默认的规范履行着互相监督的职责。从另一个角度而言，这种信任的强弱又通过流转双方相互识别和选择的取向表现出"差序格局"，即父母、兄弟姐妹、亲戚朋友、邻里和其他的这样一个选择序列。目前，我国发生在农户之间的农地流转关系大部分情况下都是在这种以"口头协议"为主的隐形契约下确定下来的。

第二种农地流转关系确立的方式，是通过签订书面协议或合同来规范流转双方的权利和义务关系。这种确权方法一般发生在流转双方至少有一方具有比较强的法律意识和前瞻意识的情况下。目前，随着我国农民素质提高以及各地农地流转纠纷案件的曝光，采取签订合同或协议的方式来确立农地流转关系的农户明显增加，这对于减少和解决农地流转纠纷具有非常重要的意义。

第三种方式就是通过第三者证明。也就是说，土地流转双方邀请共同信任的第三者，对他们之间农地流转的权利和义务进行旁证，当农地流转纠纷发生时，第三者可以站在中立的立场上来证明协议的内容，而且双方要认可他的证词。实际的农地流转过程中，充当第三者的通常是村集体经济组织负责人、家族或者社区权威，也可能是流转双方共同信任的社区精英等。总而言之，一旦发生农地流转纠纷这些人会在纠纷调解过程中扮演重要的和决定性的角色。

## 二　农户→农户的农地流转相关利益主体分析

在这种模式下，主要是以农户供给型流转为主，具体方式表现为出租、转包、转让、互换、代耕等，涉及的相关利益群体有三个：一是作为农地承包方和流出方的农户；二是作为农地流入方的农户；三是作为农地发包方的村集体。如图 4 - 2 所示，目前我国农户与农户之间农地流转主要以代耕、互换、转包、转让和出租等几种形式进行的，由于各种形式执行过程的差异从而导致了不同相关利益群体在不同形式的农地流转过程中所扮演的角色和收益有所不同。

### （一）代耕方式下不同利益群体的角色及利益诉求

代耕是指有些农户代替那些外出务工或家中劳动力不足的农民耕种承包土地，以获得收入和收益预期[①]的农民或农户。代为耕种的农

---

① 这里的收益预期主要是指无偿代耕情况下，代耕户和被代耕户之间形成的互助关系网络下代耕户期望在未来自己有所求助时被代耕户可以提供金钱的、物质的或者是其他形式的帮助。

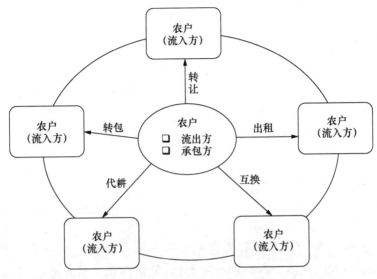

**图 4 - 2　农户→农户家庭承包经营耕地流转的主要形式**

户被称为代耕户，隶属于本书中农地流入方范畴；而委托他人代为耕种的农户称为被代耕户，隶属于本书中农地流出方范畴。显而易见，这种方式的农地流转，往往具有很强的临时性、季节性和短期性特点，作为农地转出方通常是暂时无力或不愿经营承包地，临时把承包地交由别人代耕，时间、条件一般由双方口头约定，在目前种田效益低下和代耕时间短的情况下，这种流转几乎都是无偿流转，有的承包户甚至向代耕户倒贴代耕费，以减少个人外地务工期间家庭农事活动的干扰，为自己的工作提供便利和减少务工成本①或者一定程度上弥补了家庭劳动力不足；作为农地流出方一方面在保障自己家庭经营不会受到影响的情况下可以通过代耕他人土地获取更多的经济收入或收

---

①　近年来，我国不少农村地区大量劳力外出务工，每到农忙季节，就会有大批农民工返乡，来回奔波劳累不说，还减少了工资收入，有的人还失去他们原有的工作或市场。开始是外出务工的土地承包者，在农忙季节聘请其他农户代为耕种，支付报酬。代为耕种的这些农户称为代耕户。后来，一些精明的农民瞄准这一商机，通过独办、联办或股份制等方式购买农机具组建农机代耕队，走村串户揽业务。有的还联系方式印成名片送给缺少劳力的农户，只要这些农户预先和农机代耕队签订合同，代耕队会保质保量地完成耕作任务，并根据收割、犁地、播种等农活的轻重合理收费。这种新的服务方式的推出，受到众多外出务工或劳力不足农户的欢迎。参见 http：//zhidao. baidu. com/question/188751816. html。

益预期；作为土地发包方的村集体，由于代耕过程中没有涉及土地承包权的变更问题，所以，它不是农户间的这种代耕流转土地的直接受益者，但是，既往的实践表明村集体，尤其是村委会在很多地方的农地代耕流转的过程中作为沟通的桥梁发挥着重要的作用，主要表现为代耕户可以通过村委寻求具有代耕需求的人；而期望将自己的土地用于代耕的农户也可以通过村委联系到合适的代耕户。

---

### 案例4-1：农地代耕的访谈案例

刘某，男，45岁，是河北省沧州市某县某乡一个普通农民，家里6口人（夫妻2人和4个孩子）。目前，家里耕种的农地不到12亩地，其中一半是代耕自己兄弟的。据他说，村子里像他这样代耕别人耕地的，不止他们一家，前些年多一些，现在少了一点，一般都是四十岁以上的人在做。代耕耕地一般都是自己父母、兄弟或者亲戚朋友的，父母辈的人将耕地交给子女代耕，主要是因为自己年纪比较大，继续从事耕作有些力不从心，条件就是能够提供他们口粮即可；其他的代耕主要是由于被代耕人有非农类的其他营生，并以此为家庭收入主要来源，无暇顾及家里的耕地，就当作人情让自己的兄弟姐妹或亲戚耕作，这种情况大多数是无偿的，既不需要提供粮食给被代耕户，也不需要为他们偿付资金。代耕与被代耕关系的确立就凭两家当家人的一句话，不需要什么书面协议。代耕户一般认为反正是无偿耕种别人家的土地，人家随时要回去是理所当然的。刘某认为，他们家是一个比较特殊的例子，因为自己兄弟的买卖越做越好，他代耕的耕地有十几年了，一直都这样维持着，始终是无偿的，由于地里还有上百棵枣树，这些年这块地给他们家带来了可观的收入，自己也尽力把这块地经营和保护好，但是他自己心里知道这块地不是他自己的，兄弟想要的时候自己至少要还给他一块肥田，不能辜负兄弟这么多年对自己的信任。

（二）互换方式下不同利益群体的角色及利益诉求

互换是指农民集体所有制组织内部的农户之间对各自的土地承包经营权的交换。互换的双方均取得对方的土地承包经营权，从而同时也丧失自己对原有土地的承包经营权。农地互换发生在农户与农户之间，是在农户协商自愿的前提下进行和完成的。然而，来自全国各地农地互换的考察发现，农民进行农地互换主要基于两个动因：一是将家庭原有的土地化零为整，实现家庭内部或者不同家庭之间的规模经营，以便于各种现代农业机械的使用和新技术的采纳，同时达到方便经营管理、节约生产投入成本和提升农业生产效率的目的。二是部分农户由于农业经营项目选择或者家庭成员自身的原因，对于经营地块质量或者位置有特殊的要求，比如有些农户农业劳动力主要以年长者为主，期望经营地块离家越近越好；有些农户经营蔬菜种植可能要求地块质量比较高，而从事林草种植的可能对地块质量要求不太严格。也正因如此，农户之间的农地互换随之出现两种情况：一种是质量相当的土地的等量互换；另一种就是质量不对等的农地之间的非等量互换。

作为农地互换的直接利益相关者互换双方，同时又作为农地流出和流入方，进行农地互换考虑的第一原则就是公平原则，即互换的地块进行同类经营会有相同的收益；第二原则就是可行性原则，即互换双方都要具有可供互换的土地并且愿意进行互换；第三原则就是诚信原则，即一旦互换的契约形成，无论是口头的还是书面的双方都能够彼此遵守各自的承诺。笔者曾经对河北省七个地市的农地互换意向做过一次调查，结果发现，农地互换的对象选择逻辑非常符合费孝通先生提出的"差序格局"理论，人们更愿意依次在父母、兄弟姐妹、亲戚和朋友、邻里等之中去选择，这也是传统的中国农村社会信任机制建构的基础。

作为另一方，似乎并不相干的村集体在农地互换中所扮演的角色和利益诉求和上述提到的代耕不同。这里由于涉及农地承包经营权的转移，必须要由村集体即发包方来认可这件事。同时，不可忽视的是，目前在很多地方由于整个村庄的规划和农业产业发展，在保障原有家庭承包经营权的前提下需要大规模的农地互换，这种情况下村委会的组织和协调职能是不可小觑的，其具体运行机制见图4-3。通过这种组织和互换项目会从总体上提升整个村集体的经济实力和社会影响力。

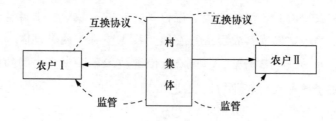

**图4-3  农地互换参与主体关系模型**

（三）转包方式下不同利益群体的角色及利益诉求

农地转包是指农地承包方将自己的部分或全部农地承包经营权在一定期限内转给同一个集体经济组织的其他农户从事农业生产经营。转包后原有的农地承包关系不变，原承包方（农地流出方）继续履行原土地承包合同规定的权利和义务，接包方（农地流入方）按转包时与对方约定的条件对其负责（承包方将土地交给他人代耕不足一年的除外）。采取转包方式流转的，如果不改变土地用途不需要发包方（村集体经济组织）同意，但应当报发包方备案。转包中存在两层合同关系，即村集体经济组织和农地流出者之间以及农地流出者和农地流入者之间的合同关系。

与农地代耕一样，作为农地流出者通过转变方式获取的是自己工作上的便利，同时消除了农业生产带给自己的后顾之忧；而作为农地流入者通过转包他人耕地获取的是家庭经济收入的增加。村集体除非在特殊情况下不会成为该种农地流转方式的直接利益群体，但是，村委会可以成为其纠纷调解的重要力量。

案例4－2：河北临西县农民"揽地生金"①
——你：外出挣钱　我：代耕农田

　　河北临西县下堡寺镇张三寨村农民吕建华有个习惯，那就是每年忙完地里的农活儿，他都要召集家人一块儿算算"种地收益账"。这不，利用农闲时间，日前，老吕和家人又把今年的种地收支细细地核算了一番。让他兴奋的是，今年，单承包其他农户的20亩田地，就为自己带来了近4万元的纯收入。吕建华说，近年来，由于一些进城经商或常年外出务工的村民无暇顾及家里的田地，便以每年三四百元的承包金，转租给别的农户耕种。在这种情况下，他去年承包了20亩田地，今年全部种上了棉花，并获得了颇好的经济收益。

　　据中国经济网记者了解，近年来，随着全县项目建设拉动力的不断增强，农民进城就业渠道实现了多元化。特别是轴承大世界、商品批发城、粮棉交易等6大专业市场的先后建成，吸引了4万余农村富余劳动力从事第二、第三产业。"农门"外的农民逐步增多，为"农门"里的农民"揽地生金"创造了有利条件。目前，该县有3100余亩田地在农户之间实现使用权的自由流转，承租农民因此增收360余万元。其中，发展大棚蔬菜、中药材等特色种植1500多亩。"你外出挣钱，我代耕农田。"如今，在临西县，越来越多的农民通过"揽种"其他农户田地，拓宽了自家的致富路，也鼓起了自己的钱袋子。

　　资料来源：2013年5月3日摘自 http://district.ce.cn/zg/201011/04/t20101104_21942473.shtml。

---

　　①　本案例中的原始资料虽然更多使用了"代耕"这个词，但是，从严格的概念界定而言，它更符合"转包"的范畴，原因有二：第一，案例中第三方有偿承包期限较长，超过1年以上，具有相对的稳定性；第二，农地流入者的转包地基本都来源于本村集体。

（四）出租方式下不同利益群体的角色及利益诉求

出租，是指农地承包方将部分或全部土地承包经营权以一定期限租赁给他人从事农业生产经营，出租后原土地承包关系不变，原承包方继续履行原土地承包合同规定的权利和义务。承租方按出租时约定的条件对承包方负责。它与前面提及的代耕和转包的共同之处在于它们都不改变原有的土地承包关系，作为该种农地流转的直接参与者农地流出方和流入方的利益诉求和代耕及转包方式基本相同；差异在于承租方即农地流入方的范畴不再仅限于本村集体经济组织内部。事实上，出租方式下的承租人对农地的处置权要高于代耕和转包，也正因如此，出租方式的土地流转常常遭遇到基层政府部门和村集体经济组织的干扰。所以，作为农地发包方的村集体为了维护集体长远的利益对这种方式农地流转的监管力度会更高一些。

（五）转让方式下不同利益群体的角色及利益诉求

转让指原有的承包人（农地流出者）自找对象，由第三者①代替自己向发包人（原村集体）履行承包合同的行为。农地转让合同与原来的承包经营合同虽然内容卜没有改变，但是变更了承包人，终结了原承包人与发包人的权利义务关系，确立了受让人与发包人的权利义务关系。所以农地转让时，必须要经过村集体经济组织的同意，原承包方（农地流出者）与第三者（农地流入方）应订立书面协议。转让方式的农地流转一般表现为期限长而且相对稳定，采用这种方式流出土地的农户一般是具有了相对雄厚的经济基础或稳定的就业条件，家庭成员生活完全脱离农业后能够得到充分的保障，农地转让能促使其在其他行业更好地发展。农地流入方通过获取更多农地的承包经营权可以提高家庭经济收益水平。作为村集体经济组织，尤其是村委会，为了保护村集体财产不流失和再生产能力，减少集体成员之间的纠纷发生要承担起监管者的重要职责。

---

① 这里的第三者，即农地流入方要求必须是本村集体经济组织成员，由于农地的集体所有权限制，不具有同一村集体经济组织成员资格的农户之间的农地转让是法律所不允许的。

---

案例4-3：农地转让访谈案例①

　　刘某，男，65岁，河北省保定人，农业企业主（目前还注册有农技协会、合作社等多种身份）。经营内容比较广泛，包括粮食作物和果树，最具特色的是设施农业及相关技术示范。据其本人讲，目前经营的土地一部分是租用当地农户的，但有相当一部分是（20世纪）80年中后期和90年代初期，自己从村子里其他农户那里"买"来的地，就是他本人所说的"自己的地"。据他称，在当时来讲，"买"地的和"卖"地的都应该是经济条件还相对不错的。像他们这样手里有钱，又想在农业方面搞点事情出来的，就"买地"；不想搞农业，想去城里和市里落脚的，就"卖地"，买卖土地的价格差异非常大，当时他自己的地基本是2万多元每亩买下来的，然后跟原承包人就没有关系了，当然村子里也知道，做了登记。那时候的以"万元户"来称谓暴富的那个群体，这2万多元钱足以支撑一个家庭经营一桩买卖了。这种土地"买卖"在早些年多一些，近年来很少听说了，关键是地价太高，"买不起了"。

---

### 三　农户→农户的农地流转风险分析

　　农户→农户的农地流转目前在我国存在流转形式多样化、农地流转农民自发性强和规范合同化率低等特点，也正是因为这些特点潜藏着很大的风险和危机，主要表现在：

　　（一）政府和村集体组织监管缺位引发的风险

　　一方面，农户自发地对农地流转的组织实施导致了基层政府和村集体经济组织在有效的农地流转监管方面的缺位，很多时候即使涉及农地承包经营权的转让问题，农户也不经过村委会办理任何手续。一旦有农地流转纠纷发生，在法律大于情理面前，村集体组织虽然"无

---

　　① 本案例描述中所说的土地"买卖"实际上就是承包经营权的转让，这里为了尽量保持访谈案例原初的样子，没有对这些词进行加工。

知"，但却"有罪"；纠纷当事人由于对农地管理相关法律法规的无知，很难理出事件的是非，使农地流转纠纷的解决处于一种很尴尬的局面。另一方面，由于村级组织在农户间农地流转监管方面的缺位，还可能引起整体水平上农地用途和上级部门土地规划之间的冲突，比如近年来在很多地方出现的粮食种植面积下滑，蔬菜等经济作物种植面积飙升；还有农户将流转来的耕地改为牲畜养殖场，甚至是厂房等，这种做法可能会进一步对保障粮食生产安全构成威胁。

（二）流转合同不规范和合同化率低引发的风险

对于农户流转案例的考察发现，农户间的农地流转合同化率很低，即通过流转合同来确定农地流出者和流入者关系的农户所占比重很低；同时也发现即使有流转合同，很多合同也存在严重的不规范问题，诸如合同条款不全、合同条款对合同当事人双方权利义务关系界定不明确以及合同格式五花八门，很少使用县、乡级层面统一规范的流转合同格式等。正是由于流转合同率低和合同不规范造成很多的农户间的农地流转纠纷难以调解，在"公说公有理，婆说婆有理"的境遇下使纠纷调解常常陷入尴尬的境地，本来可能不大的一场纠纷却持续若干年而不得了结。

（三）农户间诚信缺失引发的风险

随着我国经济社会的发展，农村从整体上也发生了翻天覆地的变化，尤其是原有的乡土社会所具有村治模式和基于地缘和亲缘关系建立起来的诚信在日益流失，而在拿"情理"说事的观念根深蒂固的情况下，常常会导致农户的一种自觉不自觉的单方违约行为。比如，有些农户在流出土地是为了获取较高的租金收入，可以抬高土地质量，夸大其生产能力，而一旦这类农地的流入者在经营一段时间后发现收益比预期少很多，就会单方面"撕毁"合同或者不履约（不正常支付租金），从而引发纠纷；还有些农户在流入耕地的情况下，由于对流入地质量、生产能力、经营特点等不了解，只是由于自己的经营不善造成的流入地收益偏低，也可能发生单方违约造成纠纷等。

总而言之，农户之间的农地流转风险主要表现为农地滥用和农户间的农地流转纠纷及纠纷解决困境等。由于以自发组织为主的农户间的农地流转规模不大，所以，农地滥用方面的风险并不凸显，而农户与农户之间的农地流转纠纷无论从全国还是省级层面上而言在整个农地流转纠纷中都占据着客观的比重，值得给予更多的关注。

表 4 –1　2011 年全国及华北地区五省（市、区）农地流转纠纷及
农户与农户之间农地流转纠纷统计　　　单位：次、%

|  | 土地流转纠纷 | 农户与农户之间纠纷 | 农户与农户之间纠纷所占比重 |
|---|---|---|---|
| 全国 | 67683 | 50291 | 74.30 |
| 北京 | 459 | 53 | 11.55 |
| 天津 | 78 | 28 | 35.90 |
| 河北 | 2612 | 2181 | 83.50 |
| 山西 | 692 | 599 | 86.56 |
| 内蒙古 | 880 | 809 | 91.93 |

资料来源：《全国农村经营管理统计资料》（2011）。

# 第二节　农户→专业大户①的土地流转及风险分析

## 一　农户→专业大户的农地流转模式运作的一般程序

2013 年 1 月 31 日，我国 21 世纪以来指导"三农"工作的第 10 个"中央一号文件"《中共中央国务院关于加快发展现代农业　进一步增强农村发展活力的若干意见》发布。文件要求，坚持依法自愿有偿原则，引导农村土地承包经营权有序流转，鼓励和支持承包土地向专业大户、家庭农场、农民合作社流转，发展多种形式的适度规模经

---

① 本节中农户向专业户的农地流转不包含通过政府或村级组织驱动的向专业大户的集中流转，因为其在运作模式和大户经营的特点方面都和农户向企业运作模式相同，所以本章中将这类集中流转的大户并入企业型经营主体来看待，纳入农户向企业的农地流转中。而本节中农户向专业户的土地流转只是限定在分散流转及由此而形成的专业大户。

营。农地向专业大户流转作为我国推动农业生产向规模化经营的重要举措有了更坚实的政策基础，事实上一直以来很多地方在农地从农户向专业大户流转方面进行了多年的尝试和实践。

（一）农地流转的组织形式

发生在农户和专业大户之间的农地流转是以农户自发组织或者是村集体协调下的农户自我协商进行的。整个过程是一个基于信息分享基础上农户和专业大户之间相互识别、相互协商和相互选择的过程。这个过程既可能是一个普通的农地流出户向专业大户简单转包土地的过程，也可能是多个农户之间循环的农地互换，同时促成两个或者更多个专业大户形成的过程（见图4-4）。

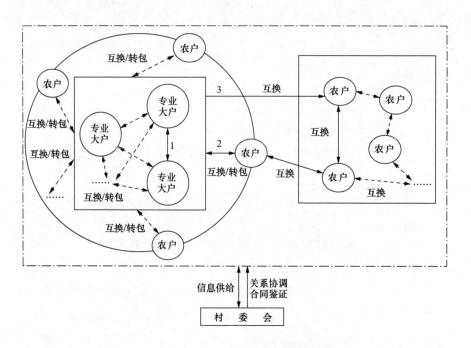

**图4-4 农户→专业大户农地流转组织模式**

注：图中的序号1、2、3分别表示实线描述的三种不同农地流转组织的路线；虚线表示可能发生的流转方式及其涉及主体类型。

（二）农地流转关系的确定

发生在农户和专业大户之间的农地流转由于涉及流转双方经济利

益诉求比较单一和明显，乡土的社会联系虽然在其中或多或少地发挥着作用，但是，比较于小规模的农户与农户之间自发流转，其在流转主体选择方面受乡土亲缘和情缘关系的约束明显弱化，加之农户和专业大户之间农地流转期限一般较长并且相对稳定，所以农地流转关系的确定一般以签订书面流转合同为主，口头协议为辅。

---

### 案例 4-4：农地流转合同书
### 北京市农村土地承包经营权转包合同（范本）

（北京市农村合作经济经营管理站监制）

甲方（转包方）：　　　　　　　甲方代表姓名：

甲方住所：

原土地承包合同编号：　　　　　原土地承包经营权证书编号：

乙方（受让方）：　　　　　　　乙方代表姓名：

乙方住所：

根据《中华人民共和国农村土地承包法》和《中华人民共和国农村土地承包经营权流转管理办法》（农业部令第 47 号）等法律、法规和国家相关政策，本着平等协商、自愿、有偿的原则，经双方协商一致，签订本合同。

一、转包土地面积、位置及用途

甲方自愿将其拥有土地承包经营权的土地　　　亩转包给乙方，转包土地的面积、位置及用途详见下表：

二、转包期限

自　　年　　月　　日起至　　年　　月　　日止。共　　年　　月。（大写，最长期限不得超过土地承包期的剩余期限）

三、转包费及支付方式

（一）转包费标准或金额约定：

（二）转包费支付方式和支付时间：

| 转包土地<br>总面积（亩） | | 转包地块总数（块） | | | | |
|---|---|---|---|---|---|---|
| | 地块名称 | 面积 | 等级 | 地类 | 四至 | 用途 |
| 转包<br>地块<br>具体<br>情况 | | | | | 东至：<br>西至：<br>南至：<br>北至： | |
| | | | | | 东至：<br>西至：<br>南至：<br>北至： | |
| | | | | | 东至：<br>西至：<br>南至：<br>北至； | |
| | …… | …… | …… | …… | …… | |

（说明：表格可调整行数可增加）

（三）转包费标准变更约定：

四、权利和义务

（一）甲方的权利和义务

1. 甲方有权按照合同规定收取土地流转费；按照合同约定的期限到期收回流转的土地。

2. 甲方作为原承包方与发包方的承包合同仍然有效，应继续履行相应的义务。

3. 甲方有权监督乙方经营土地和保护土地的情况，并要求乙方按约履行合同义务。

4. 甲方在土地承包经营权流转后，应报发包方（村集体经济组织）备案。

5. 甲方应协助乙方按合同规定行使土地使用权，帮助协调本集体经济组织内与其他承包户之间发生的用水、用电、治安等方面的纠纷；不干预乙方正常的生产经营活动。

（二）乙方的权利和义务

1. 乙方有权要求甲方按合同约定交付转包土地并要求甲方全面履行合同义务。

2. 乙方在流转地块上具有使用权、收益权、自主组织生产经营和产品处置权。

3. 乙方在国家法律法规和政策允许范围内从事生产经营活动；依照合同规定按时足额支付土地流转费。加强安全生产，防止事故发生，造成损失的，乙方自行承担责任。

4. 乙方应依法保护和合理利用土地，应增加投入以保持土地肥力，不得使其荒芜，不得从事掠夺性经营，不得搭建违章建筑，不得擅自改变土地用途，不得给土地造成永久性损害。

5. 乙方在转包期限内因故不能继续经营土地的，应将土地退还给甲方；未经甲方同意，不得擅自将土地流转给他人。

五、违约责任

合同双方当事人任何一方违反本合同规定条款，均视为违约，违约方应向对方支付违约金_____元，如违约金不足以弥补经济损失的，按实际损失赔偿。

因国家法律、法规和政策调整等不可抗力影响，需要变更或解除合同的，按相关规定执行。

六、纠纷解决方法

发生纠纷的，双方当事人可以协商解决，也可以请求村民委员会、乡（镇）人民政府等调解解决。当事人不愿协商、调解或者协商、调解不成的，可以向本辖区农村土地承包仲裁委员会申请仲裁，也可以直接向人民法院起诉。

七、双方约定的其他事项

1. 合同到期后地上附着物及相关设施的处理约定：

（1）当前地上附着物及相关设施统计；

（2）当前地上附着物及相关设施作价和归属约定；

（3）到期后地上附着物及相关设施的处理约定。

2. 有关国家政策性补贴归属的约定。

3. 转包土地被征收、征用依法应获得补偿费归属的约定。

4. 其他约定。

八、本合同自双方签字盖章之日起生效

当事人可以向乡镇农村合作经济经营管理部门申请鉴证。

九、本合同一式四份，当事人双方各执一份，村集体经济组织和乡（镇）农村合作经济经营管理部门备案各一份

甲方：                          乙方：

甲方代表签章：                  乙方代表签章：

签订地点：                      签订日期：

资料来源：http://www.doc88.com/p-383479458530.html。

## 二 农户→专业大户的农地流转相关利益主体分析

总体而言，农地从农户向专业大户的流转主要以农户与农户之间的转包和互换为主进行的，这其中涉及的直接利益群体不仅有农户和专业大户，村集体和基层政府有时在其中会发挥更为重要的作用。

（一）转包方式下不同利益群体的角色及利益诉求

在转包这种土地流转模式中，农民通过土地流转合同，将自己的全部或部分土地承包给种植大户经营，农民通过对土地的外包获取相对稳定的租金收入；而种植大户通过承包连片土地发展规模经营，以提高农业生产经营效率，获取更多的收益。农民和专业大户之间多为自主协商、签订合同。在此种方式下，政府和村集体的作用相对单一，主要负责农户与农户之间合同的备案管理，及承担合同的鉴定人这一角色，主动性作用的发挥并不明显，也没有从中获取更为直接的收益。

（二）互换方式下不同利益群体的角色及利益诉求

专业种植大户为了追求更高的生产效率和经济收益，往往采用一些现代化的、规模化的经营方式。大规模的蔬菜大棚、葡萄大棚、中草药大棚等的经营都属于这种模式。而上述这种模式要求种植专业户的土地必须是连片土地，而目前的农户承包地基本都是在第二轮家庭承包基础上稳定下来的，农户的土地呈现分散状态，具有明显的细碎化特点，为了适应这种现代化的种植方式和趋势，农户与农户之间自发地进行换地，通过两户，甚至是更多农户与农户之间土地的互换，最终使各户土地相对连接，从而有利于形成现代化的规模种植。通过互换使农地向专业大户集中的过程相当复杂。在这一过程中，互换双方甚至多方需要最终在经济收益上实现"双赢"，而村委会在适当的时候必须介入其中，比如建立信息平台收集和发布换地信息、协调互换户之间利益、最终促成互换能够高效完成，以履行村集体组织的监管职能。

## 案例 4-5：农户→专业大户的农地流转

尹某，男，51 岁，河北省沧州人。近年来，随着国家对农业的重视和土地流转政策的放开，自 2008 年起在本村承包了几十亩地种植温室大棚葡萄，目前也是当地葡萄种植能手。据他讲，家里的地除了自己承包的部分外，基本都是从本村农户租过来的，这些农户一般没有什么特殊的种田技能，单纯种粮食，但又嫌收入太低，把地转出来可以不干活又能赚点地租。自己租用土地主要考虑土地平整、适合种葡萄，尽量能够连片便于经营和管理就行。土地转入转出最多是告知村委会一声就可以，有时候连告知这个环节都省了，只要转出户和转入户觉得有赚头、你情我愿就可以了。考虑到周边市场的饱和度问题，近期自己也不想扩大规模了，但是拉起了一个葡萄种植合作社，都是本村的，村民相信自己就带着大家一起做，收获季节根据各农户的销售量自己会从社员那里获取一部分收入，作为技术指导的报酬。

### 三 农户→专业大户的农地流转风险分析

农户→专业大户的农地流转相比于较小规模的农户间的农地流转表现出流转期限较长、流转关系的确定较为规范等特点，这些特点也可能潜藏着风险和危机，主要表现在：

（一）专业大户经营不善可能引发的风险

众所周知，农业实际上是一项风险性很高的产业，专业大户通过农地流转获取成片的大面积农地经营使用权，其目的在于通过自己的专业化经营从中获取更高的农业经济收益。然而，虫害、旱涝、雨雪冰雹等自然灾害和市场风险难以预测，个人很容易发生错误的决策，等等，结果都会导致专业大户难以从流转的土地上获取到预期的收益，从而使专业大户的经营和家庭生计面临不可预测的风险，甚或对农地流出者违约——拒付或迟付租金给农地流出户；而对于农地转出户而言，不能在合同约定的期限内拿到应得的租金，一方面可能直接威胁到家庭生计开销；另一方面可能滋生对专业大户的不满，为纠纷的发生埋下祸根，甚或是和专业大户直接冲突。

（二）失地农民无从再就业引发的风险

多地的考察发现，目前单纯的农地租金对于维持主干家庭的生计开支远远不够，如果转出农地的农户在一段时间内不能够重新就业，寻求到更为稳定的家庭生计来源，那么突发似的个人违约行为就不可避免，从而也对生产大户的正常生产经营产生干扰和消极影响；从更深的角度而言，失地农民不能及时再就业常常成为当地社会不安定的重要因子。

（三）农地流转费用给付引发的风险

由于市场的作用，农地租金价格也处于一个动态的变化过程中。为了适应这一过程，很多地方的农户自发流转农地合同的签约期仅仅界定为1年，从而很好地避免了由于价格给付引发矛盾的风险；而对专业大户而言，为了保证对特定农地的相对稳定的经营使用权，合同期限往往比较长，农地流转租金往往是在合同中事先约定的定期现金给付，然而事实上，常常出现这样一种情况：第二年、第三年，或者是之后的某一年当地农地租金价格涨幅比较大，流出农地的农户为了维护自己的权益而要求流入农地的专业大户增加租金给付；专业大户可能又会以合同为借口予以拒绝，由此引发农地流出者和专业大户之间的矛盾纠纷。

## 第三节　农户→合作组织的土地流转及风险分析

**一　农户→合作组织的农地流转模式运作的一般程序**

合作组织作为我国现代农业发展依托的重要载体之一，同时也成为农地经营的重要主体。农地向专业合作社等合作组织的流转数量近年来也一直飙升（见表4－2）。所谓农户向合作组织的农地流转就是始于农户对农地供给终止于合作组织对农地使用和收益分配的农地流转模式。

表4－2　　　　2009—2011 年全国及华北地区五省（市、区）
农地流转入专业合作社的面积　　　　单位：亩

| 地区 | 2009 年 | 2010 年 | 2011 年 |
|---|---|---|---|
| 全国 | 13440540 | 22156485 | 30547328 |
| 北京 | 166776 | 141195 | 141196 |
| 天津 | 38042 | 36909 | 71603 |
| 河北 | 221267 | 559050 | 1193470 |
| 山西 | 179563 | 451155 | 940556 |
| 内蒙古 | 226496 | 540989 | 794239 |

资料来源：《全国农村经营管理统计资料》（2009—2011）。

（一）农地流转的组织形式

农户合作组织的农地流转以村委协调和合作组织的运筹为主要形式进行的。具体做法是：农户将自己的土地以直接出租或者入股的形式转让给合作组织（或者共同组建合作组织），以合作组织为平台聚集土地，然后经由合作组织对聚集起来的土地进行统一的生产经营管理，不再由农户分散经营；再次合作组织直接挂靠龙头企业或者直接对接批发市场进行生产经营。在出租方式下农户会得到稳定租金收入，而入股方式下除了保底的土地租金收入，还会有按股份的二次分红，而且两种方式下合作组织成员户均有优先选择在合作组织就业的权利，从而获取一部分工资收入（见图4-5）。

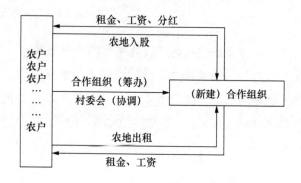

**图4-5　农户→合作组织农地流转模式**

（二）农地流转关系的确定

与前两种方式相比较，发生在农户和合作组织之间的农地流转关系的确立对于书面的协议或合同等契约形式的依赖性更强。也就是说，作为农地流出的农户和农地受体合作组织之间靠书面的契约形式来规定各自的权利和义务关系。原则上讲，由于我国农村土地集体所有的性质，农地流转应当向村委会备案，然而，实际考察发现，发生在农户和合作组织之间的农地流转在农地流转关系确立的流程中很少有农户和村委会以及合作组织和村委会之间的协议存在，更多地表现为村委会作为"第三方"身份在其中扮演旁证和监督的角色。

**二　农户→合作组织的农地流转相关利益主体分析**

在农地由农户向合作组织流转的模式下，农地流转主要表现为农地直接出租和农地入股两种形式，涉及的相关利益主体有三方，即流出农地的农户、合作组织和村委会，三者在这种农地流转中扮演着不同的角色，并有着不同的利益诉求。

（一）农户的角色及利益诉求

农户作为农地供给者，是最直接的利益群体之一。在面向合作组织的农地流转中其利益诉求主要表现为实现家庭农地经营收益最大化。通过直接出租农地给合作组织经营，一部分外出务工或者家庭劳动力不足的农户期望自家无暇顾及的农地得到充分的利用，同时能够通过流转给合作组织获取到一部分原来预期之外的租金收益；而另一部分农户则期望通过将农地流转给合作组织，获取到比自己耕种更高的租金收益，以及一个在合作组织成员资格和优先就业以获取额外工资收益的权利。在农地入股流转方式下，很多农户更可以享受到租金、股红和工资"三位一体"的收益，因此，以入股方式向合作组织流转农地对农户的吸引力更大，比直接出租对农户的吸引力更强。

（二）合作组织的角色和利益诉求

合作组织作为新型农村和现代农业发展的产物，很大程度上而言，它既是农业生产经营的载体；同时也是农民组织化的必然选择。在这种流转模式中，作为最直接的利益相关者，它一方面将农户零散的土地整合为一个充满活力的有机体，使其更易于实现规模化、标准化生产，最大限度地提高农地生产效率和收益；另一方面又通过生产管理和更优化的农产品营销策略实现对生产的控制和农地的有效管理，从而扩大自己的影响和知名度，从而最终提升合作组织及其所在社区组织整体的经济实力和社会影响力。

（三）村委会的角色和利益诉求

公开的资料显示，基层政府和村委会在这种农地流转中更多扮演的是"中间人""协调人"和"监督者"的角色，一方面权衡村组织整体利益对是否实施这种农地流转做出决策；另一方面和合作组织一起实施对农户宣传和动员工作。此外，要对农地流转整个过程及其效果进行监督和旁证。村委会作为村集体的代表通过这种角色的扮演和角色功能的实施诉求的是村集体经济综合实力的提升和整个社群综合福利水平的提高。

---

### 案例4-6：农户→合作组织土地流转

韶关市梅花镇绿源蔬菜流通专业合作社由其周边的45位流通商和菜农组成，合作社在农户以土地入股的同时，以每亩地300元/年的租金向农户连片租用，然后再把地块调整给有劳动力的农户种植。其具体办法是：（1）合作社每年从盈余中提取10%的公积金，用于扩大生产经营，弥补亏损或转为成员出资。（2）合作社从当年盈余中提取5%的公益金，用于成员的技术培训、合作社知识教育以及文化、福利事业和生活上的互助互济，其中用于成员技术培训和合作社知识教育的比例不低于公益金金额的50%。（3）剩余分配余额按照成员与合作社的业务交易量比例返还，返还比例不低于可分配盈余的65%。（4）剩余部分以成员账户中记载的出资额和公积金份额，以及合作社由国家直接财政补贴和他人捐赠量化到各人的份额，按比例分配给社员。（5）合作社如果出现负债，由公积金弥补，不足部分也可以用以后年度盈余弥补，如果还不足，则由社员按照比例分担，但不超过出资额。

资料来源：http://www.tdzyw.com/2013/1114/33244.html。

---

### 三 农户→合作组织的农地流转风险分析

目前，我国农户向合作组织的农地流转很多都伴随着农户自身成为合作组织成员的情况。而合作组织的一个基本原则是成员进退自由。所以，在这种流转模式下，农地流转双方之间权利分享和履约很大程度上依赖双方的诚信。由于合作组织经营的各个环节中，包括从农产品生产到销售，诚信是非常重要的，所以，合作组织本身的违约虽然也有，但是很少；而农户由于既往长期分散小规模经营形成的自由散漫和我行我素，短时间完全适应规制的约束存在相当的困难。对很多地方农民专业合作社调查结果显示，当有了给付租金更高的"业主"时，出租给合作社或者是已经在合作社入股的农户选择退出的案例屡见不鲜。这种现象无疑会给合作组织的生产规划和经营带来风险。而目前要改变这种现象，规避农户随意性的成功做法就是让农民自己在一次一次的反复博弈中去权衡和选择，最终趋向于遵守合约。

# 第四节　农户→企业的土地流转及风险分析

## 一　农户→企业的农地流转模式运作的一般程序

农户→企业的农地流转就是指农户将自己承包经营的农地流转给企业，由企业进行经营管理的模式。如图4-6所示，这类农地流转模式具体表现形式是承包户以农地出租、入股和二次反租三种方式将农地转入农业企业，转入后的农地可以直接由企业运作以对接市场，也可以反包给部分农户耕种，企业对其产品进行回收加工。

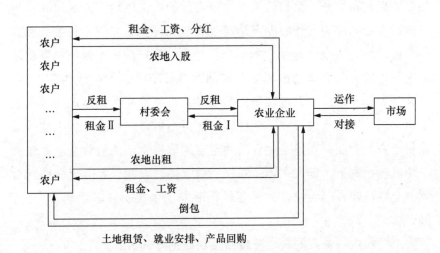

**图4-6　农户→企业的农地流转模式**

（一）农地流转的组织形式

农户→企业的农地流转组织是在村委会协调或者直接参与下和企业共同协作完成的。第一种情况是部分农户在村委会的协调和帮助下将自己的农地直接以出租形式流转给农业企业，由于农地流出和流入方信息的严重不对称和介入农户数量比较少，目前这种形式并不多见；第二种情况是由村委会直接出面并参与，将农户的土地反租回来，然后再成片地出租给农业企业进行经营，村委会甚至是乡镇政府的介入助推了农地流转，因此这种模式在很多地方不少见，涉及农户数量较多；第三种情况是在第二种情况下的一种延伸，即所谓"反租倒包"，按照第二种情况流转给企业的农地，企业根据自己的具体情况和需求，反过来又转包给部分农户来管理和经营，并对他们的生产管理进行约束，回收其产品。

（二）农地流转关系的确定

农户→企业的农地流转关系的确认是以书面契约形式界定的。在农户直接将农地出租给农业企业的情况下，农户和企业之间凭借单一的契约形式界定彼此的权利义务；在村委会参与的二次反租或者反租倒包的情况下，农户和企业之间实际上是通过一种复合式契约来界定各自的权利和义务，换句话说，作为实际的农地供给方，农户和农地的承租方之间权利义务的界定是通过农户和村委会之间、村委会和农业企业之间（以及农业企业和部分承包户之间）的一系列契约顺次地约定下来的，后面契约的成立是以前面各环节契约的生效为前提的。也就是说，农户以书面流转委托书的形式自愿委托村集体流转其承包土地，当零散的土地形成一定规模时，再由村组织将多户的土地一起租赁给农业企业，农民按照合同约定定期取得土地流转收益。在这种土地流转模式下，三大主体：农户、村集体、农业企业以流转委托合同、土地流转合同为纽带，相互联系形成"企业＋村级组织＋农户"经营体。

## 二 农户→企业的农地流转相关利益主体分析

和农户→合作组织的农地流转类似，农户→企业的农地流转相关利益群体涉及当事三方，分别为农户、村委会和农业企业，而不同的是，由于参与方式和程度不同，三方利益群体关系的紧密程度和利益诉求也有所区别，尤其是村委会。

（一）农户和企业的角色及利益诉求

农户和企业是该种模式下最主要的两个利益群体。在利益诉求上农户更多追求的是家庭总体收入水平提高和收入渠道多样化，即由过去那种单靠种植业变为"租金 +（红利）+ 工资"的多元收入，在有些地方通过这种运作模式，农户还可以获取到丰厚的福利待遇，诸如包括以面粉、食用油等供给为主要手段的节日福利、定期的免费休闲旅游以及退休和养老金的补给等。企业作为土地承租方，和合作组织不同，它直接连接着市场。其利益诉求主要表现为通过对农地的经营和合理运作实现加工原料的标准化生产、持续和安全地供给，以降低成本，增加收益。

（二）村委会的角色和利益诉求

农地由农户流向企业的流转模式，使村委会的参与程度更大、参与方式更加直接，成为农户和企业之间的土地流转前拉后推的重要助力。由于其担负的农村社会综合治理的功能，在参与农户和企业之间的农地流转中其最直接的利益诉求就是村集体经济实力的壮大及其成员家庭生计的改善。在一些龙头企业和高效益农业带动之下，鼓励村民将自己的土地流转出来，一方面使各个家庭的土地承包经营权这一财产权实现了增殖；另一方面通过土地流转市场化运作，促进村级农业产业结构调整和规模经营扩大，加快剩余劳动力转移，优化土地和劳动力资源的合理和有效配置，从而从整体上既能够促进村级综合实力提升，也有助于农户家庭生计的改善和可持续性。

## 案例 4 - 7：农户→企业的农地流转

2012 年以来，云南省临沧市临翔区大力发展咖啡产业，以龙头企业凌丰公司为龙头，通过"企业 + 基地 + 农户"的模式，租赁农户的土地形成咖啡产业基地，推进农村土地流转。临翔区农户按"依法、自愿、有偿"的原则进行土地流转，2011 年年末，全区家庭承包耕地流转总面积 6384 亩，占全区家庭承包经营耕地面积的 2.7%；至 2013 年 6 月，流转总面积达 31560 亩，占全区家庭承包经营耕地面积的 13.3%，与 2011 年年末相比，流转面积增 505.5%，其中租赁反包面积 26646 亩，占总流转面积的 84.4%。

通过由龙头企业租赁，统一规划、标准化实施高原特色咖啡产业种植后，反包给农民管理的土地进行土地流转，形成土地规模经营，建成高标准的咖啡产业基地，保证了企业优质原材料的供应，实现了农企"双赢"。而全区村集体经济实力也因此上了一个新的台阶。

资料来源：http://www.xyshjj.cn/bz/xyjj/sib/201403/69366.html。

### 三 农户→企业的农地流转风险分析

农户土地流向企业的模式是引发流转风险较高的模式，概括起来，存在三种极易产生的风险。

（一）农民不能充分就业引发的风险

由乡镇政府或者村级集体驱动的大规模农户农地向企业的流转很多情况下并没有考虑到农民方方面面的利益。虽然农地向企业实现了转移，实现了农地规模经营，但是由于本地缺乏资金和技术实力较强的第二、第三产业，农业剩余劳动力转移受阻，流出农地的农民不能够充分就业，就可能助长诸如赌博、聚众闹事、好逸恶劳等不良行为发生，从而引发局部的社会不安定。

（二）企业破产引发风险

在一个合同期内流入农地企业一旦破产，农村集体土地所有权性质将面临威胁，那些流出土地农民就有可能成为失地农民，其生产生活方面将得不到基本保障。

（三）村集体强力推动易引发农户和村集体之间的矛盾纠纷

村集体强力促成的大规模农地流转，在实施运作和租金给付等方面很难考虑到所有农户的意愿、需求和利益诉求（后来的利益分配不公等），容易引发农户和村集体之间的矛盾纠纷，严重的甚至造成村委会成员和个别农户之间的人身攻击和伤害。农地流转中的农户和村集体之间纠纷的发生很多都是这种强力推动的大规模农地流转下的产物（见表4-3）。

表4-3　　　2009—2011年全国及华北地区五省（市、区）农地
流转中农户和村集体之间的纠纷数量统计　　　单位：件

| 地区 | 2009 年 | 2010 年 | 2011 年 |
|------|---------|---------|---------|
| 全国 | 9297 | 9933 | 9578 |
| 北京 | 79 | 182 | 281 |
| 天津 | 12 | 25 | 50 |
| 河北 | 195 | 425 | 293 |
| 山西 | 179 | 124 | 75 |
| 内蒙古 | 108 | 64 | 47 |

资料来源：《全国农村经营管理统计资料》（2009—2011）。

# 第五节　农户→合作组织→企业流转模式

**一　农户→合作组织→企业的农地流转模式运作的一般程序**

农户→合作组织→企业的农地流转是指农户把农地流转给新型农村合作经济组织，新型农村合作经济组织再把转入的农地流转给产业项目业主——农业企业进行规模化、集约化、产业化经营的农地承包经营流转模式。随着我国农村土地流转政策的进一步放开和农地流转制度的不断创新，农村各种新型合作经济组织不断出现，包括农民专业合作社、农村土地流转合作社、农村土地流转服务中心等，各自都在农地流转中扮演了重要的中介角色，成为农户和企业之间土地流转的桥梁。

如图4-7所示，农户→合作组织→企业的农地流转的组织主要是由合作组织来斡旋的，一般情况下合作组织首先通过一定的宣传动员，让农户将自己的土地以出租或者入股的方式流转给合作组织，这一过程中为了避免纠纷，合作组织或者农户都可以申请基层乡镇政府和村委会对流转地进行勘查复核和确权，形成农户和合作组织之间初

次的农地流转；然后合作组织通过和相关农业企业之间的谈判将这些流转来的农地出租给农业企业，实现农地的增殖。所以，农地的流出方农户和农地最终的受体企业之间的农地流转关系确立是建立在复式契约基础上的，即农户和企业之间受到农户和合作组织之间以及合作组织和农业企业之间的双重契约约束。

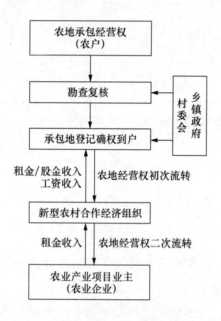

图4-7 农户→合作组织→企业的农地流转流程及关系

## 二 农户→合作组织→企业的农地流转相关利益主体分析

农地有农户流向合作组织，再由合作组织流向企业，这种农地流转模式主要涉及的相关利益群体包括农地流转户、新型农村合作经济组织、农业产业项目业主（农业企业）、乡镇政府和村委会等。乡镇政府和村委会在这种模式下扮演的往往是一种协助服务者角色①，可视为一个间接利益群体，其利益诉求与其他模式中提到的相同角色的

① 实际的案例中有很多新型合作组织实质上是由村委会领办的或者和村委会之间是"一套人马两套班子"而已，这里将这种情况直接视为合作组织等同的角色功能和利益诉求，而不是本书意义上的单纯的村民自治组织村委会。

利益诉求没有实质的区别，而农户和农业企业的角色和利益诉求与前述的"农户→企业"农地流转模式中的雷同，所以，这里不再对三者赘述，而仅仅关注一下合作组织的角色与利益诉求。

很显然，在这种模式下合作组织在农户和农业企业之间扮演着中介或者中间人的角色，在农地从农户向企业的流转过程中发挥了重要的桥梁作用。同时，合作组织本身作为一个独立的经济组织或实体，还有着它自己的经济利益的诉求。一方面在参与该农地流转过程中从农户那里获取了可以对接农地流转市场的"原料"基础——土地，另一方面可以从企业获取比之前支付给农户的租金或股金更高的租金收益，从而实现自己盈利的目标。

---

### 案例 4 - 8：农户→合作组织→企业的农地流转

山东省宁阳县"股份＋合作"的土地流转分配方式是农户→合作组织→企业的农地流转的典型代表。这种模式是，农户以土地经营权为股份共同组建合作社。村里按照"群众自愿、土地入股、集约经营、收益分红、利益保障"的原则，引导农户以土地承包经营权入股。合作社挂靠龙头企业对土地利用进行统一规划和管理，并对生产经营进行指导。合作社按照民主原则对土地统一管理，然后交由家庭劳动力充足的农户进行经营。合作社实行按土地保底和按效益分红的方式，首先支付社员土地保底收益每股（亩）700 元，留足公积公益金、风险金，然后再按股进行二次分红。

资料来源：http://www.tdzyw.com/2010/0813/26166.html。

---

### 三　农户→合作组织→企业的农地流转风险分析

这种农地流转模式较其他几种模式（不包括农户间的自发流转）而言，推进的方式相对缓和，可以称得上是一种相对温和的农地流转模式。这种模式运作过程中，其可能的风险就是信息不对称可能导致的农民权益侵害。该种模式倾向于以农村合作经济组织的形式参与市场交易，加强了合作经济组织对农民的控制。由于合作组织和农户本身之间存在严重的信息不对称，使合作经济组织易于剥夺农户个体权益，强化了集体组织成员权，弱化了农民个人入市流转的权利。

# 第五章　农地流转风险的成因分析

农地流转风险成因是多方面的，除不可预测的自然风险外，宏观经济环境、现行农地产权制度、地方政府干预、农户流转行为等都是流转风险存在或产生的成因。

## 第一节　宏观环境对农地流转风险的影响

农地流转是一种社会经济现象，不可避免地要受到宏观环境的影响。

### 一　农业经营环境的影响

（一）融资环境的影响

在农地流转中，尤其是农业合作组织、农业企业或农业大户参与的农地流转中，土地的流转规模都比较大，采用规模经营的方式进行专业化生产需要投入较多资金。由于合作组织、农业企业或农业大户的资本金数量有限，因此需要通过社会融资方式来解决。一旦社会融资渠道不畅，他们转入农地的行为就会受到制约，而农地承包经营权抵押贷款有许多障碍。

第一，承包地的保障性功能制约了农地承包经营权抵押。由于农村社会保障体系不健全，我国在集体农地地权制度的设计上，作出了经济功能让位于社会保障功能的初始产权制度安排——按人头均分到户。如果放开土地承包经营权抵押的限制，可能造成农民因失地而失业，失去社会保障，进而危及乡村社会的稳定。

第二，超小的规模、零散的农地分布格局导致农地抵押贷款缺乏经济上的可行性。要实现土地承包经营权抵押，就需要对这项抵押权的价值进行评估。由于农地的耕作条件、土壤条件差异大，其价值又受剩余承包期的长短、所在区域主营作物的盈利情况、未来被征收征用的概率、未来道路和村镇的发展建设情况等因素的影响，使土地承包经营权的价值评估很困难，评估机构难以对其实际价值做出准确判断。

第三，银行抵押权的实现困难。农户耕地的零散导致银行系统很难明晰抵押物的空间边界，难以处理抵押物和周边村民承包地间的边界纠纷。因此，即使银行有了抵押权，当债务人无法清偿债务时，银行也难以通过拍卖承包经营权来回收借款。

第四，法律障碍。我国法律禁止农地承包经营权抵押贷款。《中华人民共和国担保法》（1995 年 6 月 30 日第八届全国人民代表大会常务委员会第十四次会议通过）第三十七条第二款规定，耕地、宅基地、自留地、自留山等集体所有的土地使用权不得抵押。最高人民法院《关于审理涉及农村土地承包纠纷案件适用法律问题的解释》第十五条也规定："承包方以其土地承包经营权进行抵押或者抵偿债务的，应当认定无效。"

在转入土地进行规模经营的农业大户、合作经济组织等，因不能通过土地抵押贷款获取资金，资金限制好使流转后规模化经营难以持续。个别地区采取了一些变通方法来解决流转中的融资问题，如三明市各地农村信用联社的"公司＋农村土地经营权抵押""基金担保＋农村土地经营权抵押"，成都市的以农村产权流转担保公司提供担保为前提的农地流转贷款等。但这些方式都是在少数有条件的地区具有可行性，能复制推广。融资环境制约了农地流转，尤其是规模化流转。

（二）生产经营风险的影响

农业经营风险主要有自然风险、市场风险和技术风险三种。自然风险是指由自然因素所导致的农业生产经营的不确定性或损失，主要包括气候条件（暴风雨、洪涝、干旱、冰雹、霜冻等）、动植物病害、虫害。农业生产主要是露天进行，与固体、液体和气体都有接触，因此受自然条件的影响很大。自然风险仍然是农业规模经营面临的最主要风险，并且随着生态环境的恶化，这种风险变得越来越大。市场风险包括农业投入物的市场风险和农业产出物的市场风险。农业产出物的市场风险主要缘于价格方面。由于农产品生产规模、居民消费偏好、居民收入水平、农产品进出口政策等都会发生变化，所以农产品的供求曲线都会发生移动，从而影响农产品的价格。由于生产周期长，农业经营者对市场信号的反应滞后，使农产品价格经常会出现发散型蛛网式的不稳定波动，使农业经营者承受极大风险。由于农户规模超小，难以同农业生产资料供应企业相抗衡，所以农业生产资料行业的许多风险都会转嫁到农业生产者身上。技术风险是指农业技术运用的实际收益与预期收益发生背离的可能性。现代农业技术的发展在改造提升传统农业，带来收益和效率的同时，也隐含着较大的风险。一方面，农业技术很容易被模仿。引进新技术的人花费了较高的成本，但由于"山寨版"的出现，使其难以获得预期的收益。另一方面，新技术在使用中失败的概率很大，因为引进的新技术往往需要有一个熟化的过程，如若操作不当，便会造成减产甚至绝收。当这些风险发生之后，承租户往往难以继续履行农地流转合同，从而导致流转纠纷的发生。

而承租户是规模经营的企业或农户的情况下，其承担的生产经营风险会更大，一旦风险发生，其引发的流转纠纷会更严重。第一，规模经营户与普通农户对待农业经营中的风险的态度和手段不同。小规模经营农户是风险规避者，在安排农业种植时往往会采取多样化种植等方式规避风险，在遇到风险时往往也能够通过增加劳动力投入、迅速改变种植结构和方式甚至放弃种地而外出打工等手段来降低风险的影响。而规模经营户则不同，他们以追求高收益为首选，因而不会躲避风险。第二，规模经营者还面临着专业化带来的风险。规模经营户为了降低生产成本，往往会采取专业化经营道路。而一旦发生自然风险，农业收成可能会大幅度减少，甚至可能颗粒无收。大规模种植单一作物，也会出现销售难问题。一旦市场需求与预测结果严重不符，则产品价格就会远远低于经营者的预期值，引发严重亏损。第三，规模经营户还面临着企业经营风险。由于企业生产经营中存在多层次的委托—代理关系，因此其生产经营效率往往不如农户，由此造成规模经营的低效率，从而引发企业经营的亏损。由于以上原因，一旦规模经营户遭遇了大的经营困难，往往选择"跑路"的方式来应对出租方讨要租金的行为。一些地方甚至出现了承租户由于经营亏损而逃走，村民为了索要拖欠的地租，纷纷到政府机关"寻求帮助"，迫使政府代替承租户支付租金的情况，将土地流转风险转嫁给了政府。

（三）服务体系不完善的影响

农地流转通常会促进农地规模化经营，但规模经营是否能提高效率则取决于专业化分工及社会服务体系的发展建设情况。张炎夏①认为，"中国农业与美国、加拿大、澳大利亚等发达国家农业的真正区别绝不仅仅是在规模上，而是在'生产方式'上。美国农业早就实现'专业分工、社会化生产'了，也就是早就按照工业的'生产方式'生产了，而中国的农业生产方式仍然是'小农'的（什么都是自己干)"。

农业社会化服务体系是为农业生产提供社会化服务的成套的组织机构和方法制度的总称。它是运用社会各方面的力量，使农业生产单位适应市场经济体制的要求，克服自身全职全能引发的低效率弊端或小规模经营引发的规模不经济弊端，获得更高生产效益的一种社会化的农业经营组织形式。

农业社会化服务体系包括一些专门经济部门，如提供基础设施建设的服务体系，提供技术推广的服务体系，提供资金投入的服务体系，提供信息服务、提供政策和法律服务，等等。他们提供农业产

---

① 张炎夏原是上海大学教授，2004 年开始弃文从农，自筹资金成立现代农业发展有限公司，与上海、江苏、安徽的个体农民签订稻谷种植承包合同，种植面积近 8000 亩，在粮食的种植、收割、收购、仓储、加工、销售 6 个环节中，张炎夏找专业的人做专业的事，摸索出一套独特的专业化分工、社会化生产、资本化运营的"金廊模式"，在不改变"家庭联产承包责任制"的基础上，实现了农业的规模种植，农民的收入也大幅增加。

前、产中、产后的全面、系统、一体化的服务。如产前的生产资料供应（种子、化肥、农药、薄膜等），产中的耕种技术、栽培技术、病虫害防治技术以及产后的销售、运输、加工等服务。许多农业大户的生产经营活动也多数由经营者自己负责。尽管中国个别的大农场在生产规模、生产方法、生产设备上已达到规模经营水平、具有现代化农业特征，但在生产组织形式上，他们与个体农民基本相同，不过是"放大的小农经济"而已。"放大的小农经济"的"生产成本高、生产效率低"。

中国农地流转的终极目标，是推动农业的现代化经营。为了实现这一目标，必须进行农业的专业化分工，完善其社会化服务体系。

**二　征地制度的影响**

农地流转关系始终面临着行政性征地的威胁。一旦政府决定征收农民的土地，则原来的承包关系就会解体，建立在承包经营权之上的农地流转自然也就无法继续维持。这一威胁自然会影响到农地的稳定流转，对于农地转让和长期转包的影响更大。

承包期内若出现征占土地的情况，补偿费如何在承包农户和集体经济组织之间分配是一个悬而难决的问题。按照当前的征地制度，政府主要是与待征土地的所有者和承包经营者进行交涉，而对流转入土地的经营者的利益则缺乏系统考虑。从理论上讲，征地工作中政府就同一块被征土地要与多个主体产生关系。首先是农村集体经济组织，一般是行政村或村民小组。因为征收的是农村集体经济组织所有的土地，所以，政府必须与其进行协商。其次是土地的承包经营权持有人，因为他们是实际的终极土地所有者。由于土地承包期较长，而且按照党的政策精神，承包到期后还会继续延包，所以政府必须给予待征土地的承包户充分补偿。此外，如果承包经营权或其分割出来的某种产权（如使用权、地役权等）发生流转，则政府也要和相关产权的拥有者进行协商。至于在承包经营权基础上设立的租赁权、地役权等问题则交给承包户自己去处理。这些产权在征地中的处理方式没有具体的法律依据，所以在处理中不可避免地会发生矛盾。这间接地制约了农地的流转。

随着城市化进程的加快，征地现象越来越多，尤其是进入 21 世纪以来。2004—2011 年，国家每年征收征用的农户承包耕地面积都在350 万亩以上，其中 2004 年甚至达到 677 万亩，涉及的农户数在 236万—330 万户，涉及的农业人口数在 211 万—1134 万人。如此庞大的征地规模自然会影响到农地流转，特别是使耕地大量减少，使国家粮食安全受到威胁。

### 三　非农就业环境的影响

农村劳动力离农进城规模由 1996 年的 6658.8 万人增加到 2011年的 20988.7 万人，年均增加 955.3 万人，年均增加 7.95%。常年外出劳动力由 1996 年的 3375.1 万人增加到 2011 年的 16846.6 万人，平均每年增加 898.1 万人，年均增加 11.31%。从事农业的劳动力缓慢下降，由 1996 年的 27543.9 万人下降到 2011 年的 22437.9 万人，平均每年减少 340.4 万人，年均减少 1.38%。而且常年外出的劳动力增长速度明显高于外出人员的增长速度，说明稳定外出的人员增长迅速。这无疑有利于加快农地的流转。实践也证明了这一点。1996 年中国农地流转率只有 0.98%，而到了 2011 年则达到了 17.84%，平均每年增加 1.124 个百分点。

农村劳动力离农就业空间半径也影响着农地流转。如果常年外出打工的劳动力就业半径（指打工地距离其家的距离）大，则如果他坚持耕种自家的农地，并在农忙季节回家务农，则其来回的路上所花费的成本无疑是高昂的。因此，出于经济利益的考虑，其会倾向于将土地流转出去。发达的京津冀地区就业机会较多，常年打工的劳动力可以就近就业，因此，到外省份就业的意愿和压力不大。而江西、贵州、安徽、广西、湖北、重庆、湖南、四川等省（市、区）的本地就业空间远远小于本地的就业需求量，因而不得不常年到省外打工，因此其跨省外出打工者所占比重很大。这些特点决定着农地流转具有区域性的特点。

# 第二节 现行农地产权制度对农地流转风险的影响

## 一 集体所有权模糊的影响

（一）"集体"含义的模糊性

农村土地主要归集体所有，但"集体"这一概念并无明确的界定，因而没有明晰的边界。长期以来，理论界对这个"集体"就一直存在不同的认识，因而这个"集体"的性质不明、农村土地所有权主体缺位和虚化。[①] 由此引发了农村土地处置及其收益分配中的大量纠纷。

在有关法律中，对这个农村"集体"分别使用了不同的称呼。

《宪法》第六条规定："中华人民共和国的社会主义经济制度的基础是生产资料的社会主义公有制，即全民所有制和劳动群众集体所有制。"第八条规定："农村集体经济组织实行家庭承包经营为基础、统分结合的双层经营体制。农村中的生产、供销、信用、消费等各种形式的合作经济，是社会主义劳动群众集体所有制经济。参加农村集体经济组织的劳动者，有权在法律规定的范围内经营自留地、自留山、家庭副业和饲养自留畜。"第十条第三款规定："农村和城市郊区的土地，除由法律规定属于国家所有的以外，属于集体所有；宅基地和自留地、自留山，也属于集体所有。"

《民法通则》第二十七条规定："农村集体经济组织的成员，在法律允许的范围内，按照承包合同规定从事商品经营的，为农村承包经营户。"第七十四条规定："劳动群众集体组织的财产属于劳动群众集体所有，包括：（一）法律规定为集体所有的土地和森林、山岭、草原、荒地、滩涂等；（二）集体经济组织的财产；（三）集体所有的

---

① 田平：《关于对农村集体土地征收性质的探讨》，《十堰职业技术学院学报》2008 年第 1 期。

建筑物、水库、农田水利设施和教育、科学、文化、卫生、体育等设施；（四）集体所有的其他财产。集体所有的土地依照法律属于村农民集体所有，由村农业生产合作社等农业集体经济组织或者村民委员会经营、管理。已经属于乡（镇）农民集体经济组织所有的，可以属于乡（镇）农民集体所有。"

《刑法》第二条规定："中华人民共和国刑法的任务，是用刑罚同一切犯罪行为作斗争，以……保护国有财产和劳动群众集体所有的财产……"

《农业法》第十条第三款规定："农村集体经济组织应当在家庭承包经营的基础上，依法管理集体资产，为其成员提供生产、技术、信息等服务，组织合理开发、利用集体资源，壮大经济实力。"

《土地管理法》第二条规定："中华人民共和国实行土地的社会主义公有制，即全民所有制和劳动群众集体所有制。"第八条第二款规定："农村和城市郊区的土地，除由法律规定属于国家所有的以外，属于农民集体所有；宅基地和自留地、自留山，属于农民集体所有。"第十条规定："农民集体所有的土地依法属于村农民集体所有的，由村集体经济组织或者村民委员会经营、管理；已经分别属于村内两个以上农村集体经济组织的农民集体所有的，由村内各该农村集体经济组织或者村民小组经营、管理；已经属于乡（镇）农民集体所有的，由乡（镇）农村集体经济组织经营、管理。"

上述法律中分别使用了"劳动群众""农民""村民""农村集体""农村经济组织""农业经济组织""农村合作组织""农民集体""集体成员集体"等多个不同的概念来予以表述。这种多概念的表述，使"农村集体"这个概念的内涵和性质存在多变性，人们对"农村集体"含义的认识不可能明确。

（二）"集体"层级的模糊性

作为农村土地所有者的"集体"还有层级上的模糊问题。

农地所有权的归属并不明确。我国《土地管理法》第十条规定："农民集体所有的土地依法属于村农民集体所有的，由村集体经济组织或者村民委员会经营、管理；已经分别属于村内两个以上农村集体经济组织的农民集体所有的，由村内各该农村集体经济组织或者村民小组经营、管理；已经属于乡（镇）农民集体所有的，由乡（镇）农村集体经济组织经营、管理。"而《民法通则》第七十四条规定："集体所有的土地依照法律属于村农民集体所有，由村农业生产合作社等农业集体经济组织或者村民委员会经营、管理。已经属于乡（镇）农民集体经济组织所有的，可以属于乡（镇）农民集体所有。"即土地法认可的集体土地所有权归属有三个，通常理解为是乡镇集体、行政村集体和村民小组集体①，而民法通则则明确集体土地所有权归属有两个，乡镇集体和行政村集体。在法律规定相互矛盾的情况下，各权力主体都有介入农地问题的可能。

1999 年最高人民法院《关于审理农业承包合同纠纷案件若干问题的规定（试行）》对村民小组的独立诉讼主体资格给予肯定，但村民小组并无独立财产，因而无法承担民事责任。事实上，村民小组作为土地所有权主体虽然符合历史要求，尊重了历史事实，但却与现代法律要求不相符。根据民法通则，民事主体只能有自然人和法人两种，而村民小组很显然不是自然人，其也不符合法人的规定。《民法通则》第三十七条规定："法人应当具备下列条件：（一）依法成立；（二）有必要的财产或者经费；（三）有自己的名称、组织机构和场所；（四）能够独立承担民事责任。"第三十八条规定："依照法律或者法人组织章程规定，代表法人行使职权的负责人，是法人的法定代表人。"而村民小组并没有自己的组织机构和办公场所，甚至连公章都没有，难以承担一个法人的民事责任，根本达不到法人的要求。所以，尽管土地管理法规定了村民小组可以拥有土地所有权，但在土地发包、被征收等经济活动中，往往是由行政村村委会代其从事相关活动。正因为如此，导致村小组难以保护和行使自己的产权和履行相关职能，村委会越俎代庖现象非常普遍。

根据《土地管理法》第十条的规定，我国农村土地的所有权为"三级所有"，即可以归属村民小组、村委会或乡镇，事实上属村民小

---

① 村内两个以上的农村集体经济组织基本上就是村民小组。

组所有的土地占 90% 以上。但由于我国共有 60 多万个村委会、460
多万个村民小组，在当初办理集体土地所有权证时，为方便起见，一
般都只颁给村委会。

根据 2011 年《全国农村经营管理统计资料》的数字统计，归行
政村所有的耕地面积与归村民小组所有的耕地面积之比达到 0.75，说
明归村所有的耕地面积达到了归村民小组所有耕地面积的 75%，说明
在确权发证工作中，将许多本应归给村民小组的耕地也确权给了行政
村集体。

不同的省份耕地在行政村和村民小组之间的分配比例是不同的，
天津、北京、河北、山西、内蒙古、山东、湖北、贵州、青海、宁夏
和新疆等省（市、区）的耕地主要归行政村所有，黑龙江、浙江和甘
肃三省份的耕地归行政村和村民小组所有的各占一半，其余省份的耕
地主要归村民小组所有。

这种区域差别与各省份的自然经济条件有关。在地少人多的中原
地带，由于人口稠密、自然村落往往就是一个行政村，各组之间没有
明确的耕地界限，因此其耕地主要归行政村所有，如北京、河北、天
津等。而在人少地多的平原地带，如黑龙江和吉林两省份，由于行政
村多由多个自然村组成，各个自然村之间相隔较远，各自然村（一般
是一个个相互独立的村民小组）的耕地相互独立、界限分明，因此耕
地主要归村民小组所有。而山区为主的省份，如重庆、江西、四川等
省份，由于交通不便，一个行政村往往由多个界限分明的自然村组
成，因此其耕地主要归村民小组所有。

2011 年 11 月 14 日，国土资源部、财政部、农业部联合下发了
《关于加快推进农村集体土地确权登记发证工作的通知》，对进一步规
范和加快推进农村集体土地确权登记发证工作提出了意见。意见中明
确指出："涉及依法'合村并组'的，'合村并组'后土地所有权主
体保持不变的，所有权仍然确权给原农民集体；'合村并组'后土地
所有权主体发生变化，并得到绝大多数村民认可的，履行集体土地所
有权变更的法定程序后，按照变化后的主体确定集体土地所有权，并
在土地登记簿和土地证书上备注各原农民集体的土地面积。"这就说

明，农村土地的所有者除"乡镇集体""行政村集体""村民小组集体"之外，还可能存在其他形式的"集体"。比如，两个村民小组合并成一个村民小组后，各自所有的土地仍然归原来的小组集体所有，但合并后原来的村民小组并不存在了，那么谁来作为这些土地所有者的代表并履行相应的职权就成为一个非常模糊的事情。

农地产权归属的模糊性及各相关主体间的非平等地位影响了农地稳定流转。中国历来存在国有产权重于集体产权、大集体产权重于小集体产权、集体产权重于农户产权的产权不平等观念，所以农户产权往往容易受到事实上的侵害。在这种情况下，农民的承包经营权就处于政府或村委会的行政干预之下，强制流转现象经常发生。

（三）所有者性质的模糊性

农村集体究竟是一个自治组织，还是一个经济组织，抑或一个行政组织，并不清楚。根据《村民委员会组织法》的有关规定，村委会是一个村民自治组织，并不是政府的一级延伸机构，政府对村委会的工作是"指导、支持和帮助"。但其第八条第二款规定："村民委员会依照法律规定，管理本村属于村农民集体所有的土地和其他财产，引导村民合理利用自然资源，保护和改善生态环境。"这一规定又同时赋予了村委会一定的土地管理权，使自治性质的村委会实际上演变成了具有行政性质的准政府机构。此外，村委会实际承担着村中民事调解、计划生育管理、治安管理、公共设施管理等多个职能，因此具有典型的行政组织特征，村委会就是一个不在列的行政组织。

此外，农民集体又经常被冠以"集体经济组织"的称谓，并管理着农地等经营性资产，甚至直接经营着耕地、林场等，因而又具有经济组织的特征。目前，虽然许多土地名义上归集体经济组织所有，但却多由行政村的村委会代行相关职能。

但各省份的情况差异很大。北京、浙江的农村土地基本上都是由集体经济组织经营管理，而宁夏、云南、吉林和上海这四个省（市、区）的农村土地主要是由行政村来代为进行管理的。

这种行政权主体和经营管理权主体不分的情况在中国农村非常普遍，这种产权不清、职责不明的制度安排影响了农地配置效率的提高。

（四）集体的模糊性导致所有权弱化

土地所有权是很重要的法律权利，其主体必然是相关法律关系的主体，应该具有法律上的人格意义。然而，随着经济改革的深入及我国相关的经济和民事法律的健全和发展，特别是在进行农村土地的确权过程中，这种没有具体组织形态和法律人格化的"农民集体"就会遇到诸如不能行使和保护自身权利等情况。集体的模糊性为行政力量的介入提供了借口和便利条件。农村干部之所以能大张旗鼓地非法处置农村土地就是因为这一"集体"太虚的缘故。

集体所有权的弱化还表现在集体组织内部管理的复杂化影响了集体组织对外进行相关的民事活动。集体的模糊性导致集体内部的管理制度往往依据相关法律来设立。比如《村民委员会组织法》就对集体内部某些事务的处理方法进行了规定。该法第二十四条规定："涉及村民利益的下列事项，经村民会议讨论决定方可办理：（一）本村享受误工补贴的人员及补贴标准；（二）从村集体经济所得收益的使用；（三）本村公益事业的兴办和筹资筹劳方案及建设承包方案；（四）土地承包经营方案；（五）村集体经济项目的立项、承包方案；（六）宅基地的使用方案；（七）征地补偿费的使用、分配方案；（八）以借贷、租赁或者其他方式处分村集体财产；（九）村民会议认为应当由村民会议讨论决定的涉及村民利益的其他事项。村民会议可以授权村民代表会议讨论决定前款规定的事项。法律对讨论决定村集体经济组织财产和成员权益的事项另有规定的，依照其规定。"

法律制度对集体组织内部的管理程序的规定可能与农村集体管理的实践需要不符，这必然造成矛盾和冲突。

**二 各项权能边界不清的影响**

中国农地各项产权的权能边界不清，使用权、所有权和政府的行政管辖权错综复杂地纠缠在一起。集体所有的农地本应当由集体成员共同决定其经营利用方式，但现实中却是由政府通过各种手段进行控制，比如推动家庭承包经营，甚至规定了集体经济组织留取机动地的比例、承包期限等。这就模糊了所有权与行政管辖权的界限，是行政权对所有权的粗暴干涉。

行政权和所有权的边界不清从农民承包土地经营权的凭据上就可以看出来。目前，农户获得的承包土地经营权有两个凭证：一个是农户与集体经济组织签订的承包合同，另一个是县级政府发给农民的土地承包经营权证。当承包合同和土地承包经营权证记载的内容发生矛盾时，土地权能方面的矛盾就难以协调。农业部颁布的《农村土地承包经营权证管理办法》第二条规定，农村土地承包经营权证是农村土地承包合同生效后，国家依法确认承包方享有土地承包经营权的法律凭证。《物权法》第一百二十七条也规定，土地承包经营权自土地承包经营合同生效时设立。县级以上地方人民政府应当向土地承包经营权人发放土地承包经营权证、林权证、草原使用权证，并登记造册，确认土地承包经营权。可见，政府颁发土地承包经营权证只是对生效土地承包合同的确认，行政机关没有自由裁量权。那么，承包合同就是界定相关各方权利义务的最可靠依据，而承包经营权证的作用很小。

按照物权法学理论，不动产物权的设立，必须通过一定的公示方法即必须通过登记才能设立。登记始终伴随着不动产物权的存在，若没有登记，则不能产生物权的效力，而只能发生债权的效力。在这种情况下，进行不动产登记并发不动产产权证就非常有必要。从性质上讲，土地承包经营权属于不动产物权，所以，土地承包经营权必须通过登记才能设立。但是，由于我国乡村社会的特殊性，一般学者认为，登记并不应当作为物权产生的先决条件，尤其是家庭承包方式获得的承包经营权。根据《最高人民法院关于执行〈中华人民共和国行政诉讼法〉若干问题的解释》颁发农村土地承包经营权证这种行政行为，只能起到一定的证明作用，对土地承包经营权证书上的发包方和承包方以外的人的权利不产生实际影响。这就使土地承包经营权证的发放变得没有实际意义。

土地承包经营权证的不规范也引发了一些新问题。有一部分承包经营权证书记载的事项简单、模糊、错误，如证书记载的面积不准、四至范围不详、人地不符等，许多证书不仅起不到明确权属的作用，反而增加和扩大了矛盾和纠纷。①

由于各种权能之间的矛盾和冲突，导致农户流转承包地的独立性和自主性受到挑战。许多乡政府通过控制村委会来掌控土地流转，一些地方出现了政府强制农民将土地大规模地长期流转给企业的情况。有的村委会也利用行政管理者身份，通过土地综合整治、扣留承包合同、"劝导"等手段代替村民做主，强制农户流转土地。

当国家政策支持发展现代农业、倡导规模经营、推动农地流转时，地方政府出于政绩的目的更加积极地采取各种措施推动农地流转。

由于政府行政力量的超强介入，使一些地方农地流转产生了异化。农地流转本属于市场配置农地资源的手段，如今却变成了社会发展的目标，从而使农地流转政策偏离了该制度设立的本意。在行政权力缺乏约束的情况下，政府官员开始运用经济、行政等手段干预农地流转。这会引发一些问题：一是农民土地权益被侵害。有的地方政府不顾群众的意愿和利益，采取行政命令方式，强行收回农户承包地然后流转给企业或农业大户，并通过各种措施扶持企业或农业大户的发展。这种做法必然会侵害农民利益，背离农地流转政策出台的初衷。二是对农地流向有误导。政府支持下的"成功"流转案例被广泛宣传，似乎农地流转可以解决"三农"的一切问题。但许多流转典型是依靠集中各种政策性资源，如贴息无息贷款、财政补贴和地租优惠等，造起来的，这种典型缺乏自生能力，更无法复制。三是导致财政资金的流向出现偏差。财政资金本应优先流向贫者弱者，但鼓励规模流转的政策却使财政资金优先流向了企业或农业大户。一些企业还利用政策搞套利流转，在凭借流转获取财政资金后逃之夭夭。四是导致农地流转合同存在缺陷，尤其是流转主体不合法。一些乡镇政府（或街道办事处）、村组织直接作为农地流出方与企业或农业大户签订流转合同，他们没有承包户的委托书或授权书，或者持有瑕疵的委托书，致使流转合同本身不合法，因而难以履行。

---

① 陈晨、王胜、樊荣禧：《当前城乡一体化建设中农村土地承包纠纷案件九大难点问题探讨》，《法律适用》2011 年第 1 期。

由于政府行政力量对农村的深度介入，使农村集体土地的处置权和有关农村土地的发展权虚设或弱化。尽管没有任何法律明确规定农村土地归国家所有，但事实上对农村土地的处置最终是各级政府说了算，以至于许多农民认为农村土地属于国家所有。根据有关学者组织的调查，针对"你耕种的土地是谁的"这样一个问题，60%的农民选择属于国家的，27%的农民选择属于村集体的，7%的农民选择属于生产队（小组）的，6%的农民选择属于个人或属于其他人的。[①]

政府的行政管辖权经常被滥用，因而会影响到农地流转。在中国农地的利用中，除集体组织内部的管理者以外，农地利用还受到县乡政府、人民法院的干预，而且这三种主体的行为方式不同，做出的决定往往也不同，就使农地流转问题越发复杂化。

### 三　集体成员边界模糊的影响

集体成员边界的不确定性和模糊性导致与农地有关的产权归属模糊，使行政力量介入农地流转具有了某种程度的合理性。集体所有的性质使集体内部经常性地调整变换承包地虽不合法但却合理，在许多地方被多数农民认可。通过土地调整以适应集体内部家庭人口的变化，是集体内部成员之间公平的体现和土地终极所有者权利实现的手段。每个集体经济组织的农地数量一定，但每户的人数和社区人口总量是变化的，为了追求集体土地人人有份的公平原则，行政性地调整土地就成了一种必然。

农村的人地矛盾对耕地调整的压力始终存在。从家庭承包经营制度开始实施到现在一共经历了两轮承包，第一轮承包开始于1984年，承包期15年；第二轮承包从1999年左右开始，承包期30年。如果各地完全按照中央的政策，自1984年以来就采取延包方式，不进行人地关系的调整，则必然导致30岁以下的年轻人没有承包地，现在这一代人早已婚嫁并有了子女，没有承包地会使他们的家庭生计受到影响。"增人不增地、减人不减地"的土地政策，既不公平，又无效率，农民也不

---

① 陈小君：《农村法律土地制度研究——田野调查解读》，中国政法大学出版社2004年版，第5页。

满意，承包期内土地就面临着调整的压力。因此，从全国来看，严格执行此政策的地方仅占47.79%，但承包期内集体经济组织并不能保障每个新增成员都能通过内部调整得到土地。集体成员边界的模糊性使村委会干预农地流转有一定的合理性，从而导致土地承包经营权不稳定，因而影响了土地流转。

### 四 土地承包经营权模糊的影响

#### (一) 土地承包经营权的特征

《土地承包法》第六条规定："农村土地承包，妇女与男子享有平等的权利。承包中应当保护妇女的合法权益，任何组织和个人不得剥夺、侵害妇女应当享有的土地承包经营权。"第二十二条规定："承包合同自成立之日起生效。承包方自承包合同生效时取得土地承包经营权。"第二十三条规定："县级以上地方人民政府应当向承包方颁发土地承包经营权证或者林权证等证书，并登记造册，确认土地承包经营权。"据此可知，农村土地承包经营权的设立依据的是承包合同。

既然是依据承包合同，那么，从理论上讲，不同集体经济组织的土地承包经营权可能会有不同。《土地承包法》第二十一条规定："发包方应当与承包方签订书面承包合同。承包合同一般包括以下条款：（一）发包方、承包方的名称，发包方负责人和承包方代表的姓名、住所；（二）承包土地的名称、坐落、面积、质量等级；（三）承包期限和起止日期；（四）承包土地的用途；（五）发包方和承包方的权利和义务；（六）违约责任。"从理论上讲，不同集体组织的承包合同中，对这些条款的约定通常会不同，比如承包方的权利义务可能会不同，因此承包经营权的具体内容就可能有差异。但承包经营权的地位却逐渐上升，直至被国家认可，并通过政府发放土地承包经营权证予以证明和保护。这就使组织内部认可的一种多样化的权利转变为受法律保护的格式化的、标准化的物权。这就产生了一个很深的矛盾，土地承包经营权保护与管理中的集体组织意愿、政府意愿、法律规范三者之间可能存在不一致的情况，因此会引发土地所有权和行政管理权、司法权的冲突。这就使土地承包经营权具有模糊性。这种模糊性致使承包经营权非常不稳定，从而影响到农地流转。

　　此外，在行政和司法的干预下，家庭承包中的承包合同逐渐成为缺少差别的制式合同，甚至只是一个象征意义上的合同，合同的内容几乎完全是由国家相关政策、法律所明确规定了的事项。由于承包户和土地所有者之间的权利义务主要依据法律而定，这就使农地承包经营权的含金量具有不确定性，除受土地条件和农产品生产成本、价格等市场因素影响外，还受到政策的影响。2006 年以前，农民是要缴纳农业税及相关费用的，经营农地的纯收益很低，一些地方出现了"倒贴皮"的土地现象，拥有承包地实际就是拥有一项负担。在这种情况下，农地承包经营权的含金量很低，甚至为负。这也正是一些农民逃离农地，不再种植承包地的原因。2006 年，国家不仅取消了农业税，并且还对种地进行补贴，比如粮食直补、综合直补、良种补贴、农机补贴等，每亩农地每年可获得的补贴数额为几十元到上百元。成都市甚至还出台了耕地保护基金政策，对基本农田每年给予 400 元/亩、一般耕地每年给予 300 元/亩的补助。这些政策的变化，无疑提高了农地承包经营权的含金量。一些早年放弃了承包地的农户又纷纷回村要地，一些将承包地转包出去的人也纷纷将承包地收回，自行耕种或以更高的租金再出租或转包出去。由于各种补贴的标准都会随着政府财政收入的增加而增加、随着政府对农业重视程度的提高而提高的，因此，补贴标准是一个关于时间的变量。在这种情况下，土地承包经营权的含金量就是一个不确定的量，导致农地流转特别是长期流转中难以确定价格，交易双方都无法对农地租金水平进行长期预测，这自然会影响农地的稳定流转。①

　　总之，名义上由合同明确的权利义务为边界的承包经营权，实际上依据的是法律法规的界定，当法律法规发生变化时，合同规定的内容和法律法规的内容可能相抵触，这种情况一旦出现，便成为难以处理的土地问题。

---

　　① 一种可能的解决方式就是各种补贴都给原承包户，这样无论补贴标准如何变化，都不会影响农地流转价格。但这种解决方式也存在问题，因为这样做就违反了财政补贴的初衷，也会影响到财政补贴的效果。

（二）土地承包经营权模糊对农地流转的影响

1. 土地承包经营权设立的不完善

由于农地承包经营权来自合同，所以签订完善的农地流转合同是土地承包经营权稳定的关键。但现实中，一些农民的承包经营权缺乏合同的保护，因此其土地承包经营权并不具有稳定性。不同省份的土地承包合同发放率不同，发放率最高的省市可以达到100%，如北京市、海南和贵州省。发放率最低的是天津市，只有79.97%。而一般省份的发放率都在95%以上。这说明农地流转的产权基础基本是明晰的。

从2010年土地承包经营权证的发放情况看，一般省份的承包土地发证率都在90%以上，海南省甚至达到了100%。但也有一些省份的产权证发放率过低，如天津只有69.77%、吉林只有74.03%、广西壮族自治区只有77.87%。承包经营权证的发证率明显低于合同发放率。如吉林的合同发放率比承包经营权证的发放率高23.57个百分点，说明有23.57%的承包地本可以发放承包经营权证但却还没有发放，这从另一方面说明农地流转的产权基础存在脆弱性。

2. 土地承包权纠纷影响了农地流转

农地承包过程中的纠纷发生情况会影响到农地的流转。从实践情况看，农地承包方面的纠纷数量比较多。如重庆市每万个承包户中发生的承包纠纷就达到18.6起，然后依次是云南（17.2起）、湖南（15.5起）、海南（14.6起）、辽宁（12.4起）、新疆（11.8起）、四川（11.3起），其他省份每万个承包户中发生的承包纠纷都在10起以下。土地承包纠纷的发生使土地流转的产权基础不牢固，进而会影响到农地的流转。土地流转纠纷数与土地承包纠纷密切相关。可见，要想保证农地平稳流转必须要先解决好农地承包中的矛盾和纠纷。

3. 流转纠纷影响承包经营权不稳定

农户与村组集体组织之间的流转纠纷时有发生。从2011年全国的情况来看，农户与村组集体之间的流转纠纷占土地流转总纠纷的比重达到了14.15%，天津市和北京市甚至达到了60%以上。这表明农户的承包经营权并非完全独立于村组集体组织，亦即其还受到村组集体组织的影响。农户与村组集体组织之间流转纠纷的发生动摇了农户的承包经营权，这自然会对农地流转产生负面影响。

# 第三节　政府行为对农地流转风险的影响

## 一　政绩考核机制的影响

政绩考核机制直接影响着地方政府及管理干部参与农地流转的积极性。《中华人民共和国公务员法》第三十三条规定：对公务员的考核，按照管理权限，全面考核公务员的德、能、勤、绩、廉，重点考核工作实绩。现实中，对地方政府和公务员的考核以工作绩效考核为主，绩效考核的结果将决定被考核者的晋升问题，而绩效又以追逐GDP和落实中央方针政策为主。一旦中央出台一个新的精神或新的改革思路，相关的各级政府及公务员就会努力解读，并竞相落实这一精神，争创落实中央政策的典型，为引起上层党组织的关注而创造绩效，以获得晋升机会。农地流转是近几年"中央一号文件"、国土资源部和农业部联合制定土地流转政策等，都在国家政策层面反复强调农地流转的重要性和必要性，并明确省、县、乡、村管理部门的职责要求，各级政府必然努力推动、落实这项政策，参与的深度和广度与工作绩效直接挂钩。

2010年，《中共中央国务院关于加大统筹城乡发展力度　进一步夯实农业农村发展基础的若干意见》（中发〔2010〕1号）指出："加强土地承包经营权流转管理和服务，健全流转市场，在依法自愿有偿流转的基础上发展多种形式的适度规模经营。"这些中央文件的出台标志着中央开始推动农地流转。在中央政策的导引下，各地纷纷采取行动推动农村土地的流转。一些地市县纷纷制定地方性的农地流转管理办法或实施细则，如唐山市、银川市、绵阳市、温州市、郴州市等。一些县市还出台了流转的奖励政策，如北京市平谷区、广东省东莞市、浙江宁波的余姚市、黑龙江黑河的五大连池市等。还有一些县乡级政府采取行政命令、政绩考评方式推动农村土地流转。使本应当成为一种资源调配手段的土地流转变成了政府追求的一种目标，地方政府开始努力推动农地流转的实现。不可避免造成两个问题：第一，政府"越俎代庖"，替农民做主，强制农民流转土地，最终农民利益不能保障；第二，利用政府掌握的财政支出等手段奖励鼓励农民流转土地。前者必然会使农民不满，从而引起激烈的社会冲突；后者将会引发财政资金的低效利用，从而导致经济运行效果不良。

## 二 政府行为边界模糊的影响

### （一）农地流转中政府应当承担的职能

确定农地流转中政府职能的前提是明晰农地流转中各相关主体之间的关系。《农村土地承包法》第三十四条规定，土地承包经营权流转的主体是承包方。承包方有权依法自主决定农地是否流转和流转的方式。按照这一规定，农地流转的交易主体只能是承包方，对集体经济组织并无明确规定。但《农村土地承包经营权流转管理办法》第六条第一款规定，承包方可以委托发包方或中介组织流转其承包地。这就在一定条件下为发包方——"集体"等组织参与流转提供了法律依据。但承包方的流转主体身份是法律赋予的；而"发包方"或其他中介组织的流转主体身份则需要满足一定法律要件才能成立：一是承包方自愿委托发包方或中介组织流转其承包土地；二是具备土地流转委托书。此外，一些特殊的流转方式中，也需要发包方的介入。《农村土地承包经营权流转管理办法》第十一条规定："以转让方式流转的，应当事先向发包方提出转让申请。"

除直接参与农地流转的上述交易主体之外，农地流转作为家庭承包责任制的制度安排下土地资源配置方式的一种创新和突破，其流转关系的协调和发展还涉及各方面一系列的扶持和配套机制。这就使农地流转不仅仅涉及流转双方，还涉及为流转提供金融服务的金融机构、提供交易信息等服务的市场中介、进行流转备案鉴证的乡镇政府部门和产权变更登记的县级政府部门，以及为流转制定相关法律法规和政策的国家立法部门和各有关职能部门。这些机构虽然不是农地流转的直接交易主体，但均对农地流转的展开和市场的发展产生密切的影响，维系着农地流转机制的正常运行。因此，农地流转还需要县乡政府和中介服务组织等参与。

　　《农村土地承包经营权流转管理办法》相关条文规定：县级以上人民政府农业行政主管部门依照同级人民政府规定的职责负责本行政区域内的农村土地承包经营权流转及合同管理的指导，同一集体经济组织的承包方之间自愿将土地承包经营权进行互换，当事人可以要求（县级以上政府）办理农村土地承包经营权证变更登记手续，采取转让方式流转农村土地承包经营权的，当事人可以要求及时办理农村土地承包经营权证变更、注销或重发手续，流转合同一式四份，流转双方各执一份，发包方和乡（镇）人民政府主管部门各备案一份，合同文本格式由省级人民政府农业行政主管部门确定，流转当事人可以向乡（镇）人民政府主管部门申请合同鉴证，主管部门应当建立流转情况登记册，及时准确记载流转情况，依法开展农村土地承包经营权流转的指导和管理工作。采取互换、转让方式流转土地承包经营权，当事人申请办理土地承包经营权流转登记的，县级人民政府农业行政主管部门应当予以受理，并依照法律规定办理。从事农村土地承包经营权流转服务的中介组织要在县级以上地方人民政府主管部门备案并接受其指导，依法依规提供流转中介服务。关于纠纷调解：流转发生争议或者纠纷时，当事人应当依法协商解决，协商不成的可以请求村民委员会、乡（镇）人民政府调解，协商或者调解不成的可以向农村土地承包仲裁机构申请仲裁，也可以直接向人民法院起诉。

　　中介组织在农地流转中主要是提供服务，如信息服务、流转价格评估服务等。在职能上主要有四种：一是服务职能，如制定相应的流转规则、提供规范的流转合同并指导合同的签订；二是管理服务职能，如办理产权变更登记、办理流转情况登记、进行合同备案、接受流转中介服务组织的备案和对其业务进行指导等；三是监管审验功能，如监督流转土地的用途、对流转合同进行验证；四是纠纷处理功能，如对农地流转纠纷进行调解和仲裁。

　　除《农村土地承包经营权流转管理办法》中载明的政府职能以外，作为公共物品的提供者，基层政府还应当承担为农地流转提供合适的农业经营环境的职能。如为农业经营提供更好的基础设施条件、鼓励农业生产发展、为流转提供中介服务等职能。

（二）政府的缺位现象

1. 政府的服务功能弱

在农地流转市场尚不完善之时，适当的政府调控和服务在促进农地合理流转、降低交易费用方面至关重要。农地流转实践是基于农户通过自主选择的方式来降低产权交易成本，进而达到资源的优化配置。但由于土地零散，生产经营者大面积租入土地时不得不与众多的分散小农户分别进行交易。此外，由于无法做到与所有的小规模出租者均签订长期的租赁合同，农地转入方不敢在土地上进行长期投资。这些都导致农地流转中的交易成本过高。政府的适度参与则可以降低交易成本。政府可以通过两种方式降低交易成本。

一是政府提供信息服务。农地流转中介组织是市场经济的伴生组织，是连接政府与市场交易主体之间的媒介，中介组织的发展水平一定程度上标志着市场的成熟程度。目前，我国农村农地流转市场尚不健全，中介组织发展不充分，土地供求双方难以有效对接，土地配置效率低。因此，应充分发挥政府的信息中介功能。乡村集体组织具备信息优势，政府可以以乡、村集体为基础，通过信息网络技术在县域范围内建立信息共享系统。具体操作方面可以建立县、乡、村农地流转信息库等信息平台，实施流转信息免费登记，并及时发布包括农地数量、区位、价格区间等在内的详细的供求信息，并接受供求双方咨询。

二是政府为流转双方提供指导。农户对农地流转的相关政策和法规定缺乏了解。政府首先应加大法律法规宣传力度，可以采取发放手册或举办免费学习班等方式组织农民学习《土地法》《土地承包法》《农村土地承包经营权流转管理办法》《合同法》等相关法律法规，帮助农民正确理解并行使自己的流转权利，指导流转双方签订合法合同。此外，政府应提高农民文化素质，提高其接受、理解新鲜事物的能力，增强维权意识及能力，提高自身的决策水平。

2. 政府管理服务职能不健全

首先，流转的基础管理服务——承包地产权管理服务存在欠缺。对于产权的清晰界定和准确把握是农地流转机制运行的基础，明晰的产权既有利于激励市场主体参与市场交易、降低交易成本，提高市场绩效，同时又有利于保护市场各方主体，特别是农户的利益。因此，必须完善农地产权的法律关系，明确各个权利主体的责、权、利。首先，要确保农民对承包土地的排他性权利。排他性是产权的最基本特征，也是激励人们将外部性内在化，发挥产权在资源优化配置中作用的前提条件。当前要落实农户对承包经营权的排他性占有，就是要严格禁止政府在承包期内随意调整承包关系，随意干预农户合法的农地流转行为。①

其次，要细化产权结构，完善承包地产权权能，通过厘清乡镇政府、村民委员会和村民之间的产权关系，明确三级主体之间的产权边界，降低产权主体虚置带来的负面影响。

最后，应建立土地确权登记制度，规范农民土地权利证明文件的管理。目前土地承包合同和土地证书是由各个省甚至是县乡来设计的，这就导致了这些合同和证书与法律的规范要求相左，从而使这些文件的法律效力减少或无效。② 因而，政府应通过建立健全严格的土地产权登记制度，对权属及其变更进行法律确认，以维护土地产权市场的良好秩序。要通过县国土资源部门实地调查明确各个承包人承包地的土地位置、土地权属、土地总面积和土地用途等，在实地调查的基础上做好土地产权的登记确权工作，并对调查和确认的权属结果进行依法登记。在农民土地权利证明文件管理方面，比照国有土地使用权证书的统一设计原则，由中央政府或省政府统一设计农村土地承包经营权证书。证书应对承包期限、承包人权利义务、发包人权利义务、地块的四至、面积、边界、侵权行为、侵权后果等内容作出明确

---

① 周家超：《我国农村土地承包经营权的制度分析与完善》，硕士学位论文，四川师范大学，2006年，第35—41页。

② 韩俊：《中国农村土地问题调查》，上海远东出版社2009年版，第66—68页。

规定；在此基础上，乡（镇）人民政府农村土地承包管理部门依照
《农村土地承包经营权流转管理办法》建立农村农地流转情况登记册，
及时准确记载农村农地流转情况。

3. 政府审验服务功能没有全面开展

目前，流转双方进行合同验证的情况不多，只有规模化流转的个
别案例进行了合同验证。由于流转的农地比较分散，一些流转中的农
地规模过小，因此监督管理非常困难，致使政府的监管服务难以到
位。实际上，政府对农地流转过程中的监管应包括三个方面：一是对
中介组织的监督。包括加强对农村土地流转中介组织的资格审查，界
定土地流转中介组织的经营范围，审查管理中介服务费用收取标准。
二是对流入方行为的监督。监督农地流入方是否按照原用途使用土
地，如有改变原有土地用途的情况，立即制止并按照规定采取相应措
施，防止用地者破坏农地资源。为了有效监督流入方的行为，必须明
确监管责任的主体。应以县、乡两级政府为责任人，县级政府部门总
体负责，乡级政府负责具体的审核业务，审核农地流转是否满足法律
规定的流转条件和原则，包括是否改变了土地用途，是否满足流转自
愿原则等。三是上级政府对下级政府、县乡政府对村集体在农地流转
中的行为进行监督，保证权力机构没有侵害农民利益的行为的发生。

4. 纠纷协调处理服务功能不完善

在不断发生的农地流转纠纷中，其成因复杂，有的是土地产权不
清引发的，有的是流转双方没有签订流转合同引发的，有因政府征地
补偿不合理引发的，等等。基层政府往往难以详细掌握农地流转纠纷
的成因、具体事由，介入纠纷的解决非常困难。因此，一旦发生流转
纠纷，往往依靠着村集体组织内部的力量来解决。许多解决方式是
"和稀泥""各打五十大板"。为了避免纠纷扩大，地方政府往往以压
服的方式来息事宁人，使农地流转纠纷只是暂时被平息而没有被真正
地解决。

5. 为农地流转提供的中介服务不到位

在规模化流转中，流入土地者出于规模经营的需要，往往需要购
买设备，进行农田水利基础设施建设。这些投资一般回收期长、涉及

面广，因而既需要流转关系稳定持久，也需要行政许可。要实现这两点就必须有地方政府的介入。首先，由于规模经营企业或农业大户与分散农户打交道很难，双方间的签约和履约成本非常高，也难以保证流转关系的稳定①，严重威胁流入方经营的稳定性，因而需要行政力量的介入。其次，农地规模化经营势必需要对农田、乡村道路、水利设施进行改造，这些活动已经不是规模经营户与单个农户通过协商所能解决的问题，必须有行政力量的介入。最后，土地流入规模经营主体后，各农户其承包地原始形态会发生变化（如打破原来的地块边界、小田并大田、坡地改平地、旱田改水田等），因而流转合同到期后如何处置流转土地将成为一个潜在风险，只有借助行政力量进行机制建设，由机制创新或制度完善进行规避。

政府力量的介入主要可以起到两个作用：一是充当流转双方之间的缓冲器，打破熟人交易的关系链条、缓解信息不对称性、降低交易的不稳定性，并提供一定程度的担保；② 二是充当农地利用的宏观管理者，比如是否允许规模经营农户打井、调整地块、进行道路建设、建造看护房等。

6. 政府宏观发展政策不协调

目前，国家在宏观发展政策方面有三个方面存在问题：一是农业基础设施投入不足；二是农业补贴不能激发农民生产积极性；三是工业化和城市化并未起到"以工补农、以城带乡"的作用。"村村通"工程解决了农村与城镇联系困难的问题，也使农民走出农村、农产品进入城市市场更为便捷；农村饮水安全工程使广大农村农民喝上了安全水；高标准基本农田建设和农地整理工程，使平原区农田提高了生产力水平；等等，农业基础工程连年加大投入，绩效显著。但广大农

① 邓大才：《农地流转的交易成本与价格研究——农地流转价格的决定因素分析》，《财经问题研究》2007 年第 9 期。

② 政府或村委会参与其中，本身就是一种行政担保。因为一旦交易双方出现违约情况，政府或村委会的信誉就会受到影响，受害方也会找政府或村委会交涉，所以，在参与之前，政府会对双方的诚信情况、项目的合理性和可行性进行调查分析，因而客观上起到了一定程度的担保作用。

村的现状仍是基础设施落后、田块细碎，特别是水利化设施严重不足，南方易涝北方易旱年年发生。政府农业补贴数额与生产资料涨价相比，使惠农政策起不到激发和保障农民经营土地的积极性作用。工业化和城市化的快速发展，对农村起到了生产要素"虹吸"作用，农村劳动力、资金和土地大量转向工业发展和城市建设，城乡间、工农间的二元结构未改善反而更严重。这些都影响着农地流转速度、规模和稳定性。

（三）政府的越位现象

农地流转中的政府越位主要表现在两个方面：一是强制性地"鼓励"农民流转农地。为了促进农地流转，政府对一些"成功"流转案例进行广泛宣传，以鼓动农民流转出土地。这些成功案例中，许多是依靠集中各种政策性资源，如贴息无息贷款、财政补贴和地租优惠等整合成典型，这种典型缺乏自生能力，更无法复制。二是一些乡镇政府直接作为农地流出方与企业或大户签订合同，然后再做农民的"工作"。农地流转本属于一种市场行为，土地流转主体是农民，应由农户流转双方决定流转形式，政府提供指导、服务，通过提供流转信息、指导合同签订、流转备案、纠纷调解等使流转在规范中进行，以保障流转中农民利益和土地用途监管等。实际上，大多数农民是理性的，农民会根据交易对象、交易标的的大小、交易期限的长短等具体情况理性确定流转合同的规范程度，政府过度包办，反而会引起社会矛盾，潜伏下农村不稳定的风险。另外，农地流转完全规范化也不符合乡村实际，尤其是组织内部农户间的流转。所以，按照农村的传统行为习惯，采取"不规范"、口头协议等方式来流转土地是一种较普遍也较合理的现象。①

政府的越位是由多种原因决定的。一是由于农地流转具有了政治正确性，又是中央所倡导和鼓励的，因此地方政府各级官员便纷纷以农地流转规模为施政目标，采取各种手段推动农地流转，"越俎代庖"

① 《兰州九成农地流转未签正式合同》，《法制日报》2010 年 10 月 18 日；《北京市农村农地流转口头协议超过七成》，《北京晚报》2009 年 10 月 16 日。

或者运用"创新"方式促进农地流转。由于分散的小农难以与行政权力抗衡，所以一些乡村行政权力就与商业利益结合起来，强制农民低价出租土地，甚至借此骗取农民的土地。二是许多地方政府官员认为农地规模经营是必然方向，因此采取各种措施去推动这一理想目标的实现。实际上规模经营不一定需要流转耕地，如通过托管经营方式就可以实现农地的规模化经营。陕西长丰现代农业托管公司就通过组建专业服务队的方式，负责周围村落的农作物（小麦、玉米）种、管、收、售的全程服务。依靠这种方式，该公司对长安区 5 个街道办的 15 个村 3800 多户的 16100 亩耕地进行了规模化种植，实现了土地的规模化经营。可见，流转土地并不是农地规模化经营的必要条件。三是通过农地流转获取自身利益。如某些政府部门与工商资本合作搞农业产业化经营或现代农业经营，这样迫使农民将土地低价流转给工商企业就可以为自己谋取利益。还有的工商资本为了获得更多的土地，往往会给基层政府一定的工作经费，由基层政府帮助其租入土地。帮助工商企业租入的土地越多，地方政府获得的工作经费就越高。这自然会促使政府努力劝说农民流转土地给工商企业使用。四是通过农地流转实现招商引资目标。一些地方政府为了扩大地区就业，增加地方GDP，采取"以租代征"手段向工商资本供应土地。一些引进的企业在农田上兴建了大量建筑物和构筑物，破坏了耕地的固有属性。农地流转期结束后，农民将难以再得到耕地。这种不可逆的农地流转必然使农民的利益，尤其是长远利益受到侵害，使农民的长远生计受到威胁。

## 第四节　农户行为对农地流转风险的影响

### 一　中国农户的特点

传统农业经济时期的小农与资本主义企业主一样"理性"，他们都追求利润最大化。舒尔茨认为：一旦现代的科学技术等要素能在确保利润的价格水平上得到，农户将如同资本主义企业主一样"理性地"追求最大利润。我国是历史漫长的传统农业大国，市场经济及现代的农业科学技术发展与应用只有短短的几十年，且广大农民的认识和应用并不普遍，多数农户的认识和经济行为仍然是传统的。一是农户的经济发展是依靠家庭劳动力而不是雇佣劳动力；二是农民一年生产的农产品，是全年的劳动成果，不易像现金收入一样按单位计算；三是农户生产的产品主要是满足自身的消费而不是到市场上追求利润最大化。因此，对农地流转特别是流向种植大户、农业企业、合作组织等新型农业经营主体，需要有一个较长的认识、观望、实践的过程。

（一）农户的特点

千百年来，农户一直是中国农村最基本的生产、生活、交往以及政治责任单位，是乡村社会的基本结构单位，悠长的历史使中国农户具有了自己独有的特征。

第一，原子化。所谓"原子化"，是指农户之间缺乏联系、高度分散化。几千年来，中国农民一家一户就是一个生产单位，狭小的生产规模使农业和手工业紧密地结合在一起，将农民束缚于"男耕女织"的家庭经济结构之中。一方面，落后的生产方式、不发达的社会分工使小农的社会交往狭隘，与外部世界相互隔绝，村域成为他们的整个"世界"；另一方面，在长久的自然经济的束缚下、生产方式的控制下、重农逻辑的约束下，这些自我封闭状态不仅成为乡土生活的常态，甚至潜移默化地成为农民的精神束缚，形成了中国传统农民封闭保守、自立独立的独特心理。这种独特的心理进而又强化农民不愿交往、拒绝交往的行为方式。中国传统农民有着强烈的小农意识，即为满足个人温饱，在一小块地上自耕自作，无约束、无协作、无交换而长期形成的一种思想观念和行为习惯。这种意识使小农往往视野狭小、小富即安、缺乏自律、宗派亲族严重。

第二，生存性。传统农户过着自给自足的生活，他们紧紧依附于土地，从土地上获得自己几乎全部的生活所需。由于土地面积狭小零碎，生产工具简单，可供投入的资金十分有限，因此自给自足的生产方式和简单落后的生产工具决定了满足生存需求是传统农户的首要目标和主要行为逻辑。

第三，凝滞性。在传统农业社会劳动生产率较低，为了获得足够的生活必需品以维持家庭的生存，农民必须将大部分时间用于从事农业生产。同时，由于农民的外部就业机会比较少，只好在单位土地上投入更多劳动，以期通过"过密化"生产尽可能多的生活必需品，生存性的生产活动由此局限于村庄以内。尽管当农户仅依靠农业无法解决生存问题，而必须借助劳务市场和家庭手工业时，也往往不过是农忙劳作、农闲务工或者交换手工产品，这种简单的小规模产品交换很难突破村庄集镇的地域范围。

农村人口的凝滞是由土地位置的固定性和农民以农为主的就业结构所决定的。随着城乡二元分割体制逐渐瓦解，农民的活动空间扩大了。随着农民工现象的出现，农村社会的凝滞性逐渐淡化。凝滞性的缓解，导致乡村礼俗性的规范也逐渐淡化，传统的乡村治理结构面临挑战。但这种缓解是缓慢的，农民生活的根据地依然是村落，他们生活的意义、生活的逻辑依然要到乡村去寻找。这也是每到过年或其他大的节日城市人口就不断向农村涌去的原因。只有当农村人口与土地的关系发生大的改变，农民大量转出土地，农村人口的凝滞性才会发生变化。

第四，依从性。毛泽东认为，个体小农经济导致农民陷入永远的悲苦，他在《组织起来》中指出："在农民群众方面，中国几千年来都是个体经济，一家一户就是一个生产单位，这种分散的个体生产，就是封建统治的经济基础，而使农民自己陷于永远的穷苦。"[1]虽然土地家庭承包经营制度已经建立和实施30多年，该制度恢复了农户的经营自主性，但由于农村土地依然停留在集体所有的状态，村委会是集体的代表，所以，农民依然依附于集体。因此，农户的农地流转经常受到行政力量的干扰，强制流转、被动流转现象时有发生。

第五，无助性。以家庭联产承包责任制的实施为先导，农户的生产经营逐渐开始面向市场。在市场经济的汪洋中，小农户就像大海中

---

[1] 《毛泽东选集》第三卷，人民出版社1991年版，第931页。

的一叶孤舟一样，沉浮不定。农民难以把握市场的脉搏，因此就随风
飘荡。"从众"和"齐步走"成为小农经营决策中的特征之一。此
外，我国农村社会保障体制虽然在逐渐完善，但相较城市而言，仍有
相当的距离，加之医疗费用、养老成本、教育成本的迅速升高，农民
对未来的生计十分担忧。一些农民只好坚守自己的"一亩三分地"，
即使种地不怎么挣钱，也坚持耕作，以防不测。从政治上看，农民尚
没有形成一个利益集团，在市场经济大潮中农民又逐渐分化，千差万
别的农民难以形成统一的利益诉求，更难形成合力，他们只能接受社
会现实而不能对社会施加任何影响。在这些因素的共同作用下，农民
在现实世界中往往显得懦弱，不敢抗争，从而导致其土地权利被侵夺
现象时有发生。

第六，社会性。在市场机制的塑造下，传统农户开始脱离自给自
足的经济形态，其生产方式、生活方式、交往方式等日益社会化。在
生产上，社会化的生产活动替代了自给自足；在生活上，从吃穿住
用行到教育、医疗都需要花钱买；在交往上，"熟人社会"逐渐变
为"半熟人半陌生人社会"，农民不得不与各式各样的人打交道。他
们在市场竞争的刺激下，纷纷洗脚上岸，入城淘金，变成"农民工"，
只有极少部分农民工积累资本发展成企业家等。由于农民及其子女
长期得不到良好的教育、培养，没有养成市场必需的风险、信息、合
作意识。为了避免更大的社会压力，农民不得不努力维持住自己在
乡村社会中的地位和角色，同时不断寻找乡村以外的发展空间。在这
种情况下，无论其家里的承包地和住宅使用效率怎样，农户都倾向于
留住承包地、留住宅基地和其上的住房。这种特性阻滞了农地的
流转。

第七，对外关系的复杂性。由于农户不是一个法人组织，也没有
法律所明确规范的内部组织，家庭成员在处理对外关系时的权责利并
不明确。比如，谁是家长（或者户主）、谁能代表农户对外签订合同
这些问题都没有明确。这就导致农户对外关系的处理非常复杂。比
如，一个家庭内部的丈夫和妻子及其老人都有一份承包地，但当其要
流转土地时，是由老人（过去的户主）签字，还是由丈夫签字？抑或

所有人都签字？农户对外关系的复杂性引发了农地流转中的许多问题。比如一旦流转出土地的农户内部发生纠纷，或者内部在流转问题上意见不一致，则任何一方都有可能以他人背着自己签字为由要求取消流转合同。还有的就是一旦农户分家或夫妻离异，则其流转出去的农地如何处理也是一个难以解决的问题。

第八，兼业性。作为生产单位的农户，其生产行为与企业等其他组织的生产行为有很大差别，兼业化是其主要特征。兼业化是工业化过程中世界各国农业发展中的共同现象，即使在人少地多的美国也广泛存在。兼业化是我国农业资源特性决定的：人地矛盾比较尖锐，农民家庭经营的农地规模超小，远达不到经济规模，为了生计，农户不得不进行兼业化经营。农村社会保障制度不健全也迫使农民不得不搞兼业化经营。在缺乏社会保障的情况下，快速发展的城市化为农民提供了离农发展的空间，但即使靠非农业收入能够满足家庭生计需要，农民也会使他们继续经营农地以避免失业。

（二）农户流转行为的特征

1. 差序性特征

农户的特点决定了农户之间的农地流转具有人格化特征，即"看人下菜碟"。同一块耕地流转给不同的人，农民的意愿、索要的条件、签约的方式等都是不同的。兄弟姐妹之间的流转往往是双方亲情关系延续的工具，根本就不会按照市场交易规则来运行。一般在流转中会体现出家庭条件好的一方照顾家庭条件差的一方的特征。无论是流转期限，还是流转价格，都比较随意，流转价格往往是象征性的。兄弟姊妹间的流转不会走严格的程序，即不会签订什么书面合同，也不会找第三方作见证。也正因为如此，一旦兄弟姐妹反目，处理农地流转方面的纠纷就没有依据。即使有第三方人员知道当初兄弟姐妹之间达成的口头契约内容，但出于自己是外人，人家是亲缘关系的考虑，一般也不愿意出面作证。无论是调解人员，还是法院人员都难以进行评判。

友邻之间的流转也有维系友邻关系的目的，但这主要体现在流转对象的选择上，即我要出租土地，你与我关系好，所以我把地优先租给你。但友邻之间农地流转的价格往往遵循的是市场价格，或者与市场价格基本相同。当然，碍于面子和基于长期建立起来的相互信任关系，友邻之间的土地流转往往凭借的是口头协议，不会签订什么书面合同，约定的内容也不会很详细和具体。友邻间的流转一旦产生纠纷也比较难处理。但相对于亲兄弟姐妹之间的流转而言，这种流转纠纷较容易通过第三方证明来解决。由于村庄内农户之间比较熟悉，因此友邻之间的土地流转情况周边的农户大多知道。当纠纷发生时，一般都可以找到流转的相关证人。当然，由于存在事不关己高高挂起的心态，证人的寻找也比较困难。

普通农户之间的流转则会遵循市场规则，无论是交易条件（如价格、期限等）还是交易方式都比较市场化，即使为了方便而不签订正式的书面合同，也往往会找一个见证人或中间人。因此，普通农户之间的流转纠纷往往比较容易处理。

农户在与其他组织（包括企业、合作组织等）、农业大户等进行农地流转时，则会完全遵循市场规则，谁出价高就租给谁，并且会主动要求签订合同，并会力求签订完善具体的合同。一旦发生流转纠纷往往比较容易处理。但这种流转也存在许多矛盾和冲突。一般企业、合作组织、农业大户参与的农地流转都有行政组织的介入，如村委会、乡镇政府等，因此，这种情况下的农地流转多是行政力量干预的结果。在这种情况下，农地流转中的农民一方往往处于弱势地位，存在被代理的情况。因此，流转条件的确定、流转合同的执行过程中，农民都难以充分表达意见，一旦发生纠纷，农民也往往要借助行政力量的帮助才能解决。这就导致农地流转复杂化。

2. 重理轻法特征

一些农户之间虽然签订了长期流转合同，但一旦一方感觉继续履约吃亏就会反悔，流转关系就会难以维持。这种现象在农村比较普遍。在20世纪90年代，由于农业税费的存在，农民经营承包地收益很低，一些农民便把土地长期租赁出去。但2006年以后，国家取消了农业税费并开始给种田农户以补贴，因而种地收入增加很多，一些将土地出租出去的农户便纷纷回村要回土地。出于礼俗和村民关系维系的考虑，租地户往往会退还租入的土地，或者提高给付的租金标准。

## 二　农户行为对农地流转的影响

### (一) 受户主年龄的影响

农地流转实践也反映出与农户年龄有直接有关，年龄越低的农户对土地依赖程度越低。30 岁以下的年青一代农民正逐渐脱离农业生产，农业生产经营主要由老年人承担。[1][2] 造成这一局面的原因主要有两点：一方面是年龄较大的劳动力体力较差、技能更新较慢，缺乏脱离土地进入非农领域就业的能力；另一方面是年龄较大者相对而言更具有恋土情结，经营土地已经成为其生命的一部分，不易改变。相比较而言，年青一代农民从心理上和经济上对土地的依赖都已减弱，在第二、第三产业发达地区更是如此。年轻人越来越多地进入城市、城郊就业，或在当地从事非农产业。因此，农民年龄是影响农地流转意愿的主要因素之一。

### (二) 受教育程度的影响

受教育程度是反映劳动者素质的重要指标，影响着农户的生产能力，也影响着农户接受新生产生活方式的能力。家庭成员受教育程度高者更容易在非农岗位赚取更高的收入，因此更可能转出土地；同时，受教育程度高者对农地流转的了解更深入，对农地流转市场信息的把握程度更高，从技术上提高了其参与农地流转市场的可行性。

### (三) 受家庭收入结构的影响

农户家庭总收入来源于两部分：农业收入和非农就业收入。农业收入来源于农户以土地为主要生产资料的生产经营活动，非农就业收入来源于第二、第三产业提供给农户的工作岗位。这两类收入在农

　　[1]　Kung, James Kai – Sing, Off – Farm Labour Markets and the Emergence of Land Rental Markets in Rural China, *Journal of Comparative Economics*, 2002, 30 (2), pp. 395 – 414.

　　[2]　De Brauw, Alan, Jikun Huang, Scott Rozelle, Linxiu Zhang, and Yigang Zhang, The Evolution of Chinas Rural Labor Markets during the Reforms, *Journal of Comparative Economics*, 2002, 30 (2), pp. 329 – 353.

户家庭总收入中所占的比重决定了农户当前生活状态和土地保障对其重要程度。家庭收入结构中农业收入所占比重大的农户对于土地的依赖性更强，因此其流出承包地的可能性很小；而非农就业收入所占比重大的农户对于土地的依赖性较弱，因此其流出承包地的可能性较大。

（四）受家庭人口结构的影响

家庭劳动力数量和结构是农户农地流转行为的直接影响因素之一。家庭成员结构可以通过两个因素反映：一是家庭抚养比，即家庭中的非劳动力人口数量与劳动力人口数量之间的比率，它反映了家庭劳动力的人均负担状况。抚养比越大的农户，劳动力人均承担的抚养人数就越多，放弃土地的风险也更大。二是按产业划分的劳动力构成，即家庭中从事农业和非农产业的人员比例。由于第二、第三产业工资普遍高于农业生产收入，在其他因素不变情况下，第二、第三产业就业成员多的家庭的经济状况要好于从事农业成员多的家庭的经济状况。因此，在第二、第三产业就业人员多的家庭转出承包地的可能性较大。

（五）受土地资源状况的影响

农户土地资源占有量无论是历史上还是现实中均是判断其贫富的重要标准。因为土地不仅是农户的生产、生活资料，并且在现阶段以及未来相当一段时间里，还是农户生活保障的"主要提供者"。家庭人均耕地面积是最直接反映农户土地资源禀赋的指标。理论上，农户土地丰腴程度与农地流转市场发育程度之间呈反向关系。土地丰腴地区的农业收入普遍较高，农户通常不愿放弃承包地；与此同时，农户间既有的土地资源禀赋差异也对农地流转价格的形成具有一定的影响，耕地不足的农民更愿意付出较高的流转价格流入土地。

总之，流出农地的农户往往具有以下特征：能在非农领域找到就业岗位、缺乏农业劳动力、种地收入占总收入的比重很低等。流入农地的农户往往具有以下特征：有剩余劳动力，且难以在农业以外找到就业岗位，或者因各种原因难以外出打工；有能力和意愿扩大农业生产规模；家里农业收入较高且耕地资源较多。

# 第五节　农地流转风险形成的实证分析
## ——以粮食安全风险和
## 社会稳定风险为例

**一　农地流转对粮食安全影响的实证分析**

作为人均耕地资源非常紧张的人口大国，中国必须重视粮食安全问题。而一个国家的粮食安全水平主要取决于其粮食生产能力，取决于生产粮食的物质基础条件即耕地规模。现今，从中央到地方各级政府都在鼓励和支持农地流转，尤其是向农业大户、农民专业合作组织、家庭农场等新型经营主体的规模化流转。然而，不同主体经营农地的目的和方式不同，因此耕地流向必然会影响国家粮食产量。

（一）农地的流向

农地流转是指农地相关产权在不同主体之间的流动。农地的流向可以分为普通农户、家庭农场、农业大户、农民专业合作组织、农业企业等几类。普通农户、农民专业合作组织、农业企业的概念是清晰的，但家庭农场和农业大户的含义比较模糊。家庭农场是 2013 年"中央一号文件"提出的新概念。① 一般认为，家庭农场是规模适度（种植业家庭农场的经营规模通常在几十亩到几百亩②）、主要由家庭成员从事生产管理和劳动、家庭主业为农业、经营者为乡村户籍人口的经营组织形式。③ 专业大户是经营规模很大（近千亩甚至上万

---

① 以前一些学者也运用过"家庭农场"的概念，但其含义与此不同，如黄宗智将中国普通农户就叫作家庭农场。

② 首次对全国家庭农场发展情况统计调查中，农业部将家庭农场的规模界定标准确定为：从事粮食作物的，租期或承包期在 5 年以上的土地经营面积达到 50 亩（一年两熟制地区）或 100 亩（一年一熟制地区）以上。

③ 许多人将家庭农场概括为以家庭成员为主要劳动力，从事农业规模化、集约化、商品化生产经营，并以农业收入为家庭主要收入来源的新型农业经营主体。农业部关于家庭农场的概念是：农场经营者应具有农村户籍（即非城镇居民）；以家庭成员为主要劳动力；以农业收入为主；经营规模达到一定标准并相对稳定。

亩①)、由城镇居民和乡村居民个人或其家庭进行经营管理，生产劳动主要由雇工进行或通过外包方式进行的农业经营组织形式。家庭农场与农业大户有明显区别，前者更接近于传统农户中以农业为主业的农户，而后者更接近于企业。所以，为了分析方便，本书将农业大户并入农业企业中。

（二）农地流向对粮食生产影响的定性分析

粮食总产量主要取决于粮食播种面积和粮食单产水平两个指标。农地的流向不同，这两个因素的变化方向也不同，对粮食产量的影响也不同。

1. 农地流向对粮食播种面积的影响

耕地的种植结构会因流向不同而不同。同一集体组织内部农户间流转的耕地的种植结构通常不会发生变化。组织内部农户之间的流转往往是由非经济因素引致的，通常是外出打工者将土地交给留守农民代为耕种。留守户转入耕地仅仅是为了使自家劳动力利用得更充分一点，从而多挣一点钱。他们将土地转入后，一般仍会按以往方式使用。由于组织内的农户在农地利用上具有高度的一致性，所以这种流转通常不会引起种植结构的改变。即使农地流入户想通过扩大耕地面积来转变土地种植方式，也很难实现。一是这种耕地流转的稳定性较差，流出户随时都可能收回去，因此调整种植结构风险很大；二是调整种植结构的成本很高，往往需要额外的资本投入、遇到新的技术障碍和承担更大的市场风险，大多数留守农户难以承受。因此，集体内部农户间流转一般不会改变耕地的种植结构。

家庭农场的经营结构往往比较接近于普通农户，即以种植粮食作物为主。所以，从总体上看，农户将土地流转给家庭农场后，耕地的利用结构不会发生大的变化。但转入专业合作社和企业的土地，其利

---

① 湖北大冶种粮大户侯安杰租种了 2 个县市 8 个乡镇 33 个村 1.8 万农户的 1.96 万亩农田。

用结构往往会发生较大变化。① 普通粮食作物产业的运营比较成熟，无论是生产作业还是市场购销都相对固化，单个农户均可以顺利进行，因而合作所能产生的增值收益非常有限。所以，专业合作社大多不经营粮食作物，至少不经营普通粮食作物。2012 年农业部公示的600 家农民专业合作示范社中，只有 3.3% 的合作社经营大宗粮食作物。也就是说，当耕地流向合作社后，种植结构会出现非粮化的趋势。

　　企业经营普通粮食作物也很难生存。企业租入耕地并雇工生产的做法无疑增加了农业生产经营成本。为了获得大片耕地，企业往往需要支付较高的地租，这样才能使犹豫的农户也愿意把农田租给企业。农业企业还需要支付雇工工资。这样企业在单位耕地面积上投入的人工费用就要比普通农户高很多②，通常在 300 元左右。而企业通过提高种植技术、改善经营管理来提高单产的潜力非常有限。目前，中国在稻谷、小麦和玉米三种主要粮食作物方面的单产已处于较高水平。世界银行公布的 2006 年主要农作物单产显示，中国稻谷的单产水平为 6.26 吨/公顷，而世界平均水平为 4.11 吨/公顷；中国小麦的单产水平为 4.46 吨/公顷，而世界平均水平为 2.80 吨/公顷；中国玉米的单产水平为 5.37 吨/公顷，而世界平均水平为 4.82 吨/公顷。中国粮食单产水平的提高已非常困难。也就是说，用租入土地种粮食，其成本将上升 20%—30%，但产出却很难增加，这将导致租地企业无法生存。一旦离开国家的补贴和项目支持，企业经营普通粮食作物就会发生严重亏损。③ 据农业部经管司在调查县统计，农户之间流转土地中用于种粮的比重占 71.9%，而规模流入企业等主体的土地中用于种粮

---

　　① 2011 年北京市农地流转平均价格每亩达到 1283 元（参见农民日报记者《北京市农村土地流转比例接近一半》，《农民日报》2012 年 5 月 16 日第 2 版），这么高的流转价格下，种植普通粮食作物是难以盈利的。

　　② 由于当前农户种田主要是利用起早贪黑，或者利用难以外出打工的老年人或家庭妇女，因此这些农业劳动的机会成本接近于 0。

　　③ 贺雪峰：《不要人为推动农业规模经营》，《三农中国》，http://www.snzg.cn/article/2013/0421/article_ 33514. html. 2013 - 04 - 21。

的比重仅为 6.4%。①② 因此，一旦耕地流入企业，其种植结构不可避免地会非粮化。

2. 农地流向对粮食单产的影响

粮食单产取决于生产中的要素组合，即生产函数。普通农户种地往往是凭借传统经验和随大溜，即使转入了一点土地，其种地方式也不会发生改变，该怎么投入还会怎么投入。所以，小农户之间的耕地流转未引发生产函数变化，其单产水平也就不会变化。家庭农场一般拥有自己的机械设备和相对充足的资金，经营者的素质也较高，因此农业生产中的资金、技术、管理等要素的投入会增加，从而使单产水平提高。即当土地由普通农户流向家庭农场后，粮食单产水平通常会提高。

流向企业的耕地的粮食单产水平可能会降低。由于企业需要雇工经营，因此其劳动力成本远高于一般农户。企业流入耕地后，为了减轻工资压力，投入到单位耕地上的劳动会减少，企业甚至会"眼睁睁地看着自己的粮食减产"③，这自然会导致粮食单产水平降低。④ 企业雇工和家庭内部成员在农业劳动中的积极性相差较大，加之企业对雇工劳动的监督非常困难，农业企业中出工不出力现象难以避免，劳动生产率难以提高，这自然会导致耕地单产水平降低。⑤

（三）农地流向对粮食生产影响的定量分析

农地流向对于单产水平影响的定量分析已有很多，并且基本达成了共识。初衷表明，农业不是一个具有显著规模效应的产业，我国谷物生产几乎不存在规模经济效益⑥，调查分析得出了农户土地规模与

---

① 张路雄：《中国耕地制度存在的问题及不可回避的政策选择》，中国乡村发现网，http://www.zgxcfx.com/Article/10985.html，2009 年 6 月 1 日。

② 陈靖：《粮食安全视角下的农业经营问题——基于大户经营模式的讨论》，《中州学刊》2013 年第 4 期。

③ 郭亮：《当前农地流转的特征、风险与政策选择》，《理论视野》2011 年第 4 期。

④ 陈洁、刘锐、张建伦：《安徽省种粮大户调查报告》，《中国农村观察》2009 年第 4 期。

⑤ 孙新华：《城镇化，谁来种地？》，《南风窗》2013 年第 4 期。

⑥ 万广华、程恩江：《规模经济、土地细碎化与我国的粮食生产》，《中国农村观察》1996 年第 3 期。

产量呈反相关的结论①②，粮食播种面积每增加1%，主产区农户户均的粮食产量仅增加0.688%，即随着经营规模扩大，耕地单产水平降低。河北省单产水平最高时的耕地规模为3—5亩；辽宁、吉林和黑龙江为5—10亩；江苏、安徽、山东、河南为3亩以下，湖北、四川为10—20亩。③可见，"小农更有效率"有着坚实的实证基础④，一旦耕地流向大规模的经营主体，粮食单产水平就会降低。

耕地流向与粮食播种面积之间的关系。分析农地流转后粮食产量的变化情况，并以流转后用于种粮食作物的耕地面积占耕地流转总面积的比重来反映农地流入方种粮的选择意向。表5-1显示，除东北的吉林和黑龙江流转的农地种粮比重较高外，其他大部分省份流转后的农地种粮比例在50%以下。华北地区五省（市、区）中按照种粮比例从高到低的顺序分别为内蒙古、山西、河北、天津和北京，种粮比重分别占流转地总面积的68.03%、50.06%、44.23%、36.21%和14.43%，存在明显的区域差异，并和各地区社会经济及产业发展水平具有一定的相关关系。

表5-1　　　　　　　耕地流向与粮食用地比重的关系　　　　　　单位:%

| 地区 | 流入农户的土地比重 | 流入其他主体的土地比重 | 流转后的土地种粮比重 |
|---|---|---|---|
| 北京 | 28.62 | 71.38 | 14.43 |
| 天津 | 53.99 | 46.01 | 36.21 |
| 河北 | 68.91 | 31.09 | 44.23 |
| 山西 | 69.73 | 30.27 | 50.06 |
| 内蒙古 | 76.15 | 23.85 | 68.03 |

① 卫新、毛小报、王美清：《浙江省农户土地规模经营实证分析》，《中国农村经济》2003年第10期。

② 高梦滔、张颖通：《小农户更有效率？——八省农村的经验证据》，《统计研究》2006年第8期。

③ 钱桂霞：《粮食生产经营规模与粮农收入的研究》，博士学位论文，中国农业科学院，2005年，第51—55页。

④ 石晓平、郎海如：《农地经营规模与农业生产率研究综述》，《南京农业大学学报》（社会科学版）2013年第13期。

续表

| 地区 | 流入农户的土地比重 | 流入其他主体的土地比重 | 流转后的土地种粮比重 |
|---|---|---|---|
| 辽宁 | 67.74 | 32.26 | 44.46 |
| 吉林 | 82.57 | 16.79 | 81.01 |
| 黑龙江 | 86.89 | 13.13 | 85.81 |
| 上海 | 31.74 | 68.26 | 38.35 |
| 江苏 | 44.44 | 55.56 | 38.04 |
| 浙江 | 66.43 | 33.57 | 45.10 |
| 安徽 | 64.88 | 35.12 | 69.46 |
| 福建 | 74.47 | 25.53 | 42.77 |
| 江西 | 77.93 | 22.07 | 62.41 |
| 山东 | 57.71 | 42.39 | 32.37 |
| 河南 | 73.29 | 26.71 | 62.73 |
| 湖北 | 66.57 | 33.43 | 58.48 |
| 湖南 | 63.06 | 36.93 | 53.95 |
| 广东 | 61.85 | 38.15 | 19.74 |
| 广西 | 66.64 | 33.36 | 35.92 |
| 海南 | 61.83 | 38.17 | 29.86 |
| 重庆 | 52.44 | 47.56 | 41.28 |
| 四川 | 55.95 | 44.05 | 39.04 |
| 贵州 | 52.55 | 47.45 | 29.29 |
| 云南 | 49.40 | 47.70 | 27.64 |
| 陕西 | 75.68 | 24.32 | 29.51 |
| 甘肃 | 65.42 | 34.58 | 45.87 |
| 青海 | 54.58 | 45.42 | 49.28 |
| 宁夏 | 52.21 | 47.79 | 56.28 |
| 新疆 | 89.58 | 10.42 | 45.73 |

资料来源：根据《全国农村经营管理统计资料》（2011）计算而来。

然而，通过 SPSS 统计软件对流向农户的耕地面积占比和流转地种粮比重之间的相关分析却发现，两者之间存在一定的正相关关系（见图 5 - 1）。也就是流向农户的耕地要比流入其他经营主体的耕地用于种粮的倾向性更高一些。

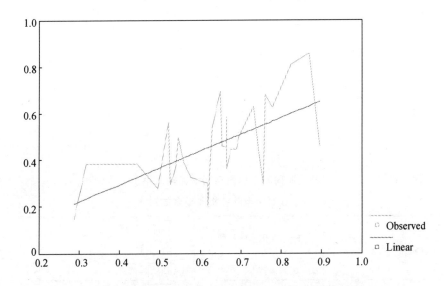

**图 5 - 1　耕地流向农户的比重与流转后用于种粮的耕地比重的关系**

而运用一元线性回归分析得出的结果（见表 5 - 2、表 5 - 3 和表 5 - 4）更进一步证实了上述的推论，其一元回归方程：即流转后用于种植粮食的耕地所占比重 = 0.005 + 0.719 × 流入农户的耕地所占比重　$F = 16.49$，$R = 0.609$。

**表 5 - 2　耕地流向农户比重与耕地流转后用于种粮食的比重相关情况**

| 模型 | R（相关系数） | R²（判定系数） | 调整的 R² | 标准差 | 统计量变化 | | | | |
|---|---|---|---|---|---|---|---|---|---|
| | | | | | R²（判定系数）变化 | F 值变化 | 自由度 1 | 自由度 2 | 概率 P 值变化 |
| 1 | 0.609(a) | 0.371 | 0.348 | 0.1355444 | 0.371 | 16.495 | 1 | 28 | 0.000 |

注：a. Predictors：（Constant），流入农户的耕地比重；b. Dependent Variable：流转后用于种植粮食的耕地比重。

表5-3    耕地流向农户比重与耕地流转后用于
种粮食的比重两者相关分析中的系数

| 模型 | | 离差平方和 | 自由度 | 均值平方 | F检验统计量 | 概率P值 |
|---|---|---|---|---|---|---|
| 1 | 回归 | 0.303 | 1 | 0.303 | 16.495 | 0.000（a） |
| | 剩余 | 0.514 | 28 | 0.018 | | |
| | 合计 | 0.817 | 29 | | | |

注：a. Predictors：（Constant），流入农户的耕地比重；b. Dependent Variable：流转后用于种植粮食的耕地比重。

表5-4    耕地流向农户比重与耕地流转后用于
种粮食的比重两者相关模型的系数

| 模型 | | 非标准化回归系数 | | 标准化回归系数 | T（t检验统计量） | Sig.（概率P值） |
|---|---|---|---|---|---|---|
| | | β（回归系数） | 标准误 | β（回归系数） | | |
| 1 | 常数 | 0.005 | 0.114 | | 0.047 | 0.963 |
| | 流入农户的耕地所占比重 | 0.719 | 0.177 | 0.609 | 4.061 | 0.000 |

注：a. Dependent Variable：流转后用于种植粮食的耕地比重。

由以上分析可知，耕地在农户间流转有利于增加粮食翻来覆去的比重。农地流转后耕地比重与耕地用于种植粮食的比重两者之间呈正相关关系，流转后农户的耕地比重每增加1个百分点，耕地用于种粮食的比重就会增加0.719个百分点，所以耕地流向农户有利于提高国家粮食安全水平。

## 二　农地流转对社会稳定影响的实证分析

农地流转中的社会稳定风险主要是指在农地承包经营权转包、出租、互换、转让、股份合作等流转过程中，发生的社会纠纷。随着农地流转交易规模的扩大，农地流转纠纷已成现实中突出问题并影响农村的社会稳定。农地流转纠纷是农地流转过程中农户与农户、村组集体、其他主体存在的利益矛盾和利益冲突。本书基于调研数据，运用二元选择模型对农地流转社会纠纷进行深入分析。

（一）理论模型的参数估计与显著性检验

二元选择模型属离散变量模型，其因变量只有两种选择，将因变量设定为名义变量，事件的发生与否，一般用 1 和 0 表示。Logit 概率分布函数是最重要的二元选择模型之一。

$$P_i = F(y_i) = \frac{e^{y_i}}{1 + e^{y_i}}$$

其不发生事件的概率为：$1 - P_i = 1 - \frac{e^{y_i}}{1 + e^{y_i}} = \frac{1}{1 + e^{y_i}}$，则$\frac{P_i}{1 - P_i} = e^{y_i}$，将其取自然对数可得：

$$\ln\left(\frac{P_i}{1 - P_i}\right) = y_i = \beta\chi_i + \mu$$

1. 参数估计

对于 Logit 模型，选择最大似然估计法（MLE）来估计模型参数 $\beta$ 和 $\mu$。为了能对总体特征和所考察事件发生的概率作量化分析，需要考虑观测值的概率模型。

$$P(y_i) = p_i^{y_i}(1 - p_i)^{1 - y_i}$$

全部样本的似然函数为：$L(\mu, \beta) = \prod_{i=1}^{N} P_i^{y_i}(1 - P_i)^{1 - y_i}$ 对似然函数 $L(\mu, \beta)$ 取对数，得到对数似然函数：$L(\mu, \beta) = \log L(\mu, \beta)$ $= \sum_{i=1}^{n} y_i \log(P_i) + \sum_{i=1}^{n} (1 - y_i)\log(1 - P_i)$，将 $P_i = F(y_i)$ 代入并分别求上式对 $\beta$ 和 $\mu$ 的偏导数，并令其为 0，即：

$$\begin{cases} \dfrac{\partial l(\mu, \beta)}{\partial \mu} = \sum_{i=1}^{n}\left[\dfrac{y_i}{F(y_i)}f(y_i) - \dfrac{(1 - y_i)}{1 - F(y_i)}f \mid y_i \mid\right] = 0 \\ \dfrac{\partial l(\mu, \beta)}{\partial \beta} = \sum_{i=1}^{n}\left[\dfrac{y_i}{F(y_i)}f(y_i) - \dfrac{(1 - y_i)}{1 - F(y_i)}f \mid y_i \mid\right]\chi_i = 0 \end{cases}$$

式中，$f(y_i) = F'(y_i)$ 是分布密度函数，代入相应值便可求得 $\beta$ 和 $\mu$ 的最大似然估计值。

2. 显著性检验

模型检验主要包括方程的显著性检验和回归系数的显著性检验。计算似然比率指标和 LR 检验统计量检验主要用来检验模型方程的整体显著性，$Z$ 统计量和相伴概率值用来检验回归系数的显著性。基于对数似然函数，选择对数似然函数最大值（log likelihood）、赤池信息准则（Akaike info criterion）、施瓦茨准则（Schwarz criterion）、汉南—奎因准则（Hannan－Quinn criterion）等检验模型的显著性，其公式分别为：

$$L = -\frac{n}{2}\log 2\pi - \frac{n}{2}\log \hat{\beta}^2 - \frac{n}{2}$$

式中，$n$ 为样本容量；$\hat{\beta}^2$ 是未知参数 $\beta^2$ 的最大似然估计。

$$AIC = -\frac{2L}{n} + \frac{2k}{n}$$

$$SC = -\frac{2L}{n} + \frac{k\log n}{n}$$

$$HQC = -\frac{2L}{n} + \frac{2k\log n}{n}$$

**（二）数据来源与变量选择**

**1. 数据来源**

本书所用数据来源于对河北省 10 个县、市、区（石家庄藁城市、保定定兴县、保定涿州市、衡水饶阳县、秦皇岛抚宁县、沧州青县、廊坊安次区、廊坊三河市、张家口崇礼县、唐山乐亭县）100 个行政村的调查。调查以户为单位共发放问卷 1000 份，回收有效问卷 828份，问卷回收有效率为 82.8%。在 828 份有效问卷中，发生农地流转的农户 484 户，其中发生农地流转纠纷 72 户。为了使分析更加准确和有效，按分层抽样法，从发生纠纷区域随机抽取 28 个样本，共构成 100 个样本进行分析。

**2. 变量选择**

将因变量农地流转纠纷设定为名义变量，农地流转过程中发生纠纷，因变量取值为 1，未发生纠纷，取值为 0。农地流转纠纷影响因素较多，根据已有研究并结合调研数据，将影响因素分为农户特征、农地流转特征和农地流转市场环境 3 个方面 12 项影响因素。

农户特征方面，选取农户年龄、文化程度、家中企业、城中房产、家中公务员、家中村干部 6 个指标。其中，年龄和文化程度反映农户的基本特征；家中是否有企业，城中是否有房产反映农户的经济资源特征；家中是否有公务员和村干部反映农户的政治资源特征。

农地流转特征方面，选取农户流转意愿、农地流转价格、流转规范和流转年限4项指标。市场环境方面，选取农地流转市场和农地流转中介组织两个指标。农地流转纠纷变量及含义见表5-5。

表5-5　　　　　　　　　　农地流转纠纷变量及含义

| 变量名称 | | | 含义 |
|---|---|---|---|
| 农地流转纠纷（Y） | | | 农地流转过程中是否发生纠纷。是=1，否=0 |
| 农户特征 | 基本特征 | 农户年龄（$X_1$） | 连续变量，直接取值，单位：岁 |
| | | 文化程度（$X_2$） | 文盲=0，小学=1，初中=2，高中或中专=3，大专及以上=4 |
| | 经济资源特征 | 家中企业（$X_3$） | 家中是否有自己的企业。是=1，否=0 |
| | | 城中房产（$X_4$） | 城里是否有房产。是=1，否=0 |
| | 政治资源特征 | 家中公务员（$X_5$） | 家中是否有公务员。是=1，否=0 |
| | | 家中村干部（$X_6$） | 家中是否有村干部。是=1，否=0 |
| 农地流转特征 | | 农户流转意愿（$X_7$） | 是否愿意将农地流转。是=1，否=0 |
| | | 农地流转价格（$X_8$） | 连续变量，直接取值，单位：元/亩 |
| | | 农地流转规范（$X_9$） | 是否签订流转合同。是=1，否=0 |
| | | 农地流转年限（$X_{10}$） | 1年=1，2—5年=2，5—10年=3，10年以上=4 |
| 市场环境 | | 农地流转市场（$X_{11}$） | 是否有农地流转交易市场。是=1，否=0 |
| | | 农地流转中介组织（$X_{12}$） | 是否有农地流转中介机构。是=1，否=0 |

（三）变量的描述统计分析与回归检验

1. 变量的描述统计分析

选择均值、中位数、最大值、最小值、标准差、偏态系数、峰态系数、JB统计量8个统计量对农户、纯农户、农业兼业户、非农业兼业户、非农户进行描述统计分析。其中标准差反映了数据集的离散程度，其计算公式为：

$$\hat{\sigma} = \sqrt{\frac{1}{n} \sum_{i=1}^{n} (y_i - \overline{y})^2}$$

式中，$n$ 为样本量。

偏态系数反映数据集分布的非对称程度，其计算公式为：

$$S = \frac{1}{n} \sum_{i=1}^{n} \left( \frac{y_i - \overline{y}}{\hat{\sigma}} \right)^3$$

峰态系数反映概率密度分布曲线在平均值处的峰值高低，其计算公式为：

$$K = \frac{1}{n} \sum_{i=1}^{n} \left( \frac{y_i - \overline{y}}{\hat{\sigma}} \right)^4$$

$JB$ 统计量用来检验样本是否来自正态分布，其计算公式为：

$$JB = \frac{n - m}{6} \left[ s^2 + \frac{1}{4} (k - 3)^2 \right]$$

式中，$m$ 是产生样本序列时用到的估计系数个数。在零假设（正态分布）下，$JB$ 统计量渐进地服从自由度为 2 的卡方分布，$JB_{asy} \sim \chi^2 (2)$。

在调研样本中，受访农户户主以中老年为主，平均年龄 51.47 岁，文化程度不高，以初中、小学为主，调查显示 84% 的农户具有初中及以下文化程度；农户经济资源和政治资源相对较少，家中有企业或城中有房产 6 户，家中有公务员或村干部 5 户，分别占样本总量的 6% 和 5%。在农地流转实践中，存在违背农民意愿的农地流转，调查样本中无流转意愿而流转的农户 40 户；农地流转价格均值为 814.70 元，流转年限以中长期为主；农地流转规范程度相对较高（农地流转合同签订率为 81%），但仍然存在口头合约等未签订书面合同现状。农地流转的市场化程度较低，调研中农地流转交易市场和中介组织拥有率分别为 39% 和 18%。

2. 回归分析与检验

运用 Eviews 6.0 对样本数据进行回归分析，发现 $X_3$、$X_5$、$X_6$、$X_9$ 均存在 $X > 0$ 的自变量对应 $Y = 1$，即 $X_3$、$X_5$、$X_6$、$X_9$ 是因变量 $Y$ 的完全预测量。将 $X_3$、$X_5$、$X_6$、$X_9$ 剔除待估模型，回归结果见表 5 - 7。检验结果

表 5 - 6

## 变量描述统计分析

| | Y | $X_1$ | $X_2$ | $X_3$ | $X_4$ | $X_5$ | $X_6$ | $X_7$ | $X_8$ | $X_9$ | $X_{10}$ | $X_{11}$ | $X_{12}$ |
|---|---|---|---|---|---|---|---|---|---|---|---|---|---|
| 均值 | 0.720000 | 51.47000 | 1.970000 | 0.020000 | 0.040000 | 0.010000 | 0.030000 | 0.600000 | 814.7000 | 0.810000 | 3.120000 | 0.390000 | 0.180000 |
| 中位数 | 1.000000 | 50.00000 | 2.000000 | 0.000000 | 0.000000 | 0.000000 | 0.000000 | 1.000000 | 800.0000 | 1.000000 | 4.000000 | 0.000000 | 0.000000 |
| 最大值 | 1.000000 | 72.00000 | 4.000000 | 1.000000 | 1.000000 | 1.000000 | 1.000000 | 1.000000 | 1200.000 | 1.000000 | 4.000000 | 1.000000 | 1.000000 |
| 最小值 | 0.000000 | 31.00000 | 1.000000 | 0.000000 | 0.000000 | 0.000000 | 0.000000 | 0.000000 | 200.0000 | 0.000000 | 1.000000 | 0.000000 | 0.000000 |
| 标准差 | 0.451261 | 8.996582 | 0.626921 | 0.140705 | 0.196946 | 0.100000 | 0.171447 | 0.492366 | 119.0574 | 0.394277 | 1.017821 | 0.490207 | 0.386123 |
| 偏度 | -0.979958 | 0.055549 | 0.267996 | 6.857143 | 4.694855 | 9.849371 | 5.510378 | -0.408248 | -0.793215 | -1.580419 | -0.645980 | 0.451051 | 1.665853 |
| 峰度 | 1.960317 | 2.241315 | 3.406259 | 48.02041 | 23.04167 | 98.01010 | 31.36426 | 1.166667 | 11.87031 | 3.497726 | 2.009054 | 1.203447 | 3.775068 |
| 雅克统计量 | 20.50921 | 2.449773 | 1.884727 | 9228.828 | 2040.979 | 39229.00 | 3858.285 | 16.78241 | 338.3301 | 42.66098 | 11.04640 | 16.83913 | 48.75417 |
| r（概率） | 0.000035 | 0.293791 | 0.389706 | 0.000000 | 0.000000 | 0.000000 | 0.000000 | 0.000227 | 0.000000 | 0.000000 | 0.003993 | 0.000221 | 0.000000 |
| 观察值 | | | | | | | | | | | | | |

100

表明，农地流转的纠纷模型估计整体具有较好的拟合优度，但 C、$X_1$、$X_2$、$X_4$、$X_8$ 的收尾概率均大于给定的显著性水平（0.10）。

表 5 - 7    农地流转纠纷模型回归结果

| 变量 | 相关系数 | 标准差 | Z 统计量 | 概率 |
|---|---|---|---|---|
| C | 4.709218 | 7.390410 | 0.637207 | 0.5240 |
| $X_1$ | -0.000692 | 0.056739 | -0.012200 | 0.9903 |
| $X_2$ | 1.130707 | 0.729433 | 1.550118 | 0.1211 |
| $X_4$ | 1.063946 | 1.523652 | 0.698287 | 0.4850 |
| $X_7$ | 2.592275 | 1.065540 | 2.432828 | 0.0150 |
| $X_8$ | 0.018415 | 0.011557 | 1.593353 | 0.1111 |
| $X_{10}$ | -5.617803 | 2.080157 | -2.700663 | 0.0069 |
| $X_{11}$ | -1.944898 | 0.793351 | -2.451497 | 0.0142 |
| $X_{12}$ | -2.682508 | 1.448284 | -1.852197 | 0.0640 |
| 麦克法登拟合合度 | 0.645871 | Mean dependent var | | 0.720000 |
| 因变量标准差 | 0.451261 | S. E. of regression | | 0.272835 |
| 赤池信息准则 | 0.599964 | Sum squared resid | | 6.773947 |
| 施瓦茨准则 | 0.834430 | Log likelihood | | -20.99822 |
| 汉南—奎因准则 | 0.694857 | Restr. log likelihood | | -59.29533 |
| 似然比统计量 | 76.59422 | Avg. log likelihood | | -0.209982 |
| 概率 P 值（似然比统计量） | 0.000000 | | | |

根据各变量的收尾概率，将未通过显著性水平检验的变量进行单次单删（即删除收尾概率最大的变量）。经过三次变量的删除（依次删除 $X_1$、C、$X_4$），各变量的收尾概率和 AIC、SC、HQC 均有所减小，说明模型得到进一步完善和优化。删除变量后的模型回归结果见表 5 - 8。

表 5 - 8    删除变量后的模型回归结果

| 变量 | 相关系数 | 标准差 | Z 统计量 | 概率 |
|---|---|---|---|---|
| $X_2$ | 1.119645 | 0.612827 | 1.827015 | 0.0677 |
| $X_7$ | 2.651034 | 1.062240 | 2.495702 | 0.0126 |

续表

| 变量 | 相关系数 | 标准差 | Z 统计量 | 概率 |
|------|---------|--------|----------|------|
| $X_8$ | 0.023694 | 0.008512 | 2.783650 | 0.0054 |
| $X_{10}$ | -5.451370 | 1.959011 | -2.782715 | 0.0054 |
| $X_{11}$ | -2.106123 | 0.789854 | -2.666472 | 0.0077 |
| $X_{12}$ | -2.657284 | 1.371500 | -1.937502 | 0.0527 |
| 因变量均值 | 0.720000 | 因变量标准差 | | 0.451261 |
| 标准误 | 0.273493 | 赤池信息准则 | | 0.555281 |
| 残差平方和 | 7.031053 | 施瓦茨准则 | | 0.711592 |
| 对数似然值 | -21.76407 | 汉南—奎因准则 | | 0.618543 |
| 平均对数似然值 | -0.217641 | | | |

（四）结论

通过回归分析，可知引发农地流转纠纷的主要影响因素是农户文化程度、农户流转意愿、农地流转价格、农地流转年限、农地流转市场和农地流转中介组织。

农户文化程度对农地流转纠纷有正向影响。换言之，产生农地流转纠纷的农户受教育程度相对较高，这与农户的行为能力有关，随着文化程度的提高，其农户行为能力相应增强，在农地流转中其利益诉求得不到正视和疏解可能会导致纠纷。

农地流转意愿和农地流转价格对农地流转纠纷有正向影响。农地流转实践中，发生纠纷的多是农户同意流转而且价格相对较高的案例（样本中发生纠纷的农地流转价格均值为 820.42，高于总体样本均值）。农地流转价格是影响农户流转意愿的重要因素，其是客观市场机制和政府行为共同作用的结果，农户多为被动地适应。农地流转价格相对较高的，一般是流转后农地用途发生了变化，由于粮食种植业比较效益较低，高价流转来的农地大多不再从事粮食种植，而更倾向于把集中的农地用于从事收益较高的经济作物种植或休闲农业等，甚至用于非农建设。鉴于信息的非对称性，流转之初农户考虑的首要因素就是价格因素，而随着流转后农地用途发生具体变化，从而诱导农地流转纠纷的产生。

农地流转年限对农地流转纠纷有负向影响，说明随着农地流转年限的增加，农地流转纠纷呈下降趋势。单纯的统计学角度分析不能很好地解释两者的相关影响，还应从经济学角度考虑，调查样本中，明确约定农地流转年限的以中长期为主（样本均值为3.12），流转年限短的农户发生纠纷的概率相对较高，但这并不意味着单纯的流转年限增加，农地流转纠纷会下降。

农地流转市场、农地流转中介组织对农地流转纠纷有负向影响。现实中大部分农户尚未进入农地流转市场，中介组织发展较慢，完善的农地流转中介服务体系还未建立，农地流转市场发展不畅、中介组织发展滞后是导致农地流转纠纷的重要原因。

# 第六章　农地流转风险的控制

　　针对农地流转过程中存在的风险，需要从宏观和微观两方面制定综合措施，有效控制风险的发生，充分保护农民的利益。根据我国目前农地流转中存在的问题和风险产生的原因，风险控制需要从宏观制度建设、政府行为及中介服务组织多个层面进行完善和创新。

## 第一节　农地流转中的制度完善

### 一　健全制度，规避风险

　　包括农村土地产权与农业保险制度、政府职能、市场机制与社会保障机制等的完善与建设，以及有效的风险分担机制等，从制度和机制层面规避农地流转的形成。

#### （一）健全产权和保险制度

　　完善农村土地产权制度。产权是市场经济下微观经济主体采取合理经济行为和促进效率提高的制度基础。在某种程度上，市场经济就是产权经济。农村土地产权包括所有权、使用权、处置权和受益分配权等多重权利，综合而成的一系列权利集合体，它是农村土地作为一种生产要素所具有的权利总称。因此，农村土地产权制度是农民参与市场经济发展的基础。制度的保障是实现农民土地权益的前提。只有使农民获得完整的土地产权，获得与城市用地平等的地位，才能使农村土地流转和征用建立在公平的市场机制基础之上，才能让农民充分享有自身的土地权益。并且，借助产权自身的激励机制和保护功能，可以实现对农村土地资源的保护。

健全农业保险制度。农地流转过程中伴随着诸多风险。农业风险因具有多样性、分散性和季节性等，成为农地流转过程中最主要的风险。而农业保险制度在规避农业风险、稳定农村社会、支持农村经济发展具有重要的作用。农业保险制度的建立和完善，有利于减少灾害对农民生产生活的影响，稳定和保障农民收入，不断提高农民生活水平；有利于降低市场价格波动对专业农户的影响；有利于通过保险机制发挥财政支持政策的杠杆效应。

（二）强化政策实用性

由于政府职能的错失会在农地流转过程中形成流转问题或风险因素，甚至会严重影响政府在农民及农村社会中的公信力。因此，各级政府需要弄清在土地流转过程中的角色和作用，明确职能定位，以正确的方式和积极主动服务的态度参与到土地流转过程中来。

政府应进一步完善农地流转相关政策，在指导性基础上强化政策的实用性。完善的政策法规是保证土地流转实践顺利进行的基本保障。在明确流转目的、原则、主体、客体、方式等基础上，地方政府应细化农地流转实施性政策，在农地流转收益分配、农民参与程度等方面提出一部具有权威性、统一性、整体性、明确性的法律规范或者政策文件。宏观上使农地流转的法规、政策设计具有全局的高度性，微观上具有普遍适用性与实用性。

（三）完善流转市场机制

建立有效的农地流转市场机制，依法建立流转关系。农地流转权是农户依法享有的权利。农户是农地流转的主体，不同的农户对土地的依赖度不同，进行农地流转的速度和规模有着明显差异。因此，进行农地流转必须尊重农民的意愿，区分不同农户的流转意愿。坚持依法、自愿、有偿的原则建立流转关系，坚持农地流转的规模适度，不让对土地依赖度高的农户因失去土地而陷入困境，依法保护流转主体各方的合法权益。在土地确权颁证的基础上，建立土地交易市场，不断完善农地流转市场机制，使农户获得土地收益和增值。

建立完善农地流转监督体系。农地流转涉及农户、经营企业和合作组织、村"两会"、地方政府等多方利益。因此非常有必要设立专门的监督、调解和农地保护部门，保证农地流转的合法、公平和公开透明。严格落实耕地保护制度和节约用地制度，规范农地流转市场交易行为。特别是对非法圈地、擅自改变土地的农业用途，危害生态环境和粮食安全，损害农民权益等情况，加大监督和惩处的力度。

（四）完善农户权益保障体系

农村土地承载着农业生产和社会保障双重功能，仍然是农民的基本生活保障来源。要降低农地流转后农民失去基本生活保障而可能引发的风险，须建立完善多层次的农村保障体系。

建立农村最低生活保障制度。农村最低生活保障能为广大低收入农户家庭提供最为基本的生活来源。落实好农村最低生活保障制度，首先，需要合理确定农村最低生活保障标准和对象范围。同时，要做到制度完善、程序明确、操作规范、方法简便，保证公开、公平、公正。要实行动态管理，做到保障对象有进有出，补助水平有升有降。其次，给予最低生活保障的经费来源和管理问题，社会保障的资金由省（市、区）、地（市）、县、乡各级财政以及村集体合理分担，并以社会捐赠和社会互助资金作为补充。

农村土地流转是农业现代化发展前提条件或物质基础，已成为现代农业发展趋势要求。农地流转规模和数量受经济大环境的影响，各种风险都有可能，特别是流转租金变化与物价变化幅度等，都有可能直接影响流转后农户生活水平，县级政府管理部门应设立土地流转专项管理机制，跟踪农地流转期间农户的生活水平的变化，保障流转农地的农户生活权益。

（五）建立有效的风险分担机制

增强农地流转主体各方的风险防范意识。参与农地流转各方应增强风险防范意识，农地流出方应向流入方提取一定比例的风险保证金，探索建立风险保证金制度。流转规模较大的，可实行流转行为担保，切实保障流转双方权益。对农地的流入经营方资质、履约能力、经营项目的选择、项目效益、风险以及农业经营能力流转租金价格和合同期限的确定、流转合同的签订、合同签证备案登记和跟踪管理等各流转环节，都应采取相应措施实施监管；对不具备大规模经营农业的个体、企业和组织，不准参与农村土地农地流转，把流转风险降到最低或者可以接受的程度。

1. 建立专业的农地流转服务机构

河北省藁城市和鹿泉市农地流转实践中，流转服务机制健全，服务职能到位，农地流转程序规范，流转规模大。藁城市在农经局建立了农村土地流转中心，指导 5 个乡镇建立了农村土地流转服务中心，70 个村级农村土地流转工作站，明确了中心的工作职责，健全了中心的管理制度，规范了中心的运行规则。鹿泉市全市 13 个乡镇区全部建立了土地流转管理服务中心，并全部安装了农村土地承包经营权综合管理信息系统，将已流转、待流转信息录入系统，208 个村建立土地流转服务站。农地流转服务机构的职责和作用是：进行国家相关法律政策宣传；发布土地流转信息、搭建交易平台；提供参考价并对土地流转价格进行评估；协调和指导流转合同的签订；进行跟踪服务、协调利益关系等。为农地流转双方提供沟通、交流的渠道，是解决信息不对称的有效途径，是解决流转纠纷的基层场所，有利于农地流转的规范运作，有效化解农村矛盾，维护农民的土地合法权益，进而维持农村社会稳定和繁荣。这种农地流转服务机构的建设，为农地流转风险减少或规避起到了实质性作用。

2. 建立农地流转激励和扶持机制

采用积极灵活的农地流转模式，深入推进土地租赁、互换、转包、入股、股份合作制、龙头企业或基地带动、土地银行等多种土地流转模式。提高农户农地流转的积极性，大力发展适度规模经营，引导农户将承包地连片流转给种植大户、专业基地、农民专业合作社、龙头企业等集中经营和开发。建立高效高附加值的经济作物种植区、农业科技示范园区、现代农业产业基地，形成共享收益、风险共担的合作机制，增强流转活力，安置农村剩余劳动力，带动和促进当地经济的全面发展。

建立农地流转的奖励机制，各级政府应制定奖励政策，对一定流转规模的土地经营方的设施建设、配套物资以及资金的奖励，支持种植大户、专业合作社、龙头企业等做大、做优、做强。建立和完善农作物保险制度，逐步扩大参保范围，增强应对风险的能力。

建立农地流转的扶持机制，开辟农村土地融资的新渠道，探索利用农户所拥有的农地承包经营权进行抵押贷款的可行途径，逐步解决农地流转主体融资难的问题，为应对流转风险提供金融支持。

3. 建立和完善农地流转的风险预警机制

农地流转风险管理是通过对农地流转的风险进行识别、衡量和控制，以最小的成本使风险损失达到最低限度的管理活动，是在风险识别的基础上，制定全面的风险管理制度，并理顺村民与村两会、农地流转主体各方、村"两会"与各级政府的关系，以明确责任，保障村民利益和集体利益不受损失。风险管理的重点应体现在危机发生前的有效预警。农地流转风险预警是对农地流转风险进行综合分析、预测、评价和推断，内容包括：是否符合法律法规及相关规定、是否尊重拥有农地承包经营权的农民的意愿、是否适合当地的基本经营环境和生态环境、流转后的经营方是否有能力履行合同和承担违约后果、是否农民收入促进本地经济的发展，等等。同时，建立系统的农村风险管理机构，建立迅速、准确的信息检测系统，完善反馈体制，根据风险可能存在的程度提前发出信息，警示农地流转的主体各方警惕各种可能发生的风险，并提出相应的预防措施。

**二　风险控制中相关机制的设计**

（一）创新农地流转市场化运行机制

构建农地流转的市场化运行机制，关键在于确保交易主体的基础地位，逐步引入招拍挂机制，以保证市场在农地资源配置中起决定性作用。

1. 确保市场交易主体的基础地位

在现行的法律制度框架下，农地所有权归集体、农地使用权归农户。农地使用权可进一步细分为承包权和经营权，未进行农地流转的农户享有农地承包权和经营权，转出农地农户享有农地承包权，而让渡的农地经营权归转入农地的农户、合作社、农业企业等经营主体。所以，农地是否流转、以何种方式流转、流转给谁，应当由具有农地承包权的农户根据市场情况自主决定，农地经营主体在不改变农业用途、不损害农民权益的前提下，其土地权益应得到保障。

2. 探索建立"招拍挂"交易机制

农地流转市场在全国一些地区已经形成，但尚未进行交易高峰时期，市场竞争并不激烈，流转市场仍处于初期阶段。但可借鉴城市建设用地出让市场机制，即采取"招拍挂"方式供应土地，目的是促进市场公平竞争，提高农地利用效率。探索将"招拍挂"机制逐步引入农地经营权的流转中，让农地使用权通过公开、透明的方式实现流转，扩大农地流转双方的参与空间，实现交易价格的最大化，使农民农地财产权得到更大程度实现。同时还要设定农地流转的合理价格区间，要综合考虑国家粮食安全、农业发展等因素综合确定，使"综合条件最优者"获得农地使用权。

（二）创建高效的农地流转管理服务机制

市场自身能解决的农地流转风险和问题，应避免行政干预，市场不能解决的政府要提供相关服务，要构建县乡村三级农地流转信息服务机制和农地流转中介组织。

1. 构建县乡村三级农地流转信息服务机制

在县农业部门设置农地流转服务信息处，在乡（镇）设置农地流转信息股，在村委会明确农地流转信息员，从下到上汇集农地流转信息并及时发布。切实做到信息可查询、可追溯，确保农地流转各方间的有效信息沟通，重点强化合同签订、政策咨询、价格评估等信息化建设内容。

2. 积极培育农地流转中介组织

当前由市场主体兴办的中介组织，主要是组织化程度相对较低的农业大户、农村能人、村干部、村集体经济组织等个人或组织，尚不能充分发挥信息的搜集和提供、交易的谈判和签约、契约的实施与监督等方面的作用。与农地流转相关的国土、农业等部门要积极扶持与指导，提高不同类型中介组织的素质、保障其权利。

（三）建立以农户经营为导向的激励机制

构建以家庭经营为导向的农地流转激励机制可以增加农民收入、提高农地经营效率，保障农村社会稳定。在鼓励农地向农户流转的过

程中，应当合理确定农户适度经营规模。适度规模经营是指在一定的
经济和社会条件下，各生产要素的组合最优和运行有效。应根据土地
与劳动力的最佳组合来确定农地经营的适度规模。适度规模经营的目
标为经营农业收入不低于其外出务工的机会成本，因此，农地经营适
度规模的计算公式为：农户经营规模 = 人均纯收入/地均纯收益 × 户
均人口规模。

（四）完善农地流转约束机制

1. 产权约束

土地确权颁证是农地产权约束的基础。在农地流转实践中，虽然
也存在农地受让方合法经营权受损害的情况，但是，更多的是由于农
地产权不清导致农地出让方利益受损的案例。建立归属清晰、权能完
整、流转顺畅、保护严格的农地产权制度，是保障农民农地财产权、
规范农地流转、控制风险的基本要求。农地产权制度的设计框架见
图6 - 1 所示。

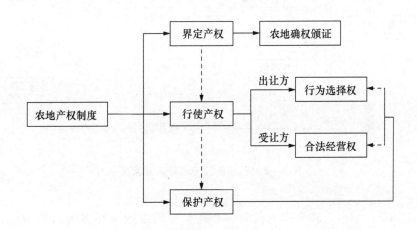

**图6 - 1　农地产权制度设计**

2. 监管约束

（1）加强农地流转的外部监管。一是制定农业经营资格和能力审
查制度，明确界定禁止经营农地的主体和有条件经营农地的主体。农
地受让方必须拥有农地经营的资格和能力。对于非农户的个人或组织

想转入土地的，要审查其农地经营能力。禁止与农业无关的工商企业
经营农地；限制与农业相关的工商企业直接经营农地。要从经济实
力、信誉等多方面审查其农业经营能力。二是要明确监管主体，加强
监管责任，建立政府、发包方联合监管机制。同一集体经济组织的农
户之间流转由发包方承担监管责任；非同一集体经济组织农户间的流
转由土地的发包方承担监管责任；农户与专业合作社、企业等非农户
主体之间的流转由相应层次的政府部门承担监管责任，以企业为例，
农户与乡（镇）企业之间的流转由乡镇相应部门承担监管责任，农户
与县企业之间的流转由县政府相应部门承担监管责任（见图6-2）。

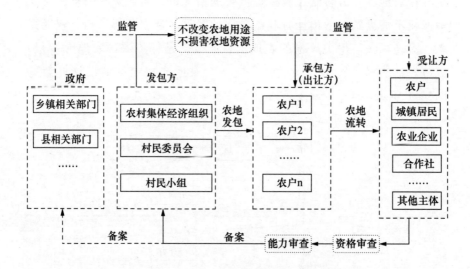

图6-2 农地承包与流转监管流程

（2）加强流转合同的监管。"熟人"间农地流转多为口头协议，
一旦发生纠纷，往往难以举证和分清责任；农户与城镇居民、农业企
业等非农户之间的流转虽签订书面合同，但受信息不对称和非农户主
体"强势地位"的影响，合同有时并不科学、不严谨或不公平、不公
正。所以需要构建农地流转合同约束机制。一是要引导农地流转双方
依法签订书面合同；二是以县为单位制定统一规范的农地流转合同样
本，其内容要涵盖流转形式、流转农地状况（坐落、面积、质量、用

途等)、期限、费用标准及支付方式、当事双方权利义务、违约责任；三是制定农地流转风险保障金制度，农地流转合同签订后，受让方需提供一定数额的风险保障金，加强对农户权利和农地资源的保护。

# 第二节　农地流转中的政府行为规范

虽然我国农地流转市场体系还不健全，但政府的推动和指导农地流转运行中的法规政策逐步完善，从规范农地流转主体、对流转土地用途的管制、各级政府在农地流转中的职能作用等都有法律说明或政策落定，也是对政府指导和服务农村土地流转行为的规范。只有认真学习理解这些规定，严格执行法规政策，农地流转中的风险才会从根本上杜绝。

## 一　加强学习，严格执行政策法规

在1984—2010年的15年中，农地流转制度和政策规范逐步完善，对于政府管理部门指导农地流转提供了充分的法规政策依据。不带有"好大喜功"或政绩观念，认真学习和执行法规政策，农地流转中的风险才能从根本上杜绝。政策的演进及内容规定：1984年中共中央发出《关于1984年农村工作的通知》首次指出，"鼓励土地逐步向种田能手集中"；2001年12月30日《中共中央关于做好农户承包地使用权流转工作的通知》，对农户承包地使用权流转的前提、原则、规范等问题进行了说明；2003年3月1日开始实施的《中华人民共和国农村土地承包法》，以法律的形式提出，"国家保护承包方依法、自愿、有偿地进行土地承包经营权流转"；2005年1月7日农业部颁布的《农村土地承包经营权流转管理办法》，从流转当事人权利和义务、流转方式、流转合同、流转管理对农村土地农地流转进行规范；2005年9月1日施行的《最高人民法院关于审理涉及农村土地承包纠纷案件适用法律问题的解释》，对土地农地流转纠纷进行了说明；2007年3月《中华人民共和国物权法》第一次将"土地承包经营权"作为"用益物权"的一项重要内容写入其中，并再次强调"土地承包经营权"可以转让、入股、抵押或以其他方式流转；2009 年 6 月 27 日第十一届全国人民代表大会常务委员会第九次会议通过《中华人民共和国农村土地承包经营纠纷调解仲裁法》，为公正、及时解决农村土地承包经营纠纷，维护当事人的合法权益，促进农村经济发展和社会稳定提供了有效的法律保障；国土资发〔2010〕155 号：国土资源部农业部《关于完善设施农用地管理有关问题的通知》，明确了设施农业用地类型、附属设施用地标准和监管。这系列性法规政策，是规范各级政府特别是地方政府在农地流转中行为的边界性依据，是杜绝或防范流转风险产生的根本性保障。

## 二 规范政府在农地流转中的行为

行为的规范归根结底是依法规政策而行，是对法规政策的具体落实。规范政府推进农地流转工作行为，更需要政府优先做好农地流转权属登记等基础性工作。

### （一）加快农地确权颁证进程

加快农地确权登记发证，依法确认和保障农民的土地物权，是防范农地流转风险的基础。农地所有权确权颁证，应遵循"主体平等"和"村民自治"的原则，依法确定农地所有权主体，即乡镇、村和村民小组。农地承包经营权证是农村村民合法拥有土地权属的有效凭证，与农地使用权具有直接对应关系，是解决农地权属纠纷的法律性依据。要全面推进农地承包经营权确权颁证，将农地承包经营权确权到户，在此基础上推进农地流转进程，自然会规避农户间、农户与经营主体间各种矛盾或风险的产生。

### （二）制定差别化农地流转政策

农地流转要尊重区域地形地势条件、经济发展水平和农民对农地流转认识的差异，不能搞"运动式"或"一刀切"流转。山区农地地块小而分散，农地集中连片流转困难，流转后改变经营方式困难，农户从事非农就业困难，这些客观因素决定了山区农地不易流转；平原区农地流转较易，应将平原区特别是城市郊区作为推动农地流转的重点区域和发展现代农业的示范区域。

（三）政府行为是指导与服务

政府部门在农地流转中应明确职责，规范行为，不"越俎代庖"，不行使农户主体权利，不强推强租。政府行为有职责范围，但无服务边界。做好确权发证工作，发放农地流转信息，规范指导流转程序，提供流转合同并指导签订，对流转后土地用途进行监管，防止农地流转非农化现象发生，调解农地流转中的矛盾和纠纷，制定工商资本进入农地流转的门槛，禁止与农产品生产、销售和加工无关的农地流转经营活动。此外，为保障粮食生产安全，政府需要在耕地保护数量基础上，在县级层面划定粮食播种面积"红线"，遏制农地流转非粮化现象加重趋势。

（四）保护农民的主体地位

坚持"依法、自愿、有偿"的原则稳妥推进土地流转，对处于弱势地位的农民群体利益保障问题，基层政府要尊重和保护农民的农地流转主体的地位，遵循自觉自愿原则公平有序地推进农地流转，以保障农民权益为推进农地流转的主要行为责任。

# 第三节　农地流转中介服务的规范

## 一　中介组织服务农地流转

（一）收集发布农地流转供求信息

在农地流转供求信息收集过程中，中介组织首先要审核农地流转双方资质，对出让方，主要审核农地权属（土地承包经营权证、土地承包经营合同等）、出让方身份（自然人、法人或其他经济组织等）和出让农地的具体情况，对法人或其他经济组织还需审核其农地转出的相关文件或决议，对受让方，主要审核受让方身份和受让农地具体情况。中介组织与审查通过的农地流转出让方、受让方分别签订委托合同书，并将农地流转供求信息进行整理，通过网络平台等多种途径进行发布。

（二）参与指导农地流转交易

农地流转双方达成流转意向后，指导农地流转双方严格按照《中华人民共和国农村土地承包法》和《农村土地承包经营权流转管理办法》要求流转交易，包括明确农地流转双方的权利义务、协助农地流转双方就流转价格、期限、方式达成一致，指导农地流转双方签订流转合同等。

（三）协助处理农地流转纠纷

农地流转发生争议或纠纷，中介组织可提供相关法律政策咨询，悉心疏导，协助当事人达成和解协议。当事人协商不成的，可以请求村民委员会、乡（镇）人民政府调解。当事人不愿协商或者调解不成的可以向农村土地承包仲裁机构申请仲裁，也可以直接向人民法院起诉。

## 二 完善农地流转中介组织服务职能

（一）建立有效的激励约束机制

在委托—代理关系中，建立有效的激励约束机制，是解决"代理人问题"的有效途径。农地流转中的激励约束机制，是在农地出让方、中介组织、农地受让方三者之间，如何分配农地流转收益的制度安排。通过有效的制度安排，对代理人进行激励约束，使具有私人信息的代理人从自身利益出发做出符合委托人目标的行动①，在代理人利益最大化的同时，实现委托人利益最大化。

（二）以诚信为本做好委托—代理

党的十七届三中全会提出，"加强土地承包经营权流转管理和服务，建立健全土地承包经营权市场"。农地流转市场建立根源于农地收益和流转需求，农地流转市场的健全和规范取决于制度因素，农地流转中介组织是农地流转市场机制中的组成部分，起着"商品交换"双方委托—代理作用。中介组织服务以诚信为本，代表双方利益的公平、公正性，由于农地流转涉及政策范围广、流转主体多、流转利益分割复杂，要求农地流转组织要具备专业素质，提供专业化服务，做

---

① 陶长琪：《信息经济学》，经济科学出版社 2001 年版，第 55—62 页。

好流转双方的委托—代理，使该组织机构成为流转市场结构中的重要一环，促进农地流转市场的健全与完善，降低农地流转双方中可能产生的利益受损风险。

# 参考文献

1. 陈胜详：《中国农民土地产权幻觉研究》，中国社会科学出版社 2015 年版。

2. 陈小君：《中国农村土地制度体系构建：田野、实证与法理》，北京大学出版社 2012 年版。

3. 程令国、张晔、刘志彪：《农地确权促进了中国农村土地的流转吗?》，《管理世界》2016 年第 1 期。

4. 车裕斌、张安录：《中国农地产权的利益集团及其形成》，《农业经济问题》2004 年第 2 期。

5. 丁关良、童日晖：《农村土地承包经营权流转制度立法研究》，中国农业出版社 2009 年版。

6. 丁关良：《土地承包经营权基本问题》，浙江大学出版社 2007 年版。

7. 董德坤：《基于农民视角的农村土地产权制度研究》，中国农业出版社 2015 年版。

8. 董彪：《财产权保障与土地权利限制》，社会科学文献出版社 2013 年版。

9. 郭亮、阳云云：《当前农地流转的特征、风险与政策选择》，《经济观察》2011 年第 4 期。

10. 郭晓鸣、徐薇：《农地规模化流转：潜在风险及对策选择》，《农村经济》2011 年第 9 期。

11. 韩俊：《中国农村土地问题调查》，上海远东出版社 2009 年版。

12. 洪名勇：《马克思土地产权制度理论研究——兼论中国农地产权改革与创新》，人民出版社 2011 年版。

13. 胡惠英、刘啸山：《农村土地家庭承包经营权流转的风险与对策》，《河北学刊》2012 年第 5 期。

14. 胡亦琴：《农村土地市场化进程中的政府规制研究》，经济管理出版社 2009 年版。

15. 黄延信、张海阳、李伟毅等：《农村土地流转状况调查与思考》，《农业经济问题》2011 年第 5 期。

16. 黄祖辉、王朋：《农村土地流转：现状、问题及对策——兼论土地流转对现代农业发展的影响》，《浙江大学学报》（人文社会科学版）2008 年第 2 期。

17. 贾生华、田传浩、史清华：《中国东部地区农地使用权市场发育模式和政策研究》，中国农业出版社 2003 年版。

18. 阚立娜、李录堂、薛凯文：《农地流转背景下新型农业经营主体信贷需求及约束研究——基于陕西杨凌农业示范区的调查分析》，《华中农业大学学报》（社会科学版）2016 年第 3 期。

19. 李钢：《农地流转与农民权益保护的制度安排》，《财经科学》2009 年第 3 期。

20. 廖洪乐：《农户兼业及其对农地承包经营权流转的影响》，《管理世界》2012 年第 5 期。

21. 林旭：《论农地流转的社会风险及其防范机制》，《西南民族大学学报》（人文社科版）2009 年第 8 期。

22. 刘承韪：《产权与政治：中国农村土地制度变迁的研究》，法律出版社 2012 年版。

23. 刘勤：《社会风险视角下的农村土地流转及其制度建构》，《广东社会科学》2011 年第 4 期。

24. 李勇、杨卫忠：《农村土地流转制度创新参与主体行为研究》，《农业经济问题》2014 年第 2 期。

25. 罗必良等：《产权强度、土地流转与农民权益保护》，经济科学出版社 2013 年版。

26. 毛飞、孔祥智：《农地规模化流转的制约因素分析》，《农业技术经济》2012 年第 4 期。

27. 孟勤国：《中国农村土地流转问题研究》，法律出版社 2009 年版。

28. 聂建亮、钟涨宝：《土地流转的策略选择与资源动用——基于对云南省 W 村的个案调查》，《南京农业大学学报》（社会科学版）2013 年第 2 期。

29. 钱忠好：《农村土地承包经营权的法律属性探讨》，《南京社会科学》2001 年第 11 期。

30. 钱忠好：《农村土地承包经营权产权残缺与市场流转困境：理论与政策分析》，《管理世界》2002 年第 6 期。

31. 屈冬玉：《深刻领会邓小平"两个飞跃"思想积极稳妥推进农村土地经营权流转——农村土地经营权流转机制与模式探讨》，《农业经济问题》2010 年第 4 期。

32. 唐文金：《农户土地流转意愿与行为研究》，中国经济出版社 2008 年版。

33. 王德福、桂华：《大规模农地流转的经济与社会后果分析——基于皖南林村的考察》，《华南农业大学学报》（社会科学版）2011 年第 2 期。

34. 王金红、黄振辉：《农地流转政策转型的历史轨迹与制度创新》，《华中师范大学学报》（人文社会科学版）2010 年第 3 期。

35. 徐汉明：《中国农民土地持有产权制度新论》，社会科学文献出版社 2009 年版。

36. 许恒周、郭忠兴、郭玉燕：《农民职业分化、养老保障与农村土地流转——基于南京市 372 份农户问卷调查的实证研究》，《农业技术经济》2011 年第 1 期。

37. 许恒周：《农民阶层分化、产权偏好与农村土地流转研究》，经济科学出版社 2013 年版。

38. 许庆、田士超等：《农地制度、土地细碎化与农民收入不平等》，《经济研究》2008 年第 2 期。

39. 杨涛、王雅鹏：《农村耕地抛荒与土地流转问题的理论探讨》，《调研世界》2003 年第 2 期。

40. 袁铖：《农村土地承包经营权流转：实践、政策与法律三维视角研究》,《宏观经济研究》2011 年第 12 期。

41. 俞海、黄季焜、Scott Rozelle 等:《地权稳定性、土地流转与农地资源持续利用》,《经济研究》2003 年第 9 期。

42. 张红宇:《中国农地调整与使用权流转:几点评论》,《管理世界》2002 年第 5 期。

43. 张红宇:《中国农村的土地制度变迁》,中国农业出版社 2002 年版。

44. 张林江:《围绕农村土地的权力博弈:不确定产权的一种经验分析》,社会科学文献出版社 2012 年版。

45. 赵德起:《中国农村土地产权制度效率的经济学分析》,经济科学出版社 2010 年版。

46. 赵阳:《共有与私用:中国农地产权制度的经济学分析》,生活·读书·新知三联书店 2007 年版。

47. 郑风田:《制度变迁与中国农民经济行为》,中国农业科技出版社 2000 年版。

48. 钟甫宁、王兴稳:《现阶段农地流转市场能减轻土地细碎化程度吗?——来自江苏兴化和黑龙江宾县的初步证据》,《农业经济问题》2010 年第 1 期。

49. 钟文晶、罗必良:《禀赋效应、产权强度与农地流转抑制——基于广东省的实证分析》,《农业经济》2013 年第 3 期。

50. 周其仁:《农地产权与征地制度——中国城市化面临的重大选择》,《经济学》(季刊)2004 年第 4 期。

51. Deininger, Klaus, Land Policies for Growth and Poverty Reduction, A World Bank Policy Research Report, Oxford: Oxford University Press, 2003.

52. Feder, Gershon, Lawrance J. Lau, Justin Yifu Lin and Xiaopeng Luo, The Determinants of Farm Investment and Residential Construction in Post - reform China, World Bank Working Paper, WPS471, World Bank, Washington, D. C. , 1990.

53. Ho, Peter, The Chicken of the Institutions or the Egg of Reforms?, in

Peter Ho ed. , *Developmental Dilemmas*: *Land Reform and Institutional Change in China*, London: Routledge, 2005.

54. Parish, William, Xiaoye Zhe and Fang Li, Nonfarm Work and Marketization of the Chinese Countryside, *China Quartarly*, 1995.

55. Piotrowski, Stephan, *Land Property Rights and Natural Resource Use*: *An Analysis of Household Behavior in Rural China*, New York: Peter Lang Publishing, 2009.